京剧艺术大师梅兰芳研究丛书

忆艺术大师梅兰芳

许姬传　许源来　著

国家出版基金项目
NATIONAL PUBLICATION FOUNDATION

名誉主编　梅葆玖
主　　编　王文章
副 主 编　秦华生

文化艺术出版社
Culture and Art Publishing House

图书在版编目（CIP）数据

忆艺术大师梅兰芳/许姬传，许源来著．—北京：
文化艺术出版社，2015.5
（京剧艺术大师梅兰芳研究丛书）
ISBN 978-7-5039-5987-5

Ⅰ.①忆… Ⅱ.①许… ②许… Ⅲ.①梅兰芳（1894～1961）—人物研究 Ⅳ.①K825.78

中国版本图书馆 CIP 数据核字（2015）第 080584 号

忆艺术大师梅兰芳

（京剧艺术大师梅兰芳研究丛书）

著　　者　许姬传　许源来
责任编辑　董瑞丽　李　楠
装帧设计　姚雪媛
出版发行　文化艺術出版社
地　　址　北京市东城区东四八条 52 号（100700）
网　　址　www. whyscbs. com
电子邮箱　whysbooks@263. net
电　　话　（010）84057666（总编室）　84057667（办公室）
　　　　　（010）84057691—84057699（发行部）
传　　真　（010）84057660（总编室）　84057670（办公室）
　　　　　（010）84057690（发行部）
经　　销　新华书店
印　　刷　国英印务有限公司
版　　次　2015 年 9 月第 1 版
印　　次　2015 年 9 月第 1 次印刷
开　　本　710 毫米×1000 毫米　1/16
印　　张　20.25
字　　数　280 千字
书　　号　ISBN 978-7-5039-5987-5
定　　价　38.00 元

总 序

王文章

今年是梅兰芳艺术大师诞辰120周年。为了总结他的艺术成就，回顾他卓越的艺术创造，学习和继承他的艺术遗产和高尚精神，中国艺术研究院在院图书馆和梅兰芳纪念馆珍藏的丰富文献资料的基础上，编辑出版《京剧艺术大师梅兰芳研究丛书》，其中包括：

1.《梅兰芳演出剧本选集》

2.《梅兰芳演出戏单集》

3.《梅兰芳演出曲谱集》

4.《梅兰芳往来书信集》

5.《一代宗师梅兰芳》

6.《齐如山谈梅兰芳》、《父亲梅兰芳》、《忆艺术大师梅兰芳》、《梅兰芳若干史实考论》、《品梅记》、《梅兰芳京剧艺术研究》

上述书籍之外，《梅兰芳访美京剧图谱》也将同时增订再版。以上书籍中有许多资料是第一次公开面世，如“演出戏单”和“往来书信”等。还有第一次翻译出版的1919年梅兰芳首次访日演出后由日本汇文堂出版的日文版《品梅记》，还有法籍华人傅秋敏博士根据其1998年在法国出版的法文版专著《梅兰芳戏剧艺术研究》和博士论文翻译撰写的

《梅兰芳京剧艺术研究》等。这套系列丛书的出版，会从梅兰芳表演艺术本体及社会人文历史的变迁中，从艺术史的角度整体性地反映出梅兰芳与京剧及社会演变的关系。这些文献资料的出版，相信会为研究一代京剧艺术大师梅兰芳开拓更加宽阔的社会人文视野。

梅兰芳作为一代创立完整表演艺术体系的京剧艺术大师，首先是他在艺术上深入继承传统，并勇于改革创新，发展、提高了京剧旦脚乃至京剧艺术的整体水平，形成了具有标志性、代表性的京剧梅派艺术。他出身梨园世家，从小经过严格的戏曲艺术基础训练，11 岁登台演出，20 岁左右即形成轰动性的舞台艺术影响，但这时也是他进行艺术革新尝试、创演时装新戏的开始。正是他继承传统又发展传统，锐意革新，在不断超越前人和超越自己的过程中，把京剧旦脚艺术开创到前所未有的艺术高峰。

梅兰芳作为一代具有广泛性群众影响的京剧艺术大师，不仅是因为他具有精湛的表演艺术，更因为他品德高尚，德艺双馨。他把为观众演好戏放在心中至高无上的地位；他扶危济困，提携同仁，待人诚恳，仁爱宽善。正是他对广大观众的无私奉献，才赢得观众的竭诚拥戴。

梅兰芳作为享誉世界的京剧艺术大师，还因为他以建立在对京剧艺术深入理解基础上的文化自信，抱着极大的热情，筚路蓝缕，在世界艺术舞台上努力传播京剧艺术。梅兰芳于 1919 年、1924 年、1956 年三次去日本，1930 年去美国，1935 年和 1952 年两次去苏联访问演出，其精湛的表演无不引起巨大轰动。这些演出，特别是 1930 年的访美演出，梅兰芳和他的剧团做了艰苦、细致的筹备，个中艰辛，外人难以体会。梅兰芳以自己的表演，真正让世界了解了中国戏曲的独特魅力，打破了当时欧美戏剧界把写实主义戏剧视作唯一正统舞台艺术的格局，增强了中国人对以京剧为代表的中国戏曲艺术的自信力和自豪感，加强了中西文化艺术的交流。

梅兰芳作为中国人爱戴并引以自豪的京剧艺术大师，还因为他在民族危亡之际，将个人安危置之度外，蓄须明志，不为敌伪演出，以大义凛然的爱国情怀，彪炳青史，为人景仰。梅兰芳先生正是以这样的气节，表现了一位艺术家对祖国和人民的真挚情怀。

梅兰芳大师为我们留下了珍贵的艺术遗产和精神遗产，在今天我们按照习近平总书记提出的立足中华优秀传统文化，培育和弘扬社会主义核心价值观而努力之时，梅兰芳大师的艺术遗产和精神遗产尤其值得我们珍视。梅兰芳曾是中国艺术研究院前身之一的中国戏曲研究院的首任院长，使我们作为今天中国艺术研究院的一员，更对梅兰芳大师怀有一种特殊的感情。在他诞辰120周年之际，我们整理编辑出版《京剧艺术大师梅兰芳研究丛书》，正是表达对他留下的这份丰富戏曲遗产的珍视，以及对他艺术实践和思想精神的研究、继承和弘扬。

2014年10月13日

目 录

忆兰芳

福芝芳述　许姬传记

自从粉碎“四人帮”以来，文艺园地出现一派欣欣向荣的景象。我虽然年逾七十，体弱多病，但精神振奋。今天，当我们全家又能畅忆梅兰芳同志生前对党的热爱时，更加缅怀毛主席和周总理对兰芳的关怀和教诲。

兰芳一向谦虚谨慎，新中国成立以后更是努力学习党的优良作风。他生前常同家属谈到毛主席和周总理对他的关怀，并再三嘱告：“写文章不要把毛主席、周总理和我的对话写进去，那样自我宣传，不好。”所以在兰芳发表的将近200万字的文章中，很少提到毛主席、周总理。但是，每当我想到兰芳，不由得便想起他生前同我们讲述毛主席、周总理时那种幸福、激动的神态。我觉得我有责任讲出来，因为正是我们伟大的党教育了兰芳，使他从一个旧社会的戏曲演员锻炼成为一名光荣的共产党员。

上海解放那天清晨，兰芳就上街了，隐隐还有枪声。去到建国东路，看见有不少解放军战士睡在马路边。他回来高兴地告诉我们，共产党的军队确实已解放上海，纪律好极了。

兰芳接到陈毅市长的请帖，到中国青年会参加座谈会。负责市军管会文化教育管理工作的夏衍、于伶同志又到思南路我家同兰芳谈话。几天之后，兰芳便在南京大戏院演出了三场戏，招待解放军。第一天演毕，陈毅市长还到化装室慰问兰芳。

不久以后，兰芳接到召开第一次全国文学艺术工作者代表大会的通知，邀他到北京开会。文代会开幕后，有一天，兰芳回到招待所兴奋地告诉我们："今天我见到了毛泽东主席、周恩来副主席。毛主席是那样和蔼可亲，令人敬爱。周副主席对每一个代表都十分关怀。周副主席对我说：'二十年前，南开校庆，我们排演了话剧《一元钱》，北京文艺界曾邀我们来京演出。'他说到这里，我想起来了，就说：'您在《一元钱》里演一个女子。演过之后，好象我们还开了座谈会。'周副主席笑着说：'对，虽然那是青年时代的事，但我们可以说是同行。"五四"前后，学校演新剧，都是男同学扮演女角的。'"

那天晚上，兰芳兴奋得迟迟不能入睡。

文代会进行期间，兰芳演出了《霸王别姬》。

谢幕时，毛主席和大家一同起立鼓掌。兰芳回来激动地说："我一出场就看见了毛主席，坐在楼下第五排中间，他穿的是短袖白衬衫，神采奕奕地观看了演出。"他还说："这个戏，我演了1000多场，都没有今天这样淋漓酣畅。"

文代会将闭幕时，周恩来副主席希望兰芳到北京来工作，并嘱有关方面作出适当的安排。

1951年2月5日——农历除夕，梅剧团到怀仁堂晚会演出，欢度春节，剧目是《金山寺·断桥》。大家兴高采烈、精神饱满地演了这出唱、做、念、打齐全的戏。

第二天，农历大年初一，葆玖在怀仁堂演出。周总理对兰芳说："除夕看老一辈艺术家，元旦看青年一代，你来看戏，一定很高兴吧。"

那天兰芳回到家里，进门就笑着告诉我："今天在休息室里见到毛主席，他含笑对我说：'昨天看了《金山寺·断桥》，你的白娘子扮相与众不同，想得很妙，浑身穿白，头顶一个红绒球。'"

兰芳接着对我们说："毛主席看戏可真仔细！这么多年，从未有人谈过白娘子的扮相。的确，我是费了很多时间来研究，才改成现在这个样子的。"

1951年4月3日，中国戏曲研究院成立，梅兰芳被任命为院长。事先兰芳就在荣宝斋订裱空白宣纸册页，分送毛主席、周总理和其他中央领导同志题词。

周总理送来的亲笔题词是："重视与改造，团结与教育，二者不可缺一。"

3月下旬，毛主席派钟灵同志送来亲笔题词，左面写着"中国戏曲研究院"，右面半开写着"百花齐放，推陈出新"，其笔锋墨彩充满了龙腾虎跃的气势。兰芳发现不是送去的册页，就问钟灵同志："我们的纸，大概不好，所以换了？"钟灵同志说："主席写的时候，我在旁边。第一次是写在原来的册页上，写完了，不惬意，就另换纸写，又不满意。这是第三张。"他还说："主席给人题词，常常写几张，然后从中挑一张。"兰芳说："从写字这件事，可以推想到毛主席处理党和国家大事是如何反复思考，谋定而动。我们必须学习他老人家这种认真负责、一丝不苟的精神。"

兰芳还对我们说："毛主席曾对延安平剧研究院提出'推陈出新'的指示，这针对的是京戏改革。现在中国戏曲研究院成立，毛主席题了'百花齐放，推陈出新'。这个口号提得好。过去有些人认为京剧是老大哥，我就觉得不合适。中国有那么多地方戏，都有它们的特色，应该按照'百花齐放'的方针，交流经验，互相学习。"

1953年，兰芳带领梅剧团部分团员参加了第三次中国人民赴朝慰问团。回到北京后，有一次在怀仁堂招待晚会演出《游园惊梦》。在演出之前三天，毛主席派人到我家来借汤显祖的原著《牡丹亭》。兰芳对这位同志说："《牡丹亭》传奇，经过几百年来艺人和昆曲爱好者的修改剪裁，和汤显祖的原著已有很大的不同。我用的就是流行的《遏云阁曲谱》，没有单本。"钟灵同志说："请你把《遏云阁曲谱》交我带回，等你唱过了送还。"他还告诉兰芳："主席正在看《舞台生活四十年》第一集中《游园惊梦》一节。"

过了几天，在怀仁堂的宴会上，毛主席对兰芳说："你扮演杜丽娘，深刻有诗意。"毛主席给予兰芳的表演以这样的评语，兰芳觉得是一生中莫大的鼓励。

1956年初的一天，周总理约兰芳谈话，说："这次组织中国访日京剧代表团去日本演出，请你带队辛苦一趟。"兰芳说道："我照您的指示去办。"

以后，兰芳就开始检点行头，准备礼品，添置衣服。他素沉默寡言，那几天话更少。

有一天，兰芳回来，面带笑容地告诉我说："今天，周总理又给我上了一课。他说：'我看你心里有疙瘩。当然啦，你是爱国的艺术家，现在到日本演出，送戏上门，可能有点想不通。要知道，当初侵略中国的是一小撮法西斯反动军阀，这些人大部分已经得到应有的惩罚。我们中国访日京剧代表团到日本旅行演出，是唱给日本人民听，日本人民和中国人民一样，都是在战争中受害的，我们要对他们表示同情，他们一定也欢迎我们，请你把扣子解开，愉快地带队前往，希望你们凯旋而归。'"

兰芳接着说："总理这一席话，打开了我思想上的窗子，我现在觉得心明眼亮，可以轻装上阵了。"

中国访日京剧代表团共84人，是中国京剧院、梅兰芳剧团合并组成的。动身之前，总理在紫光阁接见，和代表团成员一一握手，对每个人都表示了关注。

大家围着总理坐成一个圆圈。这时陈毅同志赶到，总理开玩笑地说："你迟到，只好请你自己搬一张椅子旁听。"

总理指出这是政治上的一件大事，也是艺术交流的重大事件。访日代表团所负的责任是打开中日两国人民的友谊大门。文化和经济是两个翅膀，现在文化打先锋开路，这次一定要打胜仗，接着我们的经济团体也将前往。周总理还叮嘱了注意事项。

有件事是令人难忘的。姜妙香同志生前告诉我说："回国途中，飞机经过台北上空时，畹华（即兰芳）说：'如果遇到飞机迫降我就跳机，决不做俘虏。咱们殉啦！'"

兰芳也跟我说过，到了九龙机场，有专用车队相送，大约走了两个多小时，车子停了下来，大家下车走进车站，毛主席的大幅照片出现在眼前，原来到达深圳了。每个人都松了一口气，因为事先听说代表团到香港停留，有特务要捣乱，现在平安回来，大家都非常高兴。

后来，有同志告诉我们，中国访日京剧代表团回国前夕，领导也听到了关于特务要捣乱的事，总理亲自过问了这件事，整整一夜未眠。

1957年，梅剧团从浙、赣、湘、鄂巡回演出归来。有一天，兰芳参加国务会议回家对我们说："刚才毛主席老远看见我就问：'你几时回来的，这次走了不少地方吧？'毛主席操劳国家大事，却对我们如此关心，令人感动。"

为了迎接国庆10周年，兰芳排演了《穆桂英挂帅》。周总理看了这个戏，并到台上和演员、乐队照了相。总理对兰芳说："这个戏很好，看得出是你舞台生活40年的集中表演，也是你老年的代表作。在表演上，我没有意见，不过我听见台词里敌人是'安王'，是否可改为'西夏王？"兰芳说："您这一个意见，提得太好啦！以后就改为'西夏王'。"

兰芳从1960年起觉得胸间隐隐作痛，以为是胃病。

1961年夏，经阜外医院检查是心绞痛，冠状动脉硬化。当时就要留院治疗，但没有把病情全部告诉兰芳，所以他不愿住院。第二天，文化部艺术局的负责同志来我家通知兰芳，希望他停止对外一切活动，按时去医院治疗。

7月底，兰芳心绞痛突发，就到阜外医院住院抢救。8月4日，周总理到医院探望，对兰芳说："我在北戴河开会，听说你得了心脏急病，住院治疗，特地赶来看你。"兰芳说："这大热天，惊动您，我心里很不安。"接着，总理就坐在病床边，给兰芳切脉，他说："我懂一点中医，你的脉象弱一点，要好好静养，好在你会绘画，出院后，可以消遣。"兰芳说："这次新疆有一条铁路落成，约我去参加庆祝通车典礼，火车票都买好了，可是走不成了，真是遗憾。"总理说："等你病好了，愿意到哪里就到哪里，国内国外都可以去。"总理站起来，按着兰芳的身子说："心脏病，就要躺在床上静养，不要起来。"随后，总理对医生们说："你们平时就注意我们中央领导同志的健康，像梅院长的病，应当早就发现。这次经过抢救，希望能转危为安，你们要用心护理。"总理临走时又对兰芳说："我明天回北戴河，下次回来再来看你。"

总理的亲切语言，无微不至的关怀，使兰芳和我感动得几乎流下泪来。万万想不到，这次会晤竟成永别，兰芳于四天之后，1961年8月8日在阜外医院病逝。

兰芳参加革命后曾经对我说："我希望成为一个共产党员，但现在还不够条件，要进行思想改造，我是从旧社会过来的，思想改造是非常重要的。"

1957 年，兰芳到西北演出，离京前，他表示这次巡回演出归来，准备申请入党。回京后，兰芳就积极写入党申请书，写自传。1959 年 3 月被批准为中共党员。

兰芳入党后，每星期六必到单位参加党小组活动，从未请过假，直到临终为止。平时他坚持不懈地学习毛主席著作。当他因患心脏病，遵医嘱停止对外活动后，常常坐在卧室书桌旁，戴着花镜，拿着红铅笔聚精会神地读毛主席的书，直到他病重住院，天天如此。

兰芳参加革命后，被选为中国文联副主席，中国戏剧家协会副主席，人大代表，政协常委，中朝、中日友好协会理事等。政府还为他和周信芳同志举行舞台生活 50 周年纪念会。1957 年夏，国际舞蹈协会委托瑞典舞蹈促进协会主席海格尔到北京授予兰芳荣誉章，周总理亲自参加仪式，并代表我国政府致答谢词。党给予兰芳深厚的关怀，精心的培育，人民给予他很高的荣誉，对此，兰芳生前感受很深。他常说："毛主席的恩情，周总理的关怀，群众的爱护，我永远铭记心上。我要不断提高思想水平，更好地为工农兵服务。"

他这些话，我们也是永远铭记在心上的。林彪、"四人帮"一伙，曾经攻击兰芳，实际上是反对敬爱的周总理。今天，这帮阴谋家、野心家早已受到人民的审判，落得可耻的下场，兰芳地下有知，也一定会感到巨大的庆幸的。

（原载《人民日报》1978 年 8 月 8 日）

梅兰芳表演体系的形成和影响

——缀玉轩诸老和梅兰芳

许姬传

按： 这一章阐述了梅兰芳表演体系的形成和“缀玉轩”诸老的赞划襄助。关于赴日、美演出的概况，有梅兰芳所著《东游记》、齐如山所著《梅兰芳游美记》，所以本文只扼要地做了介绍，至于应邀访苏一节，与赴日、美的性质不同，我根据梅先生在1936年所著《访苏记》的一部分原始材料，摘要叙述由赴欧巡回演出改为应邀访苏的过程，并重点介绍了梅耶荷德对中国戏曲表演艺术的看法和与梅先生的交谊，这是梅先生想做而未及完成的事。还有梅先生对电影记录戏曲艺术的见解，也根据他生前的原话加以阐述。

缀玉轩是梅兰芳艺术活动的中心，他在这里团结了广大知识分子，各种类型的艺术家，集体创作了古装歌舞剧，编演了反映时代生活的时装戏，接待了来自各国的戏剧家、电影演员、舞蹈演员、学者、诗人，长期地切磋交流，取精用宏地丰富了营养，扩大了视野，取得了出人意表的成就。

清末宣统年间，梅兰芳在舞台上崭露头角时，结交了日本留学生、外文专科学校——译学馆的学生①，灌输了新的知识，这些影响为他后来的事业奠定了基础。

---

① 译学馆是清末举办的外文专科学校，学生中如言简斋、沈羹梅、张庚楼、张孟嘉、郭民原、陶益生等，是梅兰芳早期的观众，因听戏而成为朋友，他们都有文学修养和戏曲知识。

毕业于日本士官学校的冯幼伟（又微）、许伯明、李释戡、舒石父、吴震修（日本测绘学校毕业生）、齐如山（德国留学生）都是缀玉轩的重要人物，他们由于爱好京剧艺术而扶助梅兰芳，以大部分精力从事改革创新，使得梅派艺术得以成为国际上三大演剧体系之一（名导演黄佐临曾著文论及梅兰芳、斯坦尼斯拉夫斯基、布莱希特为“国际上三大演剧体系”）。

辛亥革命的影响

孙中山领导的辛亥革命爆发了武昌起义，袁世凯以武力阻挠革命，在南北协商和议时，冯幼伟拥护孙中山先生为共和政体大总统，而袁世凯制造了壬子（1912 年）正月北京兵变丑剧，篡夺胜利果实，做了大总统。许伯明是同盟会会员，曾任沪军都督府军械局局长；冯幼伟被认为倾向革命的分子，二次革命失败后，他们投闲置散，听戏为遣。

袁世凯称帝洪宪的时刻，蔡松坡（锷）首举反袁大纛，各省纷纷响应。冯国璋任江苏督军，没有表态，冯幼伟专程到南京游说冯国璋通电讨袁。在清末，冯国璋任军谘府军谘使兼第一厅厅长，冯幼伟任第二厅厅长，二人当年相处得不错。据冯先生对我说：“冯华甫（冯国璋号）是项城（袁世凯是河南项城人）一手提拔起来的爱将，所以不肯反袁，我看他心理上有矛盾，就对他说：‘项城必倒是大势所趋，你独力难挽汹涌狂澜，如不讨袁，便打入袁党，一起倒台，我劝你当机立断，现在已经是末班车了。’冯华甫含着眼泪一跺脚说：‘我听你的，但心里不安，对不住老上司。’”

冯国璋由副总统晋升总统后，约冯幼伟做陆军次长，冯与吴震修商量，吴说：“现在局面并不安定，你做行政官又不擅长，要考虑。”不久，冯国璋请冯幼伟担任中国银行总裁，冯幼伟就答应了。吴震修、许伯明、舒石父先后进了中国银行，吴先生是最得力的助手。他们治理中国银行办事认真，廉洁操守，形成一种良好的风气。

梅兰芳继承祖父梅巧玲的遗风，喜爱文艺绘画。辛亥以后，冯幼伟、李释戡等给梅介绍了诗人罗瘿公、画家王梦白、陈师曾、齐白石、徐悲鸿、陈半丁、姚茫父等，于是缀玉轩中的艺术气氛浓郁芬芳，丝竹管弦，书画琴棋，成为燕京著名的沙龙。闻风而至者联翩不绝，梅兰芳得到他们的熏陶，大大丰富了艺术创造的意境。

整理传统戏　创造新剧目

梅兰芳之信赖冯幼伟是从他提倡演《宇宙锋》开始的。这是一出不很叫座的冷戏，梅先生在专演青衣时期就爱这个戏。冯先生认为 2000 年前的封建时代，这位无名作家创造了赵女这样一个女性来反映古代贵族家庭的女子遭受迫害的情况，装疯戏弄赵高，金殿嘲骂皇帝，这种大胆的手法比写一本同样事实而发生在贫苦家庭中的戏，那暴露的力量更大，更有教育意义。所以梅演《宇宙锋》，冯看后发现缺点就指出，并如实转告了别人的批评意见。梅先生经过不断修改，在唱、做方面丰富发展，提高了赵女这一人物的形象，成为他从青年到晚年最有代表性的保留剧目之一，也是“人保戏”的典型事例。

齐如山是有改革京剧志向的观众，他以通信方式提意见，梅兰芳从善如流，择要修改。当时梅演出的剧目，以唱工青衣为主，传统的演法做工表情简单，而齐如山认为要唱做并重。他对《汾河湾》的意见是：当薛仁贵在窑外唱大段“西皮”，诉说他 18 年的经历时，柳迎春坐在代表窑门的椅子上静听，直到将要唱完时才起来开门相认。齐如山来信主张旦脚应该适当地有一些表情，不能无动于衷。梅兰芳照他的意思在不影响老生表演的情况下，加了一些表情。有一次与艺术大师谭鑫培合演《汾河湾》，柳迎春听他唱到“你的父嫌贫心太狠，将你我二人赶出了门庭，夫妻们双双无投奔”时有身段表情配合唱腔，观众报以彩声。谭事后对朋友说：“这几句唱腔不是叫好的节骨眼，我心里纳闷，后来才知兰芳在做身段呐。”

大约通信数月后，梅和冯、吴、许、李几位商量，约齐如山来吃便饭，大家赞成，以后，齐二先生成了缀玉轩的座上客，他自告奋勇担任编剧。

《牢狱鸳鸯》是吴震修从一部笔记里选定题材，由齐如山打提纲、起草，缀玉轩诸老集体创作的。接着编演了几出时装戏，其中《一缕麻》最为理想。吴震修从包天笑的小说里选取题材，故事是反映旧社会指腹为婚的悲剧。

齐、吴二位还对林太守劝女儿上轿一场戏的大段念白，根据历史背景、社会风俗，反复推敲，层次分明地说明他既爱女儿又要顾全面子的矛盾痛苦心情，经过扮演林太守的名演员贾洪林对台词语气的重点加工，创造出封建社会的一个典型人物形象。程继仙的傻公子、路三宝的姨太太，都出色地完成了角色任务，而梅兰芳扮演林纫芬，深刻的内心表演使观众感动而流泪。并且有两家观众看完戏后即解除了不合理的婚约之事。

1930 年，我从北方迁居上海，在画家吴湖帆家中见到包天笑，谈起民国初年编演《一缕麻》的往事。包先生说："这是一个娘姨（即保姆）告诉我的真人真事，因为两家都是有地位的官宦人家，所以不用真名姓，林家小姐病愈后知道傻姑爷是为了照料她的病而传染白喉死去，所以立志守节，梅先生编剧时改为自尽，则更合乎戏剧结构，其实守节也是非常悲惨的结局。"

与名演员合作艺术上得到提高

辛亥后，梅兰芳与谭鑫培合作演出了《桑园寄子》、《四郎探母》、《汾河湾》等，表演艺术上得到提携，立竿见影地起了变化，同时向前辈陈德霖、王瑶卿、路三宝、钱金福、李寿山、乔蕙兰、丁兰荪等问业，丰富了知识，积累了经验，1919 年与王凤卿、余叔岩合组"喜群社"，与余叔岩排练演出了《打渔杀家》、《梅龙镇》，对创造角色有所理解，1921 年与杨小楼合组"崇林社"，共同创作了《霸王别姬》，并对武打有所提高。此后，与高庆奎、言菊朋、马连良、谭富英、杨宝森、王琴生、奚啸伯等合作，也收到提携后进的效果。在梅兰芳 50 年的艺术活动中，他所接触的人是多方面的，互相影响，不断切磋，使他的视野、胸襟开阔，向艺术深度推进，从而发展成为20世纪影响最大的流派之一。

提倡昆剧的目的

梅派艺术的形成是继承、创新、发展循序前进的。先演传统剧和昆剧打好基础，至于所演出的京剧传统剧目（包括配角），数量甚大，这里不列举。现列出演过的昆剧：《西厢记》的《佳期、拷红》，《牡丹亭》的《春香闹学、游园、惊梦》，《南柯记》的《花报、瑶台》，《金雀记》的《觅花、庵会、乔醋、醉圆》，《狮吼记》的《梳妆、跪池》，《白蛇传》的《水斗、断桥》，《渔家乐》的《藏舟》，《铁冠图》的《刺虎》，《风筝误》的《惊丑、诧美、前亲、后亲》。

梅兰芳提倡昆曲的目的，是因为昆曲有悠久的历史，它的表演形式，歌舞合一，唱、做都有完整体系。中国许多剧种里还保留着昆曲剧目，并在表演方面受到它的影响，而京剧和昆剧的血缘关系更为密切。京剧科班培养学生，往往学几出昆曲打基础。在清代光绪庚子年（1900）以后，昆曲逐渐衰落，到民国初年（1911年后）在大城市舞台上很少见到正规昆曲的演出，只在武戏里如《安天会》（后改称《闹天宫》）、《娘子军》（梁红玉擂鼓战金山的故事，梅兰芳改编为《抗金兵》）等还保留着。

梅兰芳和缀玉轩诸老认为昆曲有必要提倡和保存，梅兰芳演出大量昆曲后，引起观众对昆曲的兴趣。当时的大学如北大、清华，有不少教授和学生对昆曲的兴趣最浓。北大、清华还增加了戏曲学课①，于是各大城市的舞台上偶尔又

① 辛亥后，在梅兰芳大量演出昆曲的同时，北京大学由吴瞿安（梅）主讲“曲学概论”、“戏曲史”等课，这是有史以来第一次把戏曲艺术列入最高学府中国语言系专业课程。“五四运动”时期，北京大学的学生如罗常培、罗庸、顾珠、任讷等均曾从吴瞿安游，卓然成名家。清华大学则成立“谷音社”，延请侗厚斋（溥侗，字厚斋，别号红豆馆主）及陈延甫教授曲学，以昆曲音乐为主。当时，加入曲社者有朱自清夫妇、浦江清、俞平伯等。北平大学女子文理学院也请了侗厚斋授课。现任云南大学中文系教授的全振寰，便是他的得意女弟子。

能看到昆曲剧目的演出。梅派保留剧目中《白蛇传》的《水斗、断桥》，《牡丹亭》的《游园、惊梦》以及吹腔《奇双会》，还有《贵妃醉酒》，就是从昆曲时剧（改良昆曲）《醉杨妃》演变而来，这是京剧剧目中保留昆曲载歌载舞表演形式最为突出的一例。

创作剧目一览表

改编旧剧目有全本《宇宙锋》、全本《春秋配》、全本《三娘教子》。

大量编演新剧目对京剧起了推动作用，以后群相仿效，蔚为风气。

新编剧目可分为以下几类：

历史题材：《霸王别姬》、《西施》、《太真外传》、《抗金兵》。

现代题材：《孽海波澜》、《宦海潮》、《邓霞姑》、《一缕麻》、《童女斩蛇》。

《红楼梦》题材：《黛玉葬花》、《千金一笑》、《俊袭人》。

神话题材：《嫦娥奔月》、《天女散花》、《麻姑献寿》、《上元夫人》、《洛神》。

说部诗歌题材：《牢狱鸳鸯》、《花木兰》、《廉锦枫》、《红线盗盒》、《凤还巢》。

传奇改编：《生死恨》、《春灯谜》。

这些戏的创作程序，由缀玉轩诸老想题材，得到梅先生同意，由齐如山写出初稿，集体修改。其中《西施》是罗瘿公执笔，再经王瑶卿修改精简。以后罗瘿公为程砚秋编剧，而李释戡始终是修改剧本的积极分子。由于李先生出版精装本《天女散花》而引起了齐二先生的不满，梅先生煞费苦心地从中调解斡旋，可以看出他善于团结群众，与人为善的一面。

“九一八”迁沪后成立了编剧小组

“九一八”事变后，梅兰芳全家迁沪，这时学者叶玉虎（恭绰）建议改编

《抗金兵》。由梅、叶和我，还约了两位朋友成立了一个五人编剧小组。

《生死恨》原名《易鞋记》，齐如山根据明代传奇改编为京剧。梅兰芳为改编《生死恨》，又倡议成立了以梅剧团骨干组成的编剧小组，由我执笔改编。

《穆桂英挂帅》是新中国成立后编演的最后一个新戏，由陆静岩、袁韵宜编剧，梅先生与我修改整理。

以上是集体创作的大致情况。梅派大发展的关键是把中国古典戏曲介绍到国外，扩大影响，载誉而归，这和缀玉轩诸老的辛勤劳动是分不开的。

三次到日本演出的情况

当编演了古装歌舞剧，演出了昆曲，观众中有了外宾后，梅兰芳和缀玉轩诸老就有了把京剧介绍到国外的想法。1918 年，日本帝国剧场董事长大仓喜八郎男爵来京旅游，冯幼伟请他看《天女散花》等梅剧，大仓男爵十分欣赏《天女散花》，他邀请梅兰芳率团到日本演出。经过半年多的筹备，1919 年 4 月，梅兰芳第一次出国到日本旅行演出。带的剧目是传统京剧、昆曲、自编古装歌舞剧。演员有姜妙香、贯大元、高庆奎、姚玉芙、赵醉秋（即芙蓉草，后改名赵桐珊），陪同前去的还有留日学生许伯明、舒石父等。

1919 年 5 月起，梅兰芳剧团在东京帝国剧场、大阪公会堂先后演出，演出的剧目有《天女散花》，梅兰芳扮天女，姚玉芙扮花奴，高庆奎扮维摩诘居士，贯大元扮文殊师利菩萨，赵醉秋反串伽蓝。在《御碑亭》中，梅兰芳扮孟月华，姜妙香扮柳春生，高庆奎扮王有道，高联奎扮宗师申嵩（高联奎是高庆奎的弟弟，著名琴师），赵醉秋反串丑角得禄。《琴挑》中，梅兰芳扮演陈妙常，姜妙香扮潘必正。《思凡》，姚玉芙扮色空。《乌龙院》，贯大元扮宋江，赵醉秋扮阎惜娇。

到日本后，剧场方面提出要演《空城计》，由贯大元扮诸葛孔明，高庆奎反串司马懿。戏箱中未带八卦衣，只好用金纸剪了八卦贴在紫帔上。

那次赴日演出，梅剧团受到日本人民的热烈欢迎和各阶层的好评。

精通中国戏曲历史的青木正儿先生以《梅郎与昆曲》为题，畅论了南北曲的宫调、曲律；昆山腔的形成和沿革；对中国七声宫、商、角、徵、羽、变宫、变徵和西洋长音阶半音、全音列出对照表，证明中国与西洋的音阶、旋律相通；对雅部——昆腔，花部——京腔、秦腔、弋阳腔、梆子腔、罗罗腔、二黄腔的盛衰情况做了系统的描述，并对梅兰芳一行的表演做了深入的介绍评论。

京都汇文堂书店主人约请文艺界13位知名人士内藤虎次郎、狩野直喜、藤井乙男、青木正儿、小川琢治、铃木虎雄、浜田耕作、丰冈圭资、田中庆太郎、樋口功、冈崎文井、那波利贞、神田喜一郎等撰写剧评，编辑出版《品梅记》，记录了梅兰芳剧团演出的盛况。

日本的歌舞伎与京剧的性质相似，但它的程式比京剧凝固一些。梅兰芳第一次访日，结交了歌舞伎名演员中村歌右卫门、尾上梅幸、守田勘弥、河合武雄、菊五郎、中村雀右卫门、市川猿之助等。他们热情帮助，同台演出，交流经验。例如，中村雀右卫门也是演旦脚的，他的面容瘦削，化妆表演时就显得面庞丰腴。梅兰芳当时也比较瘦，就向他请教。中村雀右卫门说："我用两个棉花团塞到嘴里，用手指推到两面腮帮部位，就鼓起来了。"他还拿棉花团做给梅先生看，并说："中国戏歌唱繁重，要在家里先练习一个时期才能到台上使用。"还有化妆方面也采取了日本歌舞伎的部分画眉、眼窝的方法。

那次演出次数最多的是《天女散花》，之后，"中国通"波多野乾一对梅先生说："其实《御碑亭》演出时，观众的反应也异常强烈，有些女观众掩面而泣，因为像王有道休妻的事在日本是屡见不鲜的，她们有身世之感，所以流下同情之泪。"

1924年日本大地震后，大仓男爵为了振兴市面，再度邀梅剧团来日本东京帝国剧场演出，那次的人员和剧目都有变动，梅兰芳还主动提出义演募款，赈济受灾的日本人民，在京都演毕，还拍摄了电影《廉锦枫》中的《刺蚌》，由梅与朱桂芳合演；《虹霓关》的"对枪"，由梅与姜妙香合演。

第三次访日是1956年，那时中日两国尚未建交。1955年，松尾国三先生排除万难，得到日本政府的默契，迂回曲折地经由香港到了北京，首先与中国民间组织文化艺术联合会负责人阳翰笙会谈，反复商榷，达成协议，接着市川猿之助带领日本歌舞伎剧团来北京演出，受到中国政府和广大人民的热烈欢迎。1956 年，日本朝日新闻社出面邀请以梅兰芳为首的京剧代表团访日演出，周恩来总理亲自参与主持，指定梅兰芳为“中国访日京剧代表团”总团长，欧阳予倩为副总团长，行政干部有马少波、孙平化、刘佳、欧阳山尊等，组成了 86 人的代表团，挑选中国京剧院和梅兰芳剧团的主要演员：姜妙香、李少春、袁世海、李和曾、梅葆玥、梅葆玖、侯玉兰、江新蓉、孙盛武、谷春章等，乐师王少卿、白登云、裴世长、姜凤山等。剧目有《贵妃醉酒》、《霸王别姬》、《奇双会》、《闹天宫》、《将相和》、《三岔口》、《天女散花》、《人面桃花》、《秋江》、《拾玉镯》等。

在东京、福冈、八幡、名古屋、京都、大阪等地演出，受到日本人民的热烈欢迎。还有来自港澳、南洋、欧洲、美洲的爱好京剧的观众。市川猿之助、松尾国三、千田是也、河源崎长十郎、村田嘉久子等都以最大的热情支持京剧代表团的演出，并设盛宴招待中国朋友，梅兰芳还见到了 1919 年和 1924 年访日时的老友，欢然话旧。

这是梅兰芳三度访日中规模最大、阵容最强、剧目最多、演期最长的一次，有些城市是以前并未去过的，其欢迎盛况充分表达了中日人民两心交流的深厚感情，日本国会还破例招待了梅兰芳以外的主要团员。梅兰芳归国后写了《东游记》，献给日本人民，冈崎俊夫译成日文，至今给日本人民留下了深刻印象。

25 年后，1981 年 5 月，82 岁高龄的松尾国三先生到北京旅游，中国对外文化协会举行了盛大欢迎会，中国对外文化协会负责人孙平化在祝词中引用已故周恩来总理的话“饮水不忘掏井人”，来赞扬松尾先生对中日友好作出的功绩，而松尾先生述说了当年披荆斩棘的动人事例。松尾先生还到梅兰芳先生墓地献花致敬。在答谢宴会上，松尾先生邀请梅葆玖、袁世海、李浩天（李少春长子）、李宝春（李少春之三儿子），以及当年访日代表团的成员畅谈往事，还把当年京剧代表团访日的图片、实物陈列在餐室中供大家阅览，这位中日文化交流的先驱者在中国文艺界留下了难忘的友谊。

在欢迎会上，我送了一首诗给松尾国三先生：

忆昔东游日，
扶桑樱正红。
先驱开道路，
友谊记丰功。
舞态留银座，
歌声来远鸿。
博多承款洽①，
话旧更相融。

赴美演出的筹备

两次访日后，梅兰芳就有了游美的动机，这是自费出访，困难不少。冯幼伟负责筹款及外交事项，吴震修等筹划出国前对美国观众的了解与爱好，齐如山担任宣传、著书、绘图，梅兰芳则设计制作舞台装置及服装道具的图案和色彩，而剧目的选择则由大家出主意并征求熟悉美国情况的中外友人的意见。大约经过七八年多的筹备时间，于 1929 年 12 月下旬，梅剧团的演员、乐队、舞台工作人员以及齐如山、张禹九等 20 余人从上海乘加拿大“皇后号”轮船赴美。

那次由于节省开支，正式登台的演员只有六人：梅兰芳、王少亭、刘连荣、朱桂芳、姚玉芙、李斐叔；乐队倒占了八人：徐兰沅、孙惠亭、马宝明、霍文

① 松尾先生招待中国访日京剧代表团全体团员住在他经营的福冈博多帝国旅馆。

元、马宝柱、何增福、罗文田、唐锡光，化妆师韩佩亭，管箱李德顺、雷俊。这是梅剧团历次出国人数最少的一次，因为远渡重洋受到经济限制，上座又无把握，不得不精打细算。

到西雅图后，发生了一件事：美国规定入境时如系营业性的剧团，每人要缴2000美元保证金，而梅先生所带的钱不够，中国领事、华侨代表登轮把梅兰芳、齐如山、张禹九接到岸上，并与美国官方洽商，他们表示只要中国与美国有往来的银行出面担保便可登陆。梅兰芳打电报给冯幼伟请他设法，冯找到浙江实业银行的李馥荪，李先生慨然协助，当即致电美国当局，于是次日全体团员就登陆了。

梅剧团所到之处，轮埠、车站都有几千人自动来欢迎和献花，梅剧团的汽车队在市区经过时，人们欢呼围观。到旧金山演出时，市长亲自到车站迎接。那里华侨最多，栈桥和房顶上都站满了人，拥挤得不能通行，由警察维持秩序才能从人潮中挤出道来。梅兰芳与市长同乘敞篷汽车到中华大剧场参加欢迎会，民众夹道欢迎，人山人海，挥动白手绢或灰色呢帽，车在人墙中缓缓行驶，梅兰芳与市长向两旁欢迎的人招手答谢。事后，市政府的一位高级官员对梅兰芳说："这种热烈情景是几十年来罕见的。"

梅兰芳与美国观众第一次见面是在美国首都华盛顿，伍梯云（朝枢，伍廷芳之子）公使在中国驻美使馆里招待美国总统以下官员及各界知名人士数百人，除了胡佛总统不在华盛顿，副总统以次都出席了，南开大学张彭春教授适应美国某大学之聘来美讲学，也应邀观戏。那天，梅兰芳演《千金一笑》，终场后，张教授到化装室向梅先生道乏，梅问："今天的戏，美国人看得懂吗？"张答："不懂，因为外国没有端阳节，晴雯为什么要撕扇子，他们更弄不清楚。"梅兰芳紧握张教授的手说："这次我们的计划以自编的古装歌舞剧如《天女散花》等为主，大都情节简单，照您的说法要另选剧目，请您帮忙代我重新组织安排一下。"张彭春说："我愿意帮忙，讲学也可以推迟些日子，但必须得家兄伯苓的同意。"梅兰芳说："好！我立刻打电报给冯六爷，请他转达令兄伯苓先生，您就和我一起到纽约。"

到纽约后，接到南开大学校长张伯苓的电报，同意他弟弟参加梅剧团。

特邀张彭春担任梅剧团导演

梅兰芳请张彭春担任导演并负责演出，这是梅剧团第一次建立“导演制”。张彭春和大家开了一个会，他说：“外国人对中国戏的要求，希望看到传统的东西，因此必须选择他们能够理解的故事。中国戏的表演手段唱、做、念、打，但这些都是为剧情服务，外国人虽不懂中国语言，如表情动作做得好，可以使他们了解剧情。每次演出剧目要多样化，如同一桌菜肴具备不同的色、香、味，才能引人入胜。我主张以传统戏为主，武打古装戏作为片段，服装、化装要配搭。帔、褶、蟒、靠、厚底靴、长胡子、大头、贴片、彩鞋、花脸、净脸等，要注意色彩图案的调和。”接着就和大家协商，选定三个戏单：

一、《汾河湾》、《青石山》、“剑舞”、《刺虎》。

二、《贵妃醉酒》、《芦花荡》、“羽舞”、《打渔杀家》。

三、《汾河湾》、《青石山》、《别姬》、“杯盘舞”。

这些剧目的故事、扮相、色彩都是经过仔细研究、反复推敲而定的。

《汾河湾》是夫妻久别的生活故事，戏名译为《一只鞋的问题》，梅兰芳饰柳迎春，梳大头，穿青褶子、彩鞋，是标准的青衣扮相；王少亭饰薛仁贵，马褂，白箭衣，戴将巾，穿厚底靴，挂黑色三绺须，佩宝剑，持马鞭，是贵族便服旅行的打扮。《青石山》是吕洞宾降妖的故事，王少亭饰吕洞宾；朱桂芳饰女妖，穿浅蓝色打衣战裙；刘连荣饰关平，净脸，戴夫子盔，加神火焰，称为“大刀舞”。“剑舞”是《红线盗盒》片段，梅饰红线，穿红色古装，舞剑。《刺虎》是费贞娥复仇的故事，梅饰费贞娥，戴凤冠，穿红蟒，彩鞋，后易青褶子，白腰包，甩发，仗剑；刘连荣饰虎将军，勾油白三块瓦脸，穿黑靠，厚底靴，挂黑扎（短胡子）。

《贵妃醉酒》是宫中生活的故事，梅饰杨贵妃，戴凤冠，穿红蟒、彩鞋，持扇，后改宫装。《芦花荡》是《三国演义》的故事，刘连荣饰张飞，勾张飞专用脸谱，发髻草帽圈，黑须，黑色打衣，白战裙，穿薄底靴。“羽舞”是《西施》的片段，梅饰西施，古装，舞雉尾翎子。《打渔杀家》是渔民反霸的故事，梅饰萧桂英，头戴蓝绸额子，草帽圈，穿蓝缎打衣，战裙，彩鞋，持船桨；王少亭饰萧恩，净脸戴灰白色三绺须，草帽圈，穿古铜色打衣打裤，斗篷，洒鞋裹腿，持船桨。《别姬》是《霸王别姬》中《巡营》一折，梅饰虞姬，古装头，戴如意冠，穿斗篷，鱼鳞甲，舞双剑；刘连荣饰项羽，勾霸王专用脸谱，穿黑靠，挂黑满。“杯盘舞”是《麻姑献寿》中的片段，梅饰麻姑，穿古装。

从上面三张戏单可以看出故事、化妆、穿戴、色彩的多样化，在纽约、芝加哥就是以这三张戏单的剧目轮换着演。到了旧金山，华侨要求演《天女散花》和完整的《霸王别姬》，演出这两个戏，还加演梅主演的《春香闹学》，以及《打城隍》、《空城计》。所有美国报刊都围绕着初演的三个戏单剧目如《刺虎》、《汾河湾》、《打渔杀家》介绍评论，其实《春香闹学》、《霸王别姬》、《天女散花》也是很受欢迎的。

在纽约演出前的排练是极其紧张的。每场规定两小时，两个有完整故事的戏，约占1小时，一个武打片段，一个古装舞约占15分钟，当中间隔着幕间音乐、休息、叫帘（中国称为“谢幕”，这与“叫帘”的含义相反，“叫帘”是观众欢迎演员的表演，请再开幕露面；而谢幕变成演员向观众致谢了），说明剧情共占40余分钟，这样安排的原因是四个节目中，梅兰芳要演出三个，当中必须留出时间换装。最后一个节目前，大休息、叫帘、说明占23分钟，因为从舞剑的红线到改扮的《刺虎》的费贞娥，头饰、服装都有很大的变动。

徐兰沅、姚玉芙谈访美花絮

我曾问梅剧团的琴师徐兰沅：“《汾河湾》、《刺虎》两出戏，在中国演出时要用两个小时，你们是怎样剪裁的？”

徐告诉我："《汾河湾》里薛仁贵在窑外的大段唱工全删，只唱两句散板就进窑了。《刺虎》里，费贞娥的主曲【滚绣球】也删去，其他唱词和身段也有精简，我们事先反复排练。张彭春先生拿着表，掐钟点，《汾河湾》规定 27 分钟，《青石山》9 分钟，《红线盗盒》舞剑 5 分钟，《刺虎》31 分钟，时间的准确使美国人感到非常惊讶。"徐先生还说："梅剧团在美国纽约、芝加哥、旧金山、洛杉矶、檀香山演了 100 场戏，没有唱过一句'慢板'。"

姚玉芙也对我讲了赴美演出的花絮："第一天在纽约 49 号街剧院（49# Sheet Theater）演出，9 点开幕，当 8 时 45 分时，场内空无一人，徐大爷问我：'今儿究竟有戏吗？怎么不上座？'我说：'票都卖完了，外国人好掐钟点。'正说着，场内陆续进人，9 点钟前，座位全满，这个剧场是专演歌剧的，座位只有 1000 个，有些人还穿了常礼服来看戏。"他接着说："有一天，我走过剧场，门口正在排队售票，一位外国老太太端了一把凳子坐在售票处窗口，打开小窗时，她买了一把好票，就坐在剧场门口卖黑市票，票价 6 美元，她最高卖到 16 美元。据一位华侨对我说：'美国卖黑市飞票是没人管的，但高到两倍价格却也是罕见的。'"

姚先生还说："那次开幕时，张彭春穿了礼服上台对观众介绍中国京戏的特点，我们还请了华侨杨秀女士报幕，说明剧情，她的英语流畅，很受欢迎。"

赴美成功的种种因素

我从文字资料和口头述说了解到那次梅剧团访美获得很大成功，中国戏在美国载誉而归，这里有种种因素汇合而成。宣传方面起了很大作用，带去的几种介绍中国戏曲的书和 160 个戏曲图谱，宫殿式的舞台装置，行头的图案绣工等，都是吸引观众的条件。

美国戏剧界权威斯塔克·杨（Stark Young）正好也想研究中国戏剧。他与张彭春是朋友，事先交换了意见，又送他《梅兰芳》、《中国戏的组织》、《梅兰芳艺术一斑》，同时张彭春还约他看梅剧团内部彩排，他对中国戏已有了初步轮廓，所以演出前在报刊的显著地位作了介绍，演出后又用很大的篇幅写了剧评，这在宣传方面起到了一定的作用。

还有从20世纪20年代起，梅兰芳与欧美各界人士就有频繁的往来，每年赠送外国报刊的照片以及私人函索要花四五千元，外国人到中国来旅游，把逛长城，游颐和园，访梅兰芳列入日程，而梅兰芳总要尽地主之谊，或请吃中国茶，或开个茶会，这笔交际费也颇可观。长期的来往，“梅兰芳”三个字在美国人的脑子里就有了影响，外国人未必都知道中国总统的名字，但却知道演员里有个梅兰芳。

美国的风气，只要在纽约打响了第一炮，其他城市就一帆风顺，左右逢源，所以在纽约上演后能否叫座是关键所在。那时正逢美国经济危机，事先大家心里都很嘀咕，选定了49号街剧院是因为这是上演歌剧的高级剧院，座位只有1000个，演了14天，由于上座率好，后来就移到帝国剧院（Imperial Theater）演出，那里有两千多个位子，又演了21天，观众达7万多人次，在市面不景气的时候，可称奇迹。

至于那次更大的收获是引起学术界、电影界的重视，所以到了洛杉矶后，受到电影界的热烈欢迎，波摩那大学（Pomona College）、南加州大学（Southern Califonia University）授予梅兰芳文学博士荣衔，举行隆重的授衔典礼。由于梅剧团将到檀香山演出，波摩那大学校长晏文士博士（Dr. Charles KEdmund）还召开董事会，援引英国工党首相麦克唐纳（Ransay Mac Donald）授衔旧例，提前于1930年5月28日举行本校毕业典礼。

梅兰芳剧团在美国演出的成就把中国戏的地位提高到一个新的阶段，引起国际上特别是欧洲文艺界的关注。

斯塔克·杨对梅兰芳的评价

梅先生归国后对我谈访美的感想时说：“斯塔克·杨是真正懂得中国戏曲表

演的行家，有知己之感，在离开纽约之前，他专程访我作 4 小时的谈话，他的精辟见解令人难忘。”

斯塔克·杨说：“看了你的做工表情使我联想到古书里谈到希腊的古老戏剧，因为没有看过这种表演，难以捉摸它的组织和形式，从你的演出里，许多疑问得到解答，使我喜出望外。”

下面他对身段、化妆、色彩等方面谈了自已的看法：

“美国写实派戏剧演员的动作表情，都显得呆板浮浅，一目了然。你的表演从‘眼’的动作到‘手’的动作都是恰到好处，没有过火的毛病，既能使观众从这些程式中了解到剧情，又给人以含蓄的有深度的美的感受。

“有人说梅君的面部表情是写实的，我认为是写意的，是一种有规矩的表现法则，不是用暴烈的感情、浮浅的动作来表现的，从这里体会到中国戏的组织是高深而奥妙的。

“梅君面部的化妆，看出是经过不断研究改进的。例如白、黑、红三色的浓淡布置都像中国古代瓷器，你的俯仰坐立的姿态，也有许多和中国古画相同的地方，看出你的艺术造诣是撷取多方面的营养而达到更高境界的。”

他还对表演提出了具体的看法：

“《刺虎》里费贞娥自刎的身段非常好看，自刎后，与一只虎同躺在台上的距离、方向、样式都有研究，含有美学观点，看了几次《刺虎》，觉得第一次贞娥自刎的身段比后来的好看。

“《汾河湾》柳迎春二次出场用扫帚扫簸箕里的土眯薛仁贵的眼睛的身段，非常好看。但第一次只扫一下，以后有扫两三下的，其实据我看扫一下就够了，中国戏是写意的。中国有句名言‘画龙点睛’最能说明问题。”

下面谈到梅先生的唱法，他的敏锐的观点使人吃惊。

“我对梅君所唱的女声，觉得毫无隔膜，我感到梅君的小嗓与女子真嗓相比较还是协调的，戏中的身段和平常人的动作也是美术化了的，听了看了非常舒服，但我觉得梅君的嗓子很好，似乎不敢用力唱，你怕美国观众不能领略中国歌唱的妙处，其实这种顾虑是不必要的，美国人既然公认中国戏是世界艺术，就应该极力发挥固有长处，因为许多人不是为取乐，而是抱着研究东方艺术而来的。”

最后一段结论尤为精当扼要：

“我想，梅君在中国演戏，一定比在美国好。在这里演出，我看出有迁就美国人眼光心理的迹象，我奉劝不要这样，致损及中国戏的价值。”

他还提出一个问题：“《霸王别姬》中的花脸、《汾河湾》的老生与你相比，稍有逊色，不知在国内是否与他们同演？”

梅先生回答：“国内有许多有名的老生、花脸，但他们有的上了岁数，不愿远行，有的航海晕船，现在同来的是我剧团里的青年演员，他们曾向名师学习，经过这次锻炼，开拓了眼界，可以逐渐提高。”

最后，梅先生向他致谢：

“刚才听到的伟论，使我钦佩，我还第一次听到外国朋友对中国戏有如此精确的评论，看出您是抱着研究的目的，每个戏看了多次后，加以比较后总结出来的看法，这些看法既说出了中国戏的特点，又坦率地指出了我的缺点，例如：您认为我对言语不通的陌生观众，能否领略中国戏的唱腔有问号，这就敏锐地说到要害，我将根据您的意见，解决我心理上的矛盾。此后，我还打算到欧洲去旅行演出，今天一席话，对我有启发，有收获。”

梅先生从美国回来后，朱季黄兄曾对我说：“我看他的戏，感觉到唱与做不平衡，唱的技巧未见提高，而手、眼、身、步的目的性，却比以前准确而强烈。过了一个时期，这种感觉就消失了，但不是恢复原状，而是进入了新境界。”由此可以证明，演员对语言隔膜的观众就下意识地偏重做工，当回到老观众中便很自然地又起了变化。据梅先生说：“演员与观众的关系是密切而微妙的，经过这次交流后，不仅唱、做方面有所演变，对化妆、声学、光学、剧场管理、严格遵守时间，都有新的体会，古人强调要‘读万卷书，行万里路’，非亲身经历，不知其中甘苦。”

上海马斯南路的建筑和生活

“九一八”事变后，1933 年梅兰芳自京迁沪，缀玉轩诸老人亦因职务关系纷纷南迁。于是“缀玉轩”横匾就从北京无量大人胡同移到上海马斯南路（后改“思南路”），挂在餐室中。当时客厅兼画室里悬挂着金冬心隶书“梅花诗屋”直幅斋额；紫檀、花梨家具以及缂丝、顾绣、清代官窑陈设都是从北京运来的。

这所洋房是义品洋行的产业，后来辗转卖给湖南省政府主席程潜。它是民国初年英国式的建筑，底层地下室，二层客厅饭厅，梅氏夫妇住第三层，第四层是梅先生的岳母和葆琛、葆珍（后改名绍武）、葆玥等居住（葆玖是1934年出生在这所房子里的）。当时梅兰芳觉得日本军阀有进窥华北的野心，就带了剧团到上海天蟾舞台演出，演毕把剧团的人送回北京，他和夫人福芝芳及子女在沧洲饭店住了半年，冯幼伟给他租了这所房子（按：冯幼伟住在前面第一条弄堂。1945年抗战胜利以后，周总理领导的中共驻沪办事处就设在马斯南路临马路一所较大的房子里，上海人称“周公馆”。许涤新同志就住在梅家对门，夏衍、周而复同志住在隔壁弄堂内），没有暖气设备，以壁炉取暖，有一个不小的草坪，可以练拳，打把子，梅兰芳觉得建筑和家具陈设是比较调和的。

梅兰芳因为每年只演出一期，比较清闲，就请名画家汤定之教他画松、梅；经常和许伯遒、源来唱昆曲，我们推荐俞振飞来拍曲。梅先生说：“1919年，我在南通张四先生（季直）家里听过俞老先生（粟庐）的昆曲，出字、收音、行腔、用气非常讲究，现在正好抽工夫研究昆山腔的唱法。”梅先生就托我们请振飞来拍曲，我记得振飞对我说：“名震全球的梅博士不耻下问，使我惶恐。”我说：“名气虽大，脾气谦和，极好相处的。”抗战胜利后，梅、俞正式合作在上海美琪大戏院演出昆曲，昆曲传习所的演员参加演出，伯遒吹笛伴奏，演出了《断桥》、《思凡》、《奇双会》等五个剧目。

梅兰芳从少年时就断断续续地学过英文，因为他爱看电影，而默片时期，剧情靠英文字幕说明，同时，频繁的外事活动，也需要对话，但业务甚忙，不能专心学习。定居上海后，他请的一位英国老太太补习英文，每星期两次，规定下午2点到4点上课。有一天，我和梅先生在客厅聊天，抄剧本的张世岩进来对梅先生说：“我出去买烟卷，回来看见教英文的老太太在后门站着不进来，这是啥缘故?”梅先生看表是1点55分钟，就笑着说：“外国人最讲究时间，规定两点，她必定准时进来。”正说着，楼下铃响，她上楼了。梅先生用英语对她说：“您如早到，请进来，我现在没有演出，吃完饭就在客厅里，不会影响我的工作的。”

梅先生曾对我说：“到美国演出，座谈会、欢迎会上的讲话稿是张彭春先生代拟的。我用中国话先念，由别人据译文念，但有时随便聊天，我就得自己对答，我从美国回来就打算到欧洲旅行演出，普通的应酬话必须说得上来。”

外交部转来苏联政府邀请电

1930年夏天，梅兰芳从美国回来后，就与驻英、法、德的外交官联系赴欧洲演出的事，并随时和旅华欧籍朋友以及曾在欧洲留学的中国朋友交换意见，社会上就传开了梅兰芳游欧的消息，但这个计划比赴美演出更为庞大，由于种种客观条件的限制，进程缓慢。1934年（民国二十三年）4月，梅兰芳从汉口演毕路过南京，南京中国银行经理吴震修把外交部托转的我驻苏联大使馆来电抄件给梅看，大意是：“苏联对外文化协会闻梅兰芳赴欧表演消息，极盼顺道过苏一游。”并表示：“梅君在苏境内的食宿招待，可由苏方担负，唯若欲外币报酬较为困难……”

戈公振受苏联委托函电联络

回沪后，又接《申报》戈公振从莫斯科来电：“苏联热烈欢迎梅兰芳，请将表演节目、酬劳及其他一切条件详细函示。”

梅兰芳经过深思熟虑，旁咨博采，决定答应苏联请求，请外交部先复一电：“驻苏大使馆吴南如代办并转戈公振先生大鉴：苏维埃文化艺术久所佩羡，兰芳欧洲之游，如能成行，定必前往，请先代谢文化协会诸公，余函详。”接着又发了一封信给戈公振，提出五点，请其向苏方接洽：一、剧团组织人数，二、出国日期，三、演出地点、日期，四、每场剧目安排，五、剧团筹备费用，在国内筹措，往返旅费及到苏后食宿能否由苏联方面担负？

梅兰芳为救济黄河水灾受灾人民，到开封义演10日，这时，由南京外交部转来戈公振的复电：

开封河南省政府译转梅畹华先生：密，根据函开条件，顷晤国家乐剧协会会长，渠极表欢迎，一、愿担负自海参崴至柏林车票及行李运输；二、食宿梅先生住头等旅馆，余住伶界公寓，另给团员膳费及零用二万二千卢布，并得享外国工程师及苏联伶人两种权利；三、自入境至出境共45日，演出20次，如同意请速电复，并寄英文戏剧说明、照片等宣传材料，以备转交并订立合同，详情问颜大使（惠庆）。

放弃赴欧演出，决定应聘访苏

梅兰芳与冯幼伟、吴震修研究戈电，认为苏联方面是以国宾身份邀请梅兰芳剧团，并知道苏联对外宾入境限制很严，除对有益于苏联建设事业的外宾如工程师等，才能给以特殊待遇。在莫斯科且有专为外国专家、工程师所特设的商店，称为“TNSNAB”，意即SUPPLY FOR FOREIGNERS，店中货物较普通商店多，价格廉，唯须持有政府颁发的特许证，才能前往购买。至于国家乐剧协会，英文称为“GOMETS”，是管理戏剧的机构。梅、冯、吴共同商榷，决定放弃原定赴欧洲演出计划，复电同意接受苏联邀请：

……电悉，兰芳已决定年内成行，请代向国家乐剧协会会长致谢，各点奉复如下：一、如仅到苏联，不赴他国，则由莫斯科回海参崴之车票、行李运输是否一律享受免费待遇？二、剧团食宿既归苏联招待，则团员膳费及零用二万二千卢布即不必另给。三、演出日期及演出次数似嫌太多。四、至早须十月中旬（1934）方能成行……

不久又接来电，大意是：一、自莫斯科回海参崴车票及行李运输允由苏方担负；二、演出次数可减至十四次；三、十月中，各大剧场均有固定表演，不便取消，届时只有小音乐厅可用，恐难展布，仍希九月初到此……

接着，梅兰芳与苏联驻华大使鲍格莫洛夫及文化参赞鄂山荫（OShanin，Ошанин，著名汉学家，著有《华俄大词典》）多次会晤协商，决定行期及旅途安排，由苏联对外文化协会代理会长库里雅科正式致函梅兰芳约请带领剧团于1935年3月莅临莫斯科，并说："敝会当竭诚招待，以谋阁下旅途安适，并深信阁下此行，将使中苏两国间文化之关系益臻亲密……"

筹备经费及遴选剧团人员

以后进入紧张的筹备阶段。筹备方面有赴美经验可资参考，最成问题的是经济——钱。在精打细算下，至少要法币18万元。这时，上海热心文化交流的诸公成立了"中国戏剧协进社"，发起人是冯幼伟、史量才、杜月笙、张公权、钱新之、陈光甫、梅兰芳等。这个协进社担任筹款10万元，梅兰芳自认3万元，政府在外交费类项下支助5万元。

人事支配，梅和缀玉轩诸老均主张约请张彭春教授担任总导演，张亦愿赞助完成访苏的任务，但他正担任南开中学校长兼大学哲学教育系教授，校务羁身，不能同行。经教育部、外交部向南开大学校长张伯苓商请借调，理由是：此次出国为苏联政府聘请，最近苏方发表之"梅兰芳招待委员会"委员成员如：斯坦尼斯拉夫斯基（K. Станиславский）、聂米罗维奇·丹钦科（Вл. Немиробиг-Dангенко）、梅耶荷德（Вс. Мейерхолъд）、塔伊罗夫（А. Таиров）、爱森斯坦（С. Эйзенштейн）、特烈杰亚科夫（С. Третьяковъ，《怒吼吧中国》的著者），皆为苏联戏剧、电影、文学界知名人士以及外交界高级官员，我方亦应遴选人才，慎重应付，俾臻完善。张伯苓先生允诺给他弟弟张彭春两月假期。

张彭春假期只有两月，而梅兰芳预定在苏联演毕游欧，必须另约一位戏剧专家同行，于是通过胡适之关系代约余上沅教授，得到他的同意，国内筹备事则由齐如山主持，但他表示不愿出国。梅兰芳剧团全体人员名单如下：

梅兰芳	团长
张彭春	总指导
余上沅	副指导
翟关亮	庶务兼翻译
吴邦本①	庶务兼翻译
李斐叔	演员兼秘书
姚玉芙	演员
杨盛春	演员
朱桂芳	演员
王少亭	演员
刘连荣	演员
吴玉玲②	演员
郭建英③	演员
徐兰沅	音乐员

① 吴震修的儿子。

② 他是吴菱仙的儿子，武打演员，朱桂芳的下手。

③ 梅兰芳、余叔岩等所办“国剧学会”附设“国剧传习所”的学员，与刘仲秋、高维廉等同学。

霍文元　　音乐员

马宝明　　音乐员

罗文田　　音乐员

唐锡光　　音乐员

何增福　　音乐员

孙惠亭　　音乐员

崔永魁　　音乐员

韩佩亭　　事务员

雷　俊　　事务员

刘德钧　　事务员

剧目的选择是梅兰芳与张彭春、余上沅、谢寿康、欧阳予倩、徐悲鸿①、田汉②等讨论商榷，规定如下：

正剧：《汾河湾》、《刺虎》、《打渔杀家》、《宇宙锋》、《虹霓关》、《贵妃醉酒》。

副剧：《红线盗盒》　　剑　舞

《西施》　　羽　舞

《麻姑献寿》　　袖　舞

《木兰从军》　　戟　舞

《思凡》　　拂尘舞

《抗金兵》　　戎装舞

《青石山》　　武术剧

《盗丹》　　武术剧

① 徐悲鸿1934年到苏联举行个人画展，回国后，向梅兰芳介绍了许多苏联文艺界的情况，他还托梅兰芳带回存在苏联的画件。

② 1935年，梅剧团赴苏前，张彭春曾邀田汉在上海新新旅馆研究剧目，数日后，田汉即被国民党逮捕。

《盗仙草》　　武术剧
《夜奔》　　姿态剧
《嫁妹》　　姿态剧

苏联政府派“北方号”迎梅剧团

当时，苏联政府尚未开办海参崴——上海直达的水路航线，势将假道日本，日本方面大仓喜八郎男爵来电欢迎，但梅愿直放海参威。这时，颜惠庆大使由南京来信云：“……闻前加拉罕回国时，曾向怡和洋行租三千吨轮一艘直放崴口，取费不奢，可向怡和一询。”就托旅行社查询，旅行社答复：“如租太古船须费一万元，而且船舷受侧面风击，加之船中未装货，必极颠簸，恐怕团员受不住风波之苦。”于是租船之议中止。

苏联政府方面也预想到由沪至崴的交通问题，苏联外交部派东方司帮办鲍乐卫与我国驻苏大使馆代办吴南如接洽，届时拟派一专轮，直接驶沪迎接梅兰芳团长及其随行人员。我使馆方面表示感谢，即电告颜惠庆大使和梅兰芳团长，这艘专轮名“北方号”（俄文为 CeBep，英文为 Sever）。

“北方号”原定 1935 年 2 月 18 日从沪出发，后因梅剧团在上海义演，箱物等不能及时装船，直到 2 月 21 日才起程驶崴。梅兰芳团长率团员按时登轮，同行的有返苏回任的颜惠庆博士及其随员，明星影片公司经理周剑云、电影明星胡蝶也搭此轮赴苏联参加国际电影节，《大公报》驻苏记者戈宝权亦随轮前往。

梅兰芳给许姬传的信

梅先生起程后给我来过四封信，现从故纸堆中，找到第二封，是上演前的来信，可以看出苏联戏剧界对中国戏的重视和研究的精神。

姬传先生：

别来无恙。海参崴寄上一信，想已收到。自二号登车西行以来，虽风雪载途，驶驱万里，同人幸皆平善，足慰雅注。昨晨八时（按：为1935年3月12日）达莫斯科，在站欢迎者约四、五十人，拍电影与拍照者应接不暇。下车后与吴南如代办及苏外交部东方司长步行出站，乘车至都城饭店（按1953年，我随梅先生参加世界和平大会，归途在莫斯科游览时曾应邀到该饭店聚餐及观摩各民族节目）下榻；与欢迎者周旋后，略事休息。午后，大使馆茶会，特备中国点心，颇为精美，此间规定23号开演，演毕休息一、二日即往列宁格勒。苏联戏剧界于澜（梅先生谱名）开演时，每夕派重要演员及专家二十人轮流参观，并将举行讨论会，邀澜及张、余二先生出席，共为学术上之研究，对中国戏如此看重，诚为光荣之事。此间天气甚为和暖，御棉袍已足，穿皮袍则太热，始知向者所闻，未免过甚其辞矣。澜体气甚佳，请释念。先此布意，余容续陈，即颂台祺不备。

梅兰芳敬启

三月十三日

源来、伯逌二先生统此候安，玉芙、斐叔附候。

附：在苏联演出的戏单

封面：在导演及艺术家梅兰芳领导下的中国剧团演出节目

日期：一九三五年四月五日及六日

地址：列宁格勒维堡区文化宫

一九三五年四月五日

1.《醉美人》（即《贵妃醉酒》）

杨贵妃　　梅兰芳

高力士　　王少亭

裴力士　　朱桂芳

宫女数人

2.《钟馗——丑的学者》（即《钟馗嫁妹》片段）

钟馗　　刘连荣

三个鬼魂

3.《木兰从军》戟舞

表演者　　梅兰芳

休息

4.《盗仙草》片段

白蛇　　朱桂芳

南极仙翁　郭建英

鹤童　　吴玉玲

鹿童　　杨盛春

（按：此戏朱桂芳打出手，吴玉玲向来是朱桂芳的下手，杨盛春是临时排练的。）

5.《费贞娥刺虎》

费贞娥　　梅兰芳

虎将军　　刘连荣

宫女数人

一九三五年四月六日

1.《睡鞋的秘密》（即《汾河湾》）

柳迎春　　梅兰芳

薛仁贵　　王少亭

2.《钟馗——丑的学者》（即《钟馗嫁妹》片段）

钟馗　　刘连荣

三个鬼魂

3.《红线盗盒》剑舞

红线　　梅兰芳

4.《青石山》

白狐精　　朱桂芳

关　平　　吴玉玲

王道士　　王少亭

5.《费贞娥刺虎》

费贞娥　　梅兰芳

虎将军　　刘连荣

宫女数人

三大演剧体系创始人交流经验

梅兰芳在莫斯科、列宁格勒演出的盛况不亚于在美国，演出了带去的剧目后，受到各界热烈欢迎。文艺界抱着研究的态度，观看了梅兰芳剧团的演出。梅兰芳、张彭春、余上沅与斯坦尼斯拉夫斯基、丹钦科、梅耶荷德、爱森斯坦等多次座谈交流经验，得到他们对中国戏的精辟准确评价。斯坦尼斯拉夫斯基认为，梅兰芳博士的现实主义表现方法，可供我们探索研究。又说中国戏是有规则的自由动作①。丹钦科认为，中国戏合乎舞台经济原则。

德国名剧作家和导演布莱希特（B. Brecht）专程到苏联观摩梅剧团的演出，并与梅兰芳交换了艺术方面的意见。有一次在座谈时，大家要求梅兰芳博士便装表演中国戏的身段，布莱希特对梅兰芳说："这是演员最难处理的表演，你的精湛艺术与卓越才能使我惊叹。"

---

① 新中国成立后，中央戏剧学院曾延聘苏联戏剧家列斯里来北京教授斯氏演剧体系，他是斯坦尼斯拉夫斯基的学生。有一次，我陪他看梅兰芳演出的《宇宙锋》。他看完戏对我说："梅先生的表演和 20 年前比较，又到了一个新的境界，他的肌肉松弛，和眼睛、手势的传达感情，已把艺术、生活融为一体，这是东方戏剧的结晶。"他又说："我的师傅在导演最后一个戏时，还对演员说：'你们要回忆梅兰芳是怎样运用眼睛、手势来引导观众的注意力的。'"

世界三大演剧体系的创始人——斯坦尼斯拉夫斯基、布莱希特、梅兰芳会聚一堂，各抒伟论，互相交流，对推动戏剧事业的发展起到了深远的影响。

访苏归来的感想

归国后，大家都对我谈了访苏的感想，张彭春教授说："苏联的戏剧造诣很高，他们对梅剧团作出的评价，震动了整个欧洲剧坛。"

余上沅教授说："访苏首次公演在音乐厅，中国驻苏联大使颜惠庆致开幕词，苏联对外文化协会负责同志作了简短介绍。预演是在大使馆临时搭台演出，到场的知名人士甚多，在大剧院加演一场，斯大林以及文学界巨匠高尔基等观看了梅剧团的演出。1935 年 3 月 30 日，斯坦尼斯拉夫斯基还邀我们到他家做客，并观看他审查《樱桃园》的一场戏。当时，苏联芭蕾舞名演员谢苗娜娃已露头角，我们观看了她的精彩表演《天鹅湖》。电影名导演爱森斯坦还为梅兰芳拍摄了《虹霓关》'对枪'的影片。"张、余两位还对我说："苏联邀请梅剧团的动机，可能是斯坦尼斯拉夫斯基的建议，他和斯塔克·杨是朋友。梅兰芳游美博得学术界的称誉，苏联戏剧界想借此机会研究中国戏的表演；另外一种原因，当日本军阀强占东北后，苏联把中俄合办的中东路俄国部分产权卖给日本，曾引起中国舆论不满，苏联领导人就以文化交流来团结中国人民。所以一九三四年邀请徐悲鸿到苏联举行画展，而一九三五年特邀梅兰芳访苏，受到优厚款待，热烈欢迎。塔斯社以长达 700 字的电讯来报道梅剧团演出盛况，这些都是为达到中苏友好的目的。"

梅剧团管箱的刘德钧告诉我："在莫斯科，有一天我到铺子里排队买东西，售货员看见我戴着梅剧团徽章，就抬手叫到前面，提前卖给我，旁边的人也没有意见，我们在苏联到处都受到欢迎。"

还有当时在我驻苏联大使馆任职的翻译家耿济之（译有托尔斯泰、陀思妥耶夫斯基等俄国名作家的巨作），和老诗人冒鹤亭的儿子冒效鲁，他们都为梅先生做翻译和联系工作。戈公振的侄儿戈宝权同他叔父还合写了《梅兰芳在苏联》的长篇通讯，并寄回不少图片供报刊发表。据他们对我说，苏联政府在物质困难时，对梅剧团是特殊照顾的。

姚玉芙还告诉我一桩有趣的故事："梅剧团赴美演出时，每个节目都经张彭春排练过，于是剧团有一句口头语：'张先生上课啦！'到苏联时，剧团加了一个杨盛春，他是梅先生的表弟，杨隆寿的孙子，在'富连成'坐科时，社长叶春善为了报答老师（叶是杨隆寿所办'小荣椿'科班的学生），让富连成的武戏教师都围绕着杨盛春教戏，使他成为长靠、短打无不精能的武生。在排戏时，他觉得张彭春是搞话剧的，怎么来排京戏，想掂掂张的分量。在排《闹天宫》'盗丹'时，盛春故意'泡'（内行术语，就是不用心的意思），于是彭春就一遍一遍叫他做，最后，盛春照标准的式样比划出来，彭春说：'好！台上就照这样做。'事后，盛春说：'敢情张先生还真有两下子。'大家笑着说：'你才知道他能吃几碗饭，连梅大爷都得听他的，人家是外国博士，懂得洋人的脾胃。"

"盗丹"虽只是十几分钟的片段，却是《西游记》作者吴承恩笔下塑造的神猴——齐天大圣孙悟空第一次在国外露面，杨盛春的精彩表演引起文艺界的注意。

梅耶荷德对梅兰芳的评价

结束了苏联的访问演出后，梅剧团全体团员返京，梅先生与余上沅旅游欧洲，考察戏剧。梅先生在巴黎写了一封信给我，内容是谈他在莫斯科演出后，文艺界对梅剧团的评价，以及座谈的发言情况。我把它粘贴在本子上，十年浩劫中，我上海家中的几千本书全部被抄，以后，退回的东西里没有书籍，我曾祖珊林先生（讳樾）所刻十几种古均阁书亦未退回，粘贴信札的本子就此散失。现在从回忆中谈一下，有些是梅先生回国后口述补充的，事隔50年，内容可能有出入，甚至有张冠李戴的地方，但我仍愿写出来，供读者参考。

梅先生写道："苏联戏剧界有三个权威人士，一是斯坦尼斯拉夫斯基，二是丹钦科，还有梅耶荷德，他们都有自己的剧院。"下面用一些篇幅谈梅耶荷德对中国戏的看法，以及他和梅的交谊。

梅耶荷德说："……俄国戏剧受德、法、英各国的影响。在这些国家里，戏剧艺术已日趋退化，走到自然主义路上，他们对舞台上的一切，讲究和真的一般无二，就像照相那样呆板。俄国学他们的样子，舞台上没有生气，这是保守，不是前进。"

他接着说："现在苏联青年戏剧家，也包括我在内，就反对这种自然主义的表现方法，开始研究打破没落的旧框框。我们发现英国、西班牙、中国在16世纪的戏剧艺术有许多特色。我开始从书本上研究中国戏的表演方法，最近看了日本歌舞伎的旧剧，感觉它是从中国戏剧化出来的。"

梅耶荷德看了我演出的《打渔杀家》后，兴奋地对我说："父女二人，两支船桨，在毫无布景的台毯上，表现江上的风景。观众从想象中，觉得他们在大江中的生活是有诗意的，而且是有真实感的。你们的手法高明，对我有很大启发。"梅先生口头有生动的描述，他说："有一天，梅耶荷德约我到一个剧场看戏，那天演的也是水上的故事。有一幕，用一张大的白布，忽然从布里钻出几个人，原来这张相当于舞台面积的布上有几个窟窿，人从窟窿里钻出来。梅耶荷德对我说：'这就是我们表现水的方法，与你们对照着看，显得那么幼稚而愚蠢。'在一次座谈会上，梅耶荷德对我的表演谈了他的看法：'梅博士的表演，面部的表情，特别是善用眼神来传达剧中人的思想感情，令人叹服……'"他强调说："梅兰芳先生手势的美妙多姿，随着剧情的发展，使我们不懂语言的人，能够了解剧中人的思想感情，这是我们应该用心学习的。看了梅先生的手势，觉得苏联某些演员的手可以砍掉。"

梅先生在信中最后写道："梅耶荷德是一位有天才的戏剧家，而且是心口如一，肯说老实话的人，但锋芒太露，我恐怕他要吃亏。"

1952年，马彦祥同志告诉我："梅先生访苏的第二年（1936），我到苏联，梅耶荷德请我看他新排的戏，戏单上写着'献给梅兰芳'。他说：'我看了梅先生的戏后，觉得中国戏的动作是弧线形的，现在我运用在这个戏里。'可是以后听说在一次肃反运动中被清洗，1942 年就逝世了。"

新中国成立后，梅先生曾打算写一篇访苏时的感想，着重谈梅耶荷德的艺术见解和深厚的友谊，但人事纷繁，迄未写成，现在我根据资料及回忆写出来，以弥补梅先生未竟之志。值得欣慰的是，梅耶荷德已经平反昭雪，恢复名誉，他的理论，正在受到欧洲戏剧界的重视。

梅兰芳的艺术道路

梅兰芳先生常说："我能有一些成就，是由于中国戏曲艺术有丰富优异的传统遗产，我在不断继承、探索、发展而受到国内外广大观众、艺术界、学术界的鼓励支持，促使我渐开茅塞，窥见秘奥，这和缀玉轩诸老的扶助督策、关心爱护是分不开的。"他又说："当然，我的热爱艺术，乐此不倦，虚心听取各方面的意见，也是团结群英和衷共济的因素。完成一桩事业，要付出艰辛的劳动和不断改进的努力。在漫长的途程中，我有过三次飞跃：第一次是上海演出后，第二次是赴美演出后，第三次是新中国成立后。当一个演员接触到新的环境、新的观众，必然会在艺术上起变化，从而吸收新的营养，但必须戒骄戒躁，不要陶醉于掌声和颂词而自鸣得意，唯我独尊；必须学会辨别精粗美恶，有正确的审美观念，才能立定脚跟，拾级攀登。"

可以看出梅先生经过的艺术道路是老老实实，勤勤恳恳，由粗到精，由多到少，旁搜博采，精通美学，循序前进，卓然有成。

新中国成立后，我参加梅剧团到各地的巡回演出，这是梅先生晚期的舞台实践，也就是他自己说的第三次的飞跃。因为新中国成立后的观众有很大的变化，他们是工、农、兵、机关干部，以及一部分老观众。这时，梅先生选了他早、中、晚三个时期的 20 多个剧目，并对台词、唱腔、身段、服装、化妆做了修改整理。所到之处，和文艺界开座谈会，交流经验，梅先生都讲了话，有观摩地方戏曲的感想和评价，也介绍了自己的创作经验及表演心得，据他说，以前不注意地方戏，现在开拓了眼界，吸收了营养，收获不小。

梅先生还对国际友人作了《中国京剧的表演艺术》的专题报告，还写了不少纪念、悼念文章，以及出国时的观感，后期的著作更深入地阐述实践与理论的结合。我记得钱俊瑞同志曾对梅先生说："你演出虽然可以使青年演员观摩学习，但总结经验的文字，能够流传下去，更为重要。"梅先生受了他的启发，在写作上更认真严肃，乐此不疲。以上所说的各种文章都收入《梅兰芳文集》，这部文集有系统地搜集了新中国成立后的文章，其实质是《舞台生活四十年》的外篇。

1955 年，中华人民共和国文化部、中国文学艺术界联合会、中国戏剧家协会隆重举行"梅兰芳周信芳舞台生活五十年纪念会"。同时，中国戏剧出版社出版了包括 10 出戏的《梅兰芳演出剧本选集》，以后再版时又增加了《穆桂英挂帅》。其中早期创作的《天女散花》，由于身段的难度，已非老年所能负担，新中国成立后，由梅葆玖接替演出；而《黛玉葬花》则因场子太冷，不能适应今天观众的需要，只新中国成立初期在东北巡回演出时，应文化部门领导的要求，演过一次。梅先生为了庆祝国庆 10 周年，原定排演《龙女牧羊》，后改排《穆桂英挂帅》，他认为中年的穆桂英更与他的年龄适应，果然博得好评。但未放弃《龙女牧羊》，从亡弟源来遗作《梅兰芳最后一出未及上演的戏〈龙女牧羊〉》看，梅先生对塑造龙女的形象已酝酿、设计成熟，可惜未能排演就离开人间了。

梅先生在 1959 年拍摄《游园惊梦》彩色影片后，曾打算拍摄《穆桂英挂帅》，他曾对我说："电影艺术与舞台艺术，虽有写实与写意的矛盾，在处理上要重新设计，但电影能把表演艺术保存下来，供后人参考，还是很有意义的。"他着重指出："演员看电影戏曲片应该注意面部表情，手、眼、身、步的劲头如何运用，唱腔的抑扬顿挫，如何表达台词涵意，来丰富自己的表现能力。电影的又一有利条件，可以一遍一遍地放映，反复学习，但不可照搬到舞台上，因为角度、位置都有出入。譬如，杜丽娘走出闺房，到了侧重写实的花园布景中，她的台步必然有变化，但有些固定的身段都保留了，而且比舞台上做得更细致准确，因为某个镜头如果不理想可以补拍。在《惊梦》里，【绵搭絮】曲子的长镜头，身段部位与舞台表演就没有多大出入了。”他曾感慨地说：“我看过许多名演员的精彩演出，如果能把他们的表演艺术照原样记录下来（不是公开上映，作为学习资料）是十分宝贵的遗产。遗憾的是，他们在舞台上活动的年代，电影、录音的技巧还没有成熟，所以只留下少数唱片，而且是片段，受三分钟时间的限制，不免减词改腔。就在这不利的条件下，有些完整的唱段，至今听起来，还是光景常新的。”

梅先生的表演艺术，晚年已达到“随心所欲不逾矩”、“信手拈来，都成妙谛”的意境。我觉得他的进程是日新月异，每一次演出不是重复再版，而给人以新的感觉，古人说“好书不厌百回读”，这句话说明了好书的深度，又说“百听不厌、百看不厌”，这讲的是歌舞合一的戏曲艺术。我记得1957年，梅先生在汉口演出，我与王少卿兄同住一室。有一天，演毕《洛神》回来，少卿面带笑容，露出十分愉快的神气。我问他：“今天你显得特别高兴，必有得意之举。”

“你今天听《洛神》，觉得怎么样?”少卿问。我说：“今儿梅大爷的嗓子痛快，《川上相会》一场，特别精彩。”我请他谈谈感想，他点了支烟，沉吟了一会儿说：“这出戏已经唱了几十年，我也拉了几十年，当初，‘高台’一场戏，我与徐大爷（兰沅）琢磨了几个曲牌，配合身段，也费了一番心血。在许多新戏里，这是一出很见功夫的戏，唱的、拉的、打鼓的必须严丝合缝才有劲。解放后，唱了若干次，我觉得今天是最圆满的，所以感到痛快。”他停顿了一下，接着说：“譬如说，唱的、拉的、打的，梅、裴（世长）、王三个人，讲到玩意儿，都够100分，但每次演出，不一定都能满分，假使三人中有一个接到家信，家里有病人，带了点心事做活，就不能饱满，但听戏的还是满意而去，因为总分数都在90分以上，只有我们三个人自己有一点儿感觉而已。今天，唱的、打的、拉的都精神抖擞，毫无牵挂，所以我认为解放后所唱《洛神》，今天最好。大老爷子（王瑶卿）常说：‘同台合作的人，要像一棵菜，那么紧凑，就是这种境界。’”

从少卿的谈话，我对中国的艺术悟出一个道理：名家的作品，如表演家、画家、书法家、雕刻家等都有很大出入，他们有早、中、晚三个时期，还有精品与一般的区别，最好的称为神来之笔，流传至今的王羲之写的《兰亭序》是草稿本，据说以后再写就没有稿本好。总之，基本功是非常重要的。前人对临阵打仗要求：不慌不忙，先求稳当，次求变化。看来军事家的基本功是钻研战略战术，才能知己知彼，百战不殆。从事戏曲艺术专业的人，更要具备扎实的基本功，从实践中弄通表演原理，才能水到渠成地千变万化，给观众以美的享受，有些人想付出轻微劳动，得到巨大收获，这是缘木求鱼，劳而无功的。少卿的一席话是从千百次实践中得出的结论，因而是非常可贵的。

梅兰芳对京剧艺术的继承、创造、贡献，比较突出的例子有以下三点：

一、创造了古装歌舞剧《嫦娥奔月》、《黛玉葬花》、《天女散花》等。从穿戴、头饰、化妆都是经过反复试验，不断修改，日趋完善的。这一新的创造受到广大观众的赞许，很快就被京剧及其他剧种所模仿运用，蔚为风气，流播全国，至今舞蹈团的长绸舞就是根据天女身上的两条风带演变而来，虽然当时曾受到极右、极“左”思潮的嘲讽，但群众承认的东西是有牢固基础，历久不衰的。

二、音乐唱腔的革新。1923 年，梅兰芳排演《西施》时，在乐队里加了一把二胡，并特约王少卿伴奏二胡。梅兰芳、徐兰沅、王少卿共同设计了唱腔，梅派唱腔的革新创造，应该说是从这本戏开始的。当时，梅兰芳曾对徐、王二位琴师说：“我们安的唱腔，要从剧中人当时的处境来表达她的感情。西施舍身救国，迷惑吴王，内心是非常痛苦的，要抓住这一点来琢磨唱腔，不要标新立异，哗众取宠。”我们现在还可以从录音带中欣赏这种优美的唱腔，而且此后编演的新戏，都是按照这一条原则来设计唱腔的。梅派唱腔的特点，浑脱绵密，耐人寻味，如饮名茶，舌本回甘，合乎乐理，新而不怪，能够陶冶心灵，令人得到艺术享受。

另外，乐队里加一把二胡，当时也遭到个别人的非议，但紧接着程砚秋、尚小云、荀慧生领导的剧团也都加了二胡伴奏。我曾从周贻白同志的著作里读到，旦脚加用二胡随腔是由王瑶卿提议，程砚秋予以实践，以后各名旦都加采用。这与事实不符，因为上演《西施》时，贻白不在北京，所以有此讹传。

三、创造戏曲舞蹈。戏曲的身段本来是舞蹈化的，梅兰芳创造的“花镰舞”、“花锄舞”、“剑舞”、“拂尘舞”、“羽舞”、“杯盘舞”、“袖舞”等都是根据剧情和唱腔来设计的，而这些舞蹈身段还是从戏曲固有程式中融化组织的。同时，必须选用音乐曲牌伴奏，才能形成一套完整的乐舞，它只是全剧的一个片段，但如《天女散花》的绸舞，就与上述几种舞蹈性质不同，从“云路”起，绸舞就成为表演的主要手段之一，必须贯串全剧，进行到底。又如《太真外传》，杨贵妃在特制的、能转动的铜盘上的“盘舞”；《洛神》里的洛神在高低三层的台上歌舞，都是单人舞与群舞配合组成的。这可以看出梅兰芳在戏曲舞蹈方面的创造是由简单到复杂的过程，也可以意味到他的思想方法的变化。1957 年夏，国际舞蹈协会特派秘书长到中国，在瑞典大使馆向梅兰芳颁发荣誉章，他在祝词中说：“梅兰芳先生是该协会自一九三一年成立以来获此种奖章的世界第十四位艺术家。”戏曲中的舞蹈只是表演手段的一部分，能得到这种荣誉是比较特殊的。

这一章粗略地介绍了梅兰芳表演体系的形成与评价。希望戏曲工作者，特别是将要进入 21 世纪的青年演员能从这些事例中得到启示。

从唱片看梅兰芳歌唱的发展道路

许源来

1961年冬，中国唱片社为了选辑《梅兰芳唱片选集》，邀请张宇慈、徐兰沅、姚玉芙、朱家溍、许姬传和我组成一个小组，排日到该社听梅先生生前的唱片和录音，选择其中精品，准备制成密纹片。在进行选片的同时，我有这样的建议："我们很幸运地参加了这一工作，有机会把梅先生的录音资料全部听完，这是难得的机会。我们何妨利用这机会，换一个角度来选取一部分作品，从中可以看出他由传统基础上怎样不断地兼收并蓄，融会贯通，最后进入歌唱艺术的炉火纯青的发展道路。"这个建议得到大家的同意，顺便就从新中国成立前灌的170面中选出有代表性的25面唱片和两种录音，把它们分为早、中、晚三个时期。

梅派唱腔风行了几十年，梅先生的嗓音脆亮圆润，柔中带刚，行腔婉转自如，余味不尽，吐字清晰有力，合乎音韵规律，并且紧紧把握了剧中的人物性格，在歌唱中充分发挥宣泄了人物的思想感情，这是梅派唱法受到群众热烈欢迎的最重要的因素。

梅先生的唱能够达到这样高度的艺术成就，绝不是偶然的。他的嗓子禀赋特厚，从小又受过严格的正工青衣的训练，懂得用"丹田劲"提着气唱，因而唱起来满宫满调，字正腔圆。梅先生这样说过："全国各地方的戏曲，大都来自农村，为了使广场观众听得清楚，演员唱的调门就非高不可。京戏虽然形成在北京，它的前身是徽、汉两种剧，也是农村的产物。当年程长庚老先生掌三庆班的时代，还是把正宫调定为台上的标准调门，各行角色的唱腔朴实简单，讲究吐字有劲，而使用的音域幅度却不大。那时观众的欣赏也偏重在听嗓子，品韵味。因此，演员创腔必须首先考虑如何适应高调门。声带的发音，高则窄，低则宽，这是生理上自然的规律。旦脚发音部位与老生、花脸不一样，本来用的是逼紧声带的假嗓子，再老奔高调门唱，嗓音就会唱成尖细一路，这一点也可以说是对旦脚的嗓音有所不利，但在‘丹田劲’的锻炼方面是起着一定的作用的。就是今天训练开蒙的小学生，如果先学几出如《祭江》、《彩楼配》、《六月雪》等老腔老调的折子戏，打下了提着气唱的基础来学习流派和独创流派，都有莫大的益处。陈德霖先生的唱片现在还有，我们不妨拿来研究一下。”

早　期

梅先生对他自己早期的唱片最不满意，因为那时候录音技师不懂京戏，安排乐队位置不够恰当，所以各种乐器的发音都不够协调。他还说：“听唱片不比听台上的唱，总要打点折扣，尤其是解放前灌的唱片，时间规定每面 3 分钟，唱片公司的要求总是希望你多灌几句，有些唱片的尺寸就不免赶落，让人听了不舒服。”今天，我们从研究他的艺术发展过程的角度着眼，那些唱片还是极其有价值的资料。

他灌唱片是从 1920 年开始的，这时他的艺术已经走向成熟的阶段。在这以前是他继承了吴菱仙、陈德霖等老一辈艺人的传统唱法，苦心钻研，为后来的发展打下了深厚基础的时期。那时他在行腔换气上是偏重于刚的一面的，虽然没有留下什么歌唱资料，但从我们这次选取的早期唱片中，不难听出他还保持着许多老的唱法，确乎是接近陈德霖一派，可是嗓音与陈不同，并不像陈的尖细。他的早期唱片只留下了八面，都是茹来卿替他操琴，乐队还没有二胡伴奏。我们选用了以下的四面：

一、《汾河湾》“西皮原板”、“摇板”。（百代钻针一面）

二、《虹霓关》“西皮二六”、“快板”。（百代钻针一面）

三、《天女散花》“二黄慢板”。（百代钻针二面）

中　期

梅先生的嗓音，本来就是五音俱备。一般旦脚对“依”字音易于见长，对“啊”字音却难讨好。梅先生从1915年起陆续学会了许多出昆曲并且经常演出以后，由于昆曲的音域幅度比较大，在嗓音运用上起了变化，能高能低，又宽又亮，“啊”字音唱得特别好听，这种健康发展，和他学习昆曲是分不开的。按说旦行的前辈老艺人，大半也都学过昆曲，可是为京剧唱法的高调门所局限，就容易造成嗓音尖细的后果。

台上以正宫调为标准调门的风气，到王瑶卿、谭鑫培演戏的时期，已经不是严格遵守的了。徐兰沅先生对我谈过关于调门的一件事，他说：“有一次，我给谭鑫培拉《二进宫》，花脸是刘永春，刘比谭的调门高。我给他们定了一个‘六’字多调，让刘压一点，让谭绷一点，两下一凑，大家唱得都很合适。”像这样互相迁就的方法，对嗓音条件根本不同和因年龄关系而嗓音起变化的演员做适当照顾，比以前的硬性规定是合理得多的。

王瑶卿先生的嗓子也是宽的一路，他创造的新腔，不像过去老辈们偏重于高，而是向低处发展的机会多，听起来比较柔和，对抒情尤为相宜。梅先生一向推重王先生的艺术，所以也就易于受到王派新腔的影响。他中期的唱片，唱腔的变化最多，我们有必要再把它分为三个阶段。

第一阶段是显然有从陈派走向王派的新趋势，嗓音也比早期更为宽亮，并且创用了二胡伴奏，由徐兰沅拉胡琴，王少卿拉二胡。我们选用了这样的7面唱片：

一、《宝莲灯》“二黄原板”。（胜利钢针一面）

二、《御碑亭》“西皮散板”。(高亭钢针一面)

三、《廉锦枫》“西皮慢板”。(百代钢针二面)

四、《西施》“二黄导板”、“回龙”、“慢板”。(高亭钢针二面)

五、《霸王别姬》“南梆子”。(百代钢针一面)

上面一、二两个传统剧目，在唱腔上还没有显著的变化。三、四两个自编新戏里如《廉锦枫》的“老娘亲又得了阴虚之症”，已经出现了较新的唱腔，他也只是把传统老腔做一些增减移动。老戏里“南梆子”一向是花旦唱的；青衣、闺门旦唱“南梆子”，是梅先生在编演第一出古装新戏《嫦娥奔月》时创始的。当他的《霸王别姬》上演以前，大家早已纷纷仿效了。

第二阶段是在偏刚的陈派基础上吸取了王派的柔，把它们融化一起，创造出刚柔相济的梅派新腔。这时虽然新腔迭出，但是万变不离其宗，他一直抱着既尊重传统又发扬传统的宗旨，尽管吸收了王腔的柔，并不抛弃陈腔的刚，变的是工尺的增减，气口的改换，对于使用“丹田劲”提着气唱的传统法则，始终是坚持不变的。他的行腔吐字，换气发音，灵而不飘，沉而不滞，宽亮的嗓音也更加饱满了。我们选用了以下的九面唱片：

一、《太真外传》“西皮导板”、“慢板”、“流水”。(百代钢针二面)

二、《太真外传》“南梆子”、“流水”。(大中华钢针一面)

三、《太真外传》“反二黄”。(新乐风钢针二面)

四、《宇宙锋》“西皮慢板”。(胜利钢针二面)

五、《凤还巢》“西皮原板”、“流水”。(高亭钢针二面)

梅派唱腔从开始编演《嫦娥奔月》起，不断发展到《太真外传》，真可以说是华丽大方，变化无穷，达到创新的最高峰了。梅先生在创新过程中，并不是一味地追求出奇制胜，以怪为能，他是按照剧情内容来安腔的。就拿《太真外传》来说，这是一出描写宫廷而带有神话性质的戏，他就可以放手创出许多新腔。例如，“西皮导板”接“慢板”的“杨玉环生至在那华阴小郡，一家人各分散无限伤情”，“南梆子”的“我这里离御座重整霓裳”和转“流水”的“又好比维摩室内乱落天花”，“反二黄”的“我只得起徘徊忙推玉枕斜挽云发花冠不整转过银屏就来到了前庭”和“九华帐拥绣衾方才睡稳，董双成又传语来把人惊”，这些纡回萦绕的唱腔，都是非常突出的例子。等到编演全本《宇宙锋》和《凤还巢》时，因为剧情都不外乎一般家庭生活，他的唱法在新颖之中就比较收敛，流派特点也更为巩固了。

到了第三阶段，梅先生不论是自编的新戏或是传统老戏，唱腔仍然在陆续发展，但又有了从绚烂渐趋平淡的新倾向。我们选用了以下的七面唱片：

一、《生死恨》“二黄散板”、“碰板”、“原板”。（高亭钢针二面）

二、《生死恨》“四平调”。（高亭钢针一面）

三、《玉堂春》“西皮散板”、“导板”、“慢板”、“原板”。（胜利钢针四面）

晚　期

早、中两期唱片都是在抗日战争以前灌的。梅先生在八年抗战期间，蓄须明志，谢绝笙歌，当然不会灌唱片。抗战胜利，重登舞台，因为辍演已久，嗓音不及以前，也没有灌过唱片。新中国成立以后，他经常到各地为工农兵演出，每到一处，电台必定给他录音，他还拍了几部舞台艺术的电影，灌过一些唱片，留下了不少珍贵资料。从这些资料里，我们可以听出他的唱腔简洁，不炫新奇，字斟句酌，韵味醇厚，达到了随心所欲、无美不臻的高峰。说也奇怪，这时候，他的年龄日益增高，嗓音反而日见腴润，调门虽然赶不上抗战前那样高，却比胜利后涨了一个字。

他的嗓子何以能够保持得这样久呢？这是由于他的基本功下得非常结实，平素又善于保护嗓子，唱起来总是顺着嗓音发挥，决不违拗自己的声带，他的声带从未受过硬伤，所以歌唱到老，光彩如新。还有，演员如果经常肯按着自己能力所及的调门唱，嗓子就不容易坏，相反，贪图省劲，定低调门，势必越唱越低。梅先生在台上永远不肯偷懒，总是唱得声音嘹亮，精神饱满。这一点，对他的嗓子的历久不败，也是有关系的。他晚期灌的唱片少，而电台和电影录音资料相当丰富，我们选的是两种录音，胡琴伴奏是王少卿和姜凤山。

一、《宇宙锋》“反二黄”。（电影录音）

二、《穆桂英挂帅》“西皮慢板”。（电台录音）

上面梅先生晚期唱的“反二黄”和“西皮慢板”，如果拿来和中期灌的《太真外传》的“反二黄”和《宇宙锋》的“西皮慢板”对比一下，它们之间的区别是很明显的。谁都知道，任何艺术都是博大深远，永无止境的，但行远必自迩，登高必自卑，不论你有多好的天赋条件，也必须循序而进。梅先生总喜欢用“火候”二字来形容艺术的造诣。他常说：“‘火候’从哪里来的？是从勤学苦练而来，学到什么阶段，就有什么样的‘火候’，这是一点儿都不能勉强的。”现在的观众所听到梅先生的唱，都是他晚期炉火纯青的境界，并不好学。据我想，青年演员还是先学他中期绵里藏针、有刚有柔，一切行腔换气有迹可寻的唱法，比较易于入门。今天要听梅先生的中年歌唱，只有到唱片里去找，而有些早、中期唱片，在外面流传的已经不多了。我们这次选的，还有一部分为《梅兰芳唱片选集》所无。因此，我们很希望中国唱片社把这里所选的全部加以审查，及早制成密纹片，或者翻印一套粗纹片，让学习梅派的演员和研究梅腔的听众都能得到便利。

（原载上海《文汇报》1962年9月28日）

梅兰芳对戏曲舞蹈的创造和发展

许姬传

歌、舞、乐演变为戏曲

中国古代的文化艺术生活是歌唱、舞蹈、音乐，到唐明皇李隆基时，可称全盛时代。他组成三个队，自领中队，另二人分任左、右二队，演出时可分可合。当然，歌、舞都离不开音乐，而音乐也可单独演出，我曾见古画《明皇演乐图》就是许多种乐器组成的大乐队。

李隆基接位之初、开元年间，任用贤相姚崇、宋璟，物阜民安，当时有人把他比作唐太宗李世民的“贞观之治”。天宝年间，宠幸贵妃杨玉环，纵情声色，把大权交与杨国忠、李林甫，酿成“安史之乱”，明皇仓皇逃蜀，六军杀杨国忠兄妹，人民颠沛流离，天下大乱。

李隆基后来的失政和早期的大治形成鲜明的对比，看来封建王朝的安危系于一人之身，所以常常出现合久必分、分久必合、一治一乱的历史规律，唐明皇虽然晚年失政，但他对歌、舞、乐是颇有“天才”的，而杨贵妃也精于此道，她的《霓裳羽衣舞》博得唐明皇的欢心。唐代诗人白乐天在《长恨歌》里，以“从此君王不早朝”一语，概括地、尖锐地抨击了这个皇帝的沉湎声色，大权旁落，最后，寂寞凄凉地度过了残年。

另一个是宋朝的皇帝徽宗赵佶，对书法、绘画有独到的见解，从流传的名迹中看出他鉴赏的才能，他本人的书法、绘画亦精能可玩。假使他是一个管领艺苑的官吏，这样忠于职守是无可非议的。而日理万机的皇帝，以毕生精力投入此中，就落得个国破家亡，俘死五国城的下场。他的儿子宋高宗赵构，南渡偏安于临安——杭州。浙江是鱼米之乡，西湖胜景，皇帝还是要及时行乐，歌舞升平的，于是“南戏”就得到发展。到元曲的盛行，成为全国性的剧种，而古代的歌、舞、乐逐渐衰落失传。

戏曲的特点是有完整的故事，把古代的歌、舞、乐综合在一起，紧紧抓住观众。以后就直线前进，逐步完善，现在舞台上演出的传统昆剧，还可以看出歌舞合一的表现形式。

京剧的历史不过200年左右，它的剧本文学性不如元曲、昆剧；表演亦不如昆剧的严整，何以能够异军突起、风行全国？这里大约有三种原因：

一、台词通俗，结构简练，长于表现历史故事。

二、形式活泼，善于吸收兄弟剧种的优点，丰富发展。

三、名伶辈出，流派繁衍，奠定基础，在观众中留下深刻印象。

从上面三点看，京剧以演员为中心的特点就非常明显了。

《嫦娥奔月》花镰舞

杰出的戏曲艺术大师梅兰芳出生于一个家道中落的梨园世家，他以刻苦学习的毅力，专演以唱为主的正工青衣，逐渐得到观众的赞许。辛亥革命后，受到潮流的影响，结交了“译学馆”的大学生言简斋……留学日本的冯幼伟……留学德国的齐如山，还有诗人罗瘿公……画家陈师曾、齐白石、徐悲鸿……在这些师友的鼓励下，梅兰芳向前辈老艺人吴菱仙、乔蕙兰、陈德霖、路三宝、李寿山、钱金福、王瑶卿等学习了刀马旦、贴旦、小生等文武昆乱的剧目，并集体创作了古装歌舞剧，第一出是《嫦娥奔月》。

中国戏曲的服装基本上是按照明代服装制作的，梅先生创造的嫦娥的头饰穿戴则是参考绘画的嫦娥像，经过反复修改试验，终于成功地完成了淡雅而有诗意的嫦娥形象，特别是这种新的扮相，能够发挥舞蹈的作用。

戏中有嫦娥采花酿酒的场面，著名的“花镰舞”是梅先生根据唱词内容来边唱边舞的。《舞台生活四十年》第二集第三章第四节里，梅先生细致地述说了这场舞蹈的姿势部位，现摘录如下：

第一句：“卷长袖把花镰轻轻举起”。先用花镰耍一个花，高高举起。第二句：“一霎时惊吓得蜂蝶纷飞。这一枝”是一手拿花镰，一手把水袖翻起，表示蜂蝶乱飞的意思。第三句“这一枝花盈盈将将委地，那一枝”是一手背着花镰，一手下指，做一个矮的身段。第四句“那一枝开放得正是当时。最鲜妍”是一手背花镰，一手反着向上指。第五句“最鲜妍是此株含苞蓓蕾。猛抬头”是把花镰放在额前，两手作童子拜观音状，蹋步下蹲。第六句“猛抬头那一枝高与云齐。我这里”是把花镰举起，做一个高的身段。从第二句到第六句，每句唱完，胡琴停住不拉，场上接打【慢长锤】，在锣鼓里面做身段，最后一锣打下，就亮住了相，等胡琴过门完了再往下接唱。第七句“我这里举花镰将它来取”是左手斜背着花镰，右手用双指顺着镰杆往上伸过去，做出高攀花枝采花的姿势。七句唱完，接念一段道白，再把花篮拿起，仍用花镰挑着挂在背后，唱到末句“归途去又只见粉蝶依依”的“依依”二字，就要起步走一个圆场，归到下场门一边，再做一个矮身段，才慢慢下场。

末场，嫦娥与众仙姑在广寒宫庆贺中秋佳节，众仙姑散去，嫦娥更衣，加上软绸的帔，胸前还佩了一块玉。她看到下界众生双双成对，共庆团圆，而她独处清冷广寒，不觉动了凡心。深悔当年不该偷窃灵药。这底下有一段“袖舞”，唱的是“南梆子”：“碧玉阶前莲步移，水晶帘下看端的。人间夫妇多和美，鲜瓜旨酒庆佳期。一家儿对饮谈衷曲，一家儿携手步迟迟。一家儿并坐秋闺里，一家儿同进绣罗帏。想嫦娥闭在广寒宫内，清清冷冷有谁知。”唱完了，念两句“当年深悔偷灵药，碧海青天夜夜心”，下场。

这里的身段，跟《采花》一场完全不同，胡琴拉过门时，动作不多，所有袖舞的姿态都直接放在唱腔里边，把人间欢乐的情景，一句句地描摹出来，唱、做发生了紧密的联系。

梅先生说："这是我从昆曲方面得到的好处。"

1915 年 9 月 23 日，在吉祥园首次上演第一出古装戏《嫦娥奔月》，观众觉得耳目一新，受到欢迎，但也有一些保守观众认为在新戏里用老戏的身段，不能算是创新。他们在剧评里进行嘲讽："嫦娥花镰抡如虹霓之枪；虞姬宝剑舞同叔宝之锏。"

梅先生曾对我说："他们并没有说错，嫦娥的'花镰舞'我的确是运用《虹霓关》里东方氏和王伯党对枪的身段，加以新的组织的。艺术总离不开继承、创造、发展的程序。首先要继承前辈留给我们的菁华，通过实践经验，循序创造，这才是艺术前进的康庄大道。如果自作聪明，闭门造车，割断历史，凭空臆造，原意想要改善，结果离开了艺术。几十年来的经验告诉我，凡是新的创造，当时总想搞得尽善尽美，事实上饭要一口一口吃，路要一步一步走，有些脱离实际，盲目跳跃的举动是肯定要跌跤的。"

接着，梅先生以生动的事例来证明他的论点："继《嫦娥奔月》后又排第二出神话题材的《天女散花》，你们可以看出从简单到复杂的过程，并不是我存心这样做，而是艺术前进的必然趋势。"

《黛玉葬花》花锄舞

有一位朋友对梅先生说："你们已经创造了嫦娥的形象，何不排演几出以《红楼梦》的故事为题材的戏呢？"

梅先生就和缀玉轩中的老友讨论研究红楼戏。戏曲题材大部分来源于小说，《三国演义》、《水浒传》、《西游记》以及大量公案小说的人物都活跃在舞台上，而《红楼梦》这一脍炙人口的名著里的人物，却从未公开出现在北京舞台上，大家感到不得其解。大家就去请教王瑶卿、王凤卿两位前辈。王瑶卿先生说："前清光绪年间，只有'遥吟俯唱'票房（在东城圆恩寺）排过《葬花》、《摔玉》（摔玉就是《红楼梦》宝玉初见黛玉时的一段情节，现在梅花大鼓里还有这段书），票友陈子芳扮林黛玉，他的扮相梳大头穿帔，如同《花园赠金》里王宝钏的打扮；韩六扮贾宝玉，也是普通小生的扮相，每逢林黛玉出场，台下往往起哄，甚至满堂敞笑，观众认为不像林黛玉，幸而是堂会，票友逢场作戏，还无所谓，内行看到这种情形，对于排红楼戏有戒心，在公开营业的戏馆里不敢尝试，这是不演红楼戏的一部分原因。"

王凤卿先生接着说："曹雪芹在写《红楼梦》时，有顾虑，清代的文字狱，使他下笔时，闪转腾挪，十分隐晦，所以一开头就用神话手法，避免说明故事发生的朝代，而在细节描写服装穿戴时，与舞台上的装束并不相同，请大家闭上眼想一想，如果林黛玉扮成戏里小姐的样子，焉得不哄堂大笑？你们现在研究的古装，解决了难题，可以大胆排一出试试看。"

《黛玉葬花》里林黛玉的扮相是在《嫦娥奔月》的基础上创造的，因为这两个人物都适宜淡雅装束，所以只小有不同，葬花时，上穿大襟软绸的短袖，下系软绸长裙，腰里加一条用软纱做的短围裙，外系丝带，两边挂玉佩。

"花锄舞"在第三场，林黛玉左手执花锄上挂花囊；右手持花帚，唱"导板"："花谢花飞花满天。"一路行来要唱五句"慢板"："随风飘荡扑绣帘。手持花帚扫花片，红消香断有谁怜。取过花囊把残花敛，携到香冢葬一番。"接念："来此已是香冢，待我葬花一番便了。"下面一段"二六"，就是边唱边做的"花锄舞"，唱词是："取过了花锄仔细劚，轻松的香土掘一番。回身取过残花片，好将艳骨葬黄泉。怪侬底事泪暗弹，花残容易花开难。一抔净土把风流掩，莫教飘泊似红颜。质本洁来还洁返，强如污浊陷泥团。荷锄归去把重门掩，冷雨敲窗梦难全。"

我从小就是《红楼梦》迷。1916 年，我第一次看到舞台上的林黛玉是在杭州第一舞台，那时我已通读过四遍《红楼梦》。

梅兰芳轻盈纾曼的"花锄舞"，把我带进了大观园的香冢，配合葬花时的面部表情，抒情的唱腔，把她寄人篱下的孤苦心情，曲曲传达出来，我认为是最理想的林黛玉。这出戏曾经为诗人、画家及广大观众所赞赏。

曹雪芹、梅兰芳，这两位相隔200年的文艺巨匠的艺术品是多少年来有目共赏的。

《嫦娥奔月》、《黛玉葬花》在舞台上已看不到演出，舞蹈协会保存了一部分图片，这是1930年梅先生带了剧团赴美国演出时，梅先生与齐如山先生设计了160个舞谱，裱成26幅，作为宣传中国戏曲舞蹈的画像，这些画像都是梅先生化妆后作出各种舞蹈姿势，由画师绘制的。这批资料后由舞蹈协会拍成照片。在“文革”期间原画全毁，现仅存一部分照片，因清晰度不足，由《舞蹈论丛》社请画师依据照片重绘刊载，以存本来面目。

梅兰芳对编剧的一些看法

许姬传

按：这篇文章是未完稿。读者可参阅许源来所写的《梅兰芳最后一出未及上演的戏——〈龙女牧羊〉》，文中具体介绍了梅先生同剧作者和演员的合作关系。

《剧本》月刊在1959年6月号上以《梅兰芳谈编剧》为题，摘录了《舞台生活四十年》一、二集里有关剧本的一些看法。接着，编辑部特约梅先生写一篇谈剧本的稿子，他答应了，但没有组织成就逝世了，现在只能把他平日对于剧本创作和整理修改的一些经验看法写出来以供参考。

剧作者与演员的关系

剧本从执笔者在辛勤伏案的构思中写好后，由登场演员在观众面前表演出来，经过不断演出，不断修改，有的得到观众拥护，成为保留节目；有的因为不受欢迎就束之高阁，无人问津。这里的甘苦得失，只有身历其境的“案头人与场上人”才说得清楚。梅先生就这方面谈了一些体会，他说：“剧作者与表演者，应该说是最亲密的战友，但双方各有所长，也各有所短，写剧本的对于结构、词采、音律、格局……方面是当行，但未必全面通晓表演（包括歌唱、音乐、动作……），而演员能够刻画人物，体现剧本精神，也未必有一定的文学修养。像过去'三庆班'的老艺人卢胜奎先生写了连台轴子三国戏36本，汪笑侬、欧阳予倩先生等演的新戏，大半是自编、自排、自演，他们是案头人兼场上人，当然最为理想。但在旧社会里，演员受文化程度的限制，这种例子是并不多见的。所以剧作者与演员的关系，必须是截长补短，互相发挥，才能产生站得住脚的戏，一些流传有序的保留节目，并不是一开头就那么紧凑精炼的，那是通过许多名演员在舞台实践中不断修改加工，才逐渐完善定型的。"

古本、善本的抉择取舍

梅先生指出："古本也可能是善本，善本却不一定是古本，要善于辨别粗精、抉择取舍。"他在述说《漫谈运用戏曲资料与培养下一代》时，也对这方面做了分析，我和朱家溍同志曾把他的话记录下来。他是这样讲的：

"关于刊行戏曲剧本，十年来也取得了空前的成绩。郑振铎同志主持影印的《古本戏曲丛刊》已经出版了四集，现在还继续选印。这是演员、编剧和研究版本校勘的珍贵资料。还有京剧和其他剧种，各种选集、汇编不胜枚举。北京市编辑出版的《京剧汇编》对于京剧传统剧目搜罗丰富，都是演员们的家藏本，并且除了讹音错字外不加修改，保存了原来面貌，有些还是名演员的准纲准词，非常可贵的。我建议今后还可以多刊行一些标准的演出本。

"印行老本子有它一定的价值，但老本子不一定是最标准的演出本，举个例子来说：《京剧汇编》里的《青石山》我看了'卖符'一场，就知道这是一个老本子，但不是最好的演出本。我曾看过名丑罗寿山先生扮演《青石山》的王老道，'卖符'一场，语言生动幽默，并且每次演出，都有准纲准词，决不随便'抓哏'，内外行都认为他演的好，当然，这是由于罗先生的冷隽神情和幽默台词密切配合起来才能收到这样效果的。以后王长林先生等都宗这一派，现在戏校教员罗文奎是罗寿山先生的侄儿，他从前在我的剧团里和名武旦朱桂芳合演《青石山》，就是根据他伯父这一派，所以罗文奎肚里的本子，应该说是‘卖符’的标准演出本，但他家里未必有写在纸上的本子，这种情况是很普遍的。我的本子，和我演出的台词，也不尽同，有的并且出入很大。例如我家里的抄本《霸王别姬》是我和杨小楼先生合作时期，演了多次以后的一个修改本，到1936年我们在天津合灌《别姬》唱片时，又和这个本子不一样了。常唱的戏，在实践中逐渐修改提高，所以时刻有变动，但这些变动往往没有写到纸上去。一直到解放后，中国戏剧家协会编印我的剧本选集，由几位同志组成一个小组，特为此事在演出时录音，从录音写到纸上，经过仔细核对磨勘，才又有了《别姬》的演出本。

“名演员的演出本，好处是唱词上口响亮，对白紧凑顺适，场子安排得当，但也不是尽善尽美、完整无缺的。前年，我看到一本光绪年间的抄本《长坂坡》，总的看来没有后来的演出本精炼，可是其中词句内容，也有比后来演出本高明的地方，例如糜夫人中箭一场，我当时根据王瑶卿先生的本子唱：‘随定难民往前进，不想中了箭雕翎，怕的是阿斗无有命……’老本这几句是‘指望军中逃性命，谁知受伤步难行，勉强抱子来扎挣……’假使用幻灯打出台词，请观众来审定，谁都会说这几句唱词要比那个‘箭雕翎’一类的水词好一些。这种例子在古本与名演员的演出本之间，可能还不是太个别的，所以剧本的校勘、甄别、鉴定是一项很重要的工作。拿《长坂坡》来说，当年经过杨小楼、王瑶卿两位前辈大师的不断修改、加工、创造，直到今天还流行在舞台上，那肯定是比光绪年间的古本要精炼集中，单上述的几句唱词，就有恢复古本的必要。”

修改台词的经验

在关键性的地方，一句台词，甚至一个字的更动，都能起到提高剧本思想性、突出人物性格的作用。譬如《宇宙锋》中《金殿装疯》一场，秦二世命武士架起刀门后对赵女说："再若疯癫斩头来见。"赵女不怕杀头还向他作坚决的斗争，梅先生以前唱的老词是："哎呀呀，我也不知道这位皇帝老官有多大脸面，动不动就要斩头来见。你可知道，一个人的头，若是斩了下来，就长不上了。"这几句台词的涵意是骂秦二世暴政害民，残杀无辜，但梅先生觉得劲头还不够，同时嫌太平直，也不像疯子的话。1954 年筹备拍摄《宇宙锋》等影片时，他打算修改这句念白，这时，我的弟弟源来从上海来京，谈起在上海碰到一位戏曲教师郭圣与，他曾向老艺人德珺如[①]学过《宇宙锋》，就背诵了金殿一场的台词，"就长不上了"郭圣与念作"他还能长得上啊"。梅先生听了拍手说好。几天后，恰好有一个晚会，他主动提出演《宇宙锋》，把念了 40 年的这句老词改为"你可知道，一个人的首级若是斩了下来，他还能长得上啊"。

那天马彦祥同志和我坐在一起看戏，听到这一句，他对我说："这句改得比老词有力量，梅先生的意思是说，杀了一个赵女，还有第二个、第三个继续向皇帝斗争。但结尾'啊'字的语气，带有问号的意味，不够清楚，这里要用斩钉截铁的肯定字眼。"当晚，我就把这番话告诉了梅先生，他认为很对，就把"啊"字改为"噢"字。"噢"字是肯定语气，用在这里非常恰当。

《宇宙锋》中《修本金殿》的台词，梅先生从 40 年前就开始修改，例如老本中赵女对赵高说不愿改嫁的理由是"自古道嫁鸡随鸡转，又道是嫁狗随狗眠"，他当时觉得把女子比作"鸡狗"，实在太不像话，就请王瑶卿先生修改。王先生改作"嫁乞随乞转，嫁叟随叟眠"。从鸡狗改为乞丐和老头子，虽然提高了一步，但字面不显豁，唱起来也不响亮。新中国成立后才改为"想当初嫁儿身已从父愿，到如今还教儿争宠君前"。其他个别字句的修改，一直没有停过。1955 年拍《宇宙锋》影片时，还把"随我到红罗帐倒凤颠鸾"改为"随我到红罗帐共话缠绵"，以后梅先生在舞台上演出时，又把"红罗帐"三字改为"闺房内"才作为定本。但他认为德珺如先生口授的本子里那句念白的思想性，就比一向流行的演出本要高，而彦祥同志对一个字的推敲，也是不可忽

① 德珺如早年唱青衣，后改小生。当时的习惯，小生是不敷粉的，德珺如的皮肤黑，就用了点粉彩，谭鑫培和他是儿女亲家，常跟他开玩笑，说他有脂粉气。

视的。

从上面一系列的修改例子里，使我体会到梅先生广搜博采，扩展见闻，从比较分析中判断出古本与流行演出本的优缺点，择善而从。而“学无止境”的道理，也正说明了艺术需要不断钻研，精益求精；如果满足于眼前的一些成就而沾沾自喜，就会故步自封，往后倒退。

京剧剧本结构的特点和警句

1958 年的春天，梅先生应苏联专家的邀请，在北京西郊友谊宾馆作了《京剧的舞台艺术》的报告。现在摘录他介绍京剧剧本结构的部分：

“京剧剧本的结构以往都是分场的，分场的好处是把故事、人物集中、概括地加以描写，排除了烦琐的、不必要的叙述过程，集中表现最主要的东西。如果说生活的真实要求艺术地表现出来，那末舞台戏曲艺术的表演规律，就是通过上下场的形式来表现生活真实的。上下场的形式又是多种多样的，主要还是由于剧本的不同主题，不同的剧情，不同的人物和不同的环境来决定的。场子与场子间的衔接能同时表现情景和人物，使写情、写景和写人物是一致的。

“京剧剧本的台词是以概括、简炼的诗歌，具有音乐节奏，适合朗读的语言组成的。这种语言的特点也是多样化的，有抒发剧中人思想感情，或介绍剧情、经历的独唱、独白，也有表演人物日常生活中对话式的对白，还有‘背供’。‘背供’是表现剧中人在独自思考问题，自言自语地说出心里的话，表现形式往往是抬手举袖，与同台的剧中人表示隔开，他们是互相听不见的。这在外国戏中也有，举例来说，果戈里《钦差大臣》剧中，有一幕描写市长向假钦差纳贿时，市长说：‘这笔钱如果他收下了，以后的事就好办了。’这句话就是在假钦差身旁，但又不作为对话说的。这种情形和中国戏的‘背供’很相似。

“中国戏的歌唱、念白根据中国的文字是单字发音，也就是说中国文字是一字一音的，除用鼻音时外，一般听不见字后的子音，如‘猫’就念 māo，不象英文 cat 有子音。因此每个字都有严格的音韵规律，并且都具有音乐性，而唱念的时候，却又是整体结合起来的。比如京剧《捉放曹》中两句唱词：‘秋风吹动桂花香，路上行人马蹄忙。’每句虽是七个字，但唱时，则作‘秋风——吹动——桂花香’实际上只分成三节。腔不能打破节拍，节也不能把句子打乱，句子又不能离开人物的中心意思。京剧唱词，基本上以七字句、十字句最多，尽管有长达十几个字的一句唱词仍不脱离二——二——三，或三——三——四的基本格式。多余的字，等于衬字。念白除‘京白’比较接近生活语言一些外，一般韵白都比较整齐，偶数句较多，念起来抑扬顿挫，很有节奏。好的念白也和唱词一样，要精炼集中，套言不叙。李笠翁讲宾白要‘意多字少为贵’，是极有经验的见解，传统剧目中往往有一两句震荡人心的句子，足以点清主题，出色地刻画人物。如《狮子楼》当武松向县官控告西门庆，县官不准，反将他杖责，他念到‘我兄长的冤仇无日得报了’，随从他的护兵（原剧本是土兵，因对国际朋友讲话，故改作护兵）忽插入一句白：‘二爷，那西门庆难道说还胜似那景阳冈的猛虎不成！’这一句话，就震动了武松，也震动了整个的戏，使武松下决心去杀西门庆，多么有力量！”

梅先生认为戏中的“警句”，如同菜肴里的“味精”，能够提味开胃；又如饮佳茗名泉，能使芳留齿颊，舌本回甘。在《群英会》中《草船借箭》里，曹操下了场，蒋干的独白：“吓，怎么又坏在我的身上，哎呀，这曹营中之事，实在难办，啊，难办的很啊！”这句话的妙处，在于点清了曹营的“着着让人高”，中计失败后，互相推诿责任的情形，“怎么又坏在我的身上”的“又”字和前面的“盗书”紧密呼应，同时也十分形象地描绘了蒋干的尴尬狼狈、无以解嘲的“洋相”，所以是典型的警句。

《穆桂英挂帅》第五场里，穆桂英表现思想斗争胜利后所唱“难道说我无有为国为民一片忠心”一句，是他反复修改过的。梅先先说：“如果不用这种口问心的句法，就会大大冲淡气氛，影响表演。”

最近，我在周信芳先生演剧生活 60 年纪念的盛会中看到周老演出的名剧里，都有令人难忘的“警句”，如《义责王魁》里，王中念：“我家相公平日言语柔和，今日为何这等模样？唔！中了状元了。”这句台词很好，而周老念得更妙，给我的印象是，这位老王中没有看见过状元，他以为中了状元就会改脾气，周老用幽默的神情语气来嘲讽当时这种一朝身荣耀，忘却旧糟糠的衣冠败类、无耻文人是入木三分的。这如同名画家老年的作品，着墨无多而神韵独绝。可惜梅先生逝世了，他如果听到这种“警句”和看到这样精彩的表演，一定会拍手叫绝。

这些警句是怎样来的呢？当然首先是和剧本的结构有关，有才华的剧作者根据剧情发展才能信手拈来，都成妙谛。像《狮子楼》里武松正在犹豫不决时，才逼出土兵这句话；《群英会》里曹操中了孔明借箭之计，拿蒋干出气，才把蒋干的牢骚话引出来；《义责王魁》里王魁中状元后，神情有异平日，王中才有这点疑问。而穆桂英如果没有这个思想转变过程，也就很难说出这句符合爱国女英雄的气概的心里话来。

但梅先生也说过，有些剧本言言得当、句句切题，即使没有上述的警句，仍不失为佳作。为警句而警句，不一定能增添剧本的光彩。

周信芳、梅兰芳二位艺术大师，他们早年同在“富连成”搭班，新中国成立后一同入党，所应行当虽不同，但演出各种类型的人物、吸收各方面的营养来丰富创造，却是一致的。

梅先生以他40多年的艺术积累，成功地塑造了晚期穆桂英的典型形象，周先生集中了他一生所演的衰派老生——院子苍头戏的经验，出色地完成了王中的典型形象，我认为这两个戏是他们二位晚期的代表作；而所以给人这样深刻的印象，又是和他们精选题材、善用所长密切相关的。

从“选题”谈到《穆桂英挂帅》

李渔《闲情偶寄》在词曲部里分为结构、词采……六项，排列的次序恰当，对于编剧技巧，谈得也很在行，可资借鉴。但梅先生认为，在这六项之前必须加一项“选题”，因为选题的得当与否，往往能影响一部戏的成败。选题在旧社会里，不外乎“忠孝节义、才子佳人”，而今天我们必须服从社会主义建设的总的要求，既要考虑对现实的教育意义，又要注意到符合历史真实。道德标准虽有今昔之异，但都要“有戏”，才能吸引观众，感染观众。

梅先生根据他的经验说：“选题时，也应该考虑到剧团的主要演员的创作意图和具体条件，譬如，我在建国10周年国庆时，就从几个题材中，经过反复考虑，选定了《穆桂英挂帅》。因为中年穆桂英反异族侵略的爱国主义精神和豪迈持重的性格特点，很吸引我，剧中人的年龄性格对我来说也比较适宜，同时，青衣、刀马旦这两类脚色如何更好地结合起来，又是新的课题，我打算在这个戏里进行一些新的探索。”

梅先生认为这个戏能够适应国庆节日，薄海腾欢的气象，就决定编演《穆桂英挂帅》。由中国京剧院约定陆静岩、袁韵宜两位女同志编写剧本，郑亦秋同志担任导演。剧本完成后，经过大家共同反复研究，梅先生觉得整个戏的结构，似乎前紧后松，抓不住突出穆桂英性格的高潮。我就和导演郑亦秋同志讨论这个问题。亦秋说：“第五场有空白，以梅先生的丰富经验和高度演技，大有可为。”我把这个意见告诉梅先生后，他又反复阅看了剧本说：“亦秋的话有道理，这一场可以发挥创造。”就以第五场为重点进行排练，梅先生认为前半出的穆桂英是青衣，必须有一段“慢板”才够分量，所以在这一场开始时加了四句“西皮慢板”以表达穆桂英爱国爱家的复杂情绪，这样与后面先不愿挂帅，经过思想斗争而后捧印下场的高潮，能够起到“静”与“动”的对称作用。在表现思想斗争的一段哑剧前后的几句“散板”台词，也经过他亲自挪动修改，才与表演取得一致，成为高潮。

剧本初稿，佘太君下场后，穆桂英的唱词是这样的：“二十年抛甲胄宝剑生尘，一旦间配鞍马再度出征。为宋王我本当纳还帅印，怎当那老太君慈训谆谆。一家人闻边报争先上阵，穆桂英岂无有为国为民一片忠心。”梅先生把它改为：

“一家人闻边报雄心振奋，穆桂英为保国再度出征。二十年抛甲胄未临战阵——（身段）难道说我无有为国为民一片忠心。”

在唱完第三句后，梅先生随着轻重缓急打击乐的节奏，用眼神手势表现了“心白”（即潜台词）：揽镜自照，已非当年，部曲凋零，殊堪顾虑，又想到文广、金花等青年小将已成长起来，可助一臂之力。这段哑剧做完，接唱：“难道说我无有为国为民一片忠心。”他背对观众，面朝上场门，听到马嘶鼓震，跑圆场、翻水袖，转身亮相。观众顿时觉得他眼睛里放出异样光彩，从面部表情到全身动作都显示出穆桂英已经考虑成熟，充满了战胜敌人的乐观信心。

梅先生认为这段哑剧只有在唱完“二十年抛甲胄未临战阵”来做，才符合一个息影家园多年的宿将，突然奉令挂帅应有的种种顾虑，反映出这个元帅“临事谨慎”的谋国之忠。

那次排戏，采取边排边改的方法。在响排时，我的弟弟许源来觉得第五场杨宗保在台上很僵，就建议宗保可以不露面。梅先生同意这个处理，并主张在下面给宗保加一场戏，使得扮宗保的姜妙香先生可以发挥。同时，戏撑长一点儿，对穆桂英改扮戎装、披蟒扎靠，时间上比较从容。

这个戏演出后，梅先生集中精力地不断加工创造，并听取各方面的意见，对剧本和表演进行细致的修改，在一次比一次提高而走向精炼完整的境界时，他兴奋地说：“我对一向流传在民间的这位巾帼英雄的故事，从她少年到中年时期的爱国思想的贯穿线，通过《挂帅》的演出，就理解得更为深刻全面，而格外热爱她，特别是当我演到第五场，穆桂英唱完‘二十年抛甲胄未临战阵’后的一段哑剧时，就不知不觉地和我在抗日战争时期，辍演八年，重登舞台时的顾虑，嗓子、扮相、配角……种种问题结合起来，和穆桂英当时的处境有了共鸣，所以有痛快淋漓之感。”

有一次，梅先生在容纳一万人的人民大会堂演《穆桂英挂帅》，事先有人担心，第五场单人的表演，恐怕不好办。梅先生说：“没有问题，人民大会堂刚完工，我就在那里演过戏，以后，我又经常在台上开会，大小尺寸心中有数，应该不至于有困难。”

那天演完后，有几位老观众对梅先生说："第五场戏，在这样深广的舞台上，能够演得那么饱满充实，紧紧拢住全场观众的神，足见你的思想感情与穆桂英融为一体了。"这句话可以意味到他们对这段哑剧所饱含的复杂感情，又与梅先生的联想有了共鸣。从这里不难看出梅先生在选用这个题材时，对于塑造穆桂英的英雄形象，已经胸有成竹了。

剧本文学的重要性

有了好题材，不一定能操必胜之券，如何更好地表现主题思想，塑造人物形象，那就需要从结构、词采、音律、宾白、科诨……各方面下功夫锤炼，使演员能够发挥创造，出色地完成任务，成为光景常新的保留节目。因此，编写剧本，在文学创作方面，是一项极其细致复杂的工作，一个剧本的成功，不知要费尽作者多少心血，"谁知盘中餐，粒粒皆辛苦"正好说明这个问题。

梅先生常说："大家都知道，剧本文学性很重要，自从剧场有了幻灯设备以后，对于剧本文学的提高更为迫切。有些传统剧目，由于结构、场子、舞台调度、表演、唱腔等安排得当，一向很能吸引观众，但字幕打出来后，其中夹杂着一些空泛重复，句法不精的'水词'，看了觉得别扭。个别新编的剧目，又发现另一种情况，那就是堆砌漂亮字眼，绕弯子，却找不着头绪，甚至念不断句子，再配上一些几乎分不出'西皮'、'二黄'的唱腔，就如同满地洒金钱，不知拣哪个好，观众看了，听了也不见得舒服。"

京剧是百多年前从北京城里繁荣发展起来的，它之所以能够代替昆曲、高腔风行全国，主要原因在于结构紧凑，台词通俗，但紧凑不等于拥挤，通俗不等于粗鄙，应该在这个基础上发展提高，使剧本的思想性和艺术性能够适应当前观众的需要，对这方面，梅先生曾提出几点要求。

四声熨帖

中国的文字、语言、歌唱都离不开“四声”，在旧社会里，有些私塾老师教小学生认识方块字，往往先把每个字的平、上、去、入（北方没有入声的读法，称为阴【平】、阳【平】、上、去，入声念作平、上、去三声）告诉学生，等到念书时，为了便于查字典，就教“反切”。今天用拼音字母代替了传统的反切，也是用音高判别四声，读准字音。戏曲的造句方法，不但要合辙押韵，还要把四声及阴、阳、清、浊、尖、团安排熨帖，唱起来、念起来才能铿锵好听。戏曲舞台上，音韵格律最严的是昆曲，李笠翁在“音律”一款里具体分析了填词之苦，他说：“至于填词一道，则句之长短，字之多寡，声之平、上、去、入，韵之清、浊、阴、阳，皆有一定不移之格。长者短一线不能，少者增一字不得，又复忽长忽短，时少时多，令人把握不定。当平者平，用一仄字不得；当阴者阴，换一阳字不能。调得平仄成文，又虑阴阳反复；分得阴阳清楚，又与声韵乖张。令人搅断肺肠，烦苦欲绝。此等苛法，尽勾磨人。”

从他这段话里，使我们体会到元明以来的许多伟大的剧作家如王实甫、关汉卿、汤显祖等，给我们留下的心血凝成的作品，是天才和学力结合起来的珍宝，这些苛法磨不倒他们，只觉得遣词新颖，才气纵横，人物鲜明，语言隽永。

以“二黄”、“西皮”曲调为主的京剧台词，虽然灵活自由得多，不像昆曲那样苛法磨人，但也有一定的规格，讲究抑扬顿挫，节奏鲜明。正如梅先生所说的：“京剧唱词，基本上以七字句、十字句最多，多余的字，等于衬字。”他还以句子、节拍、唱腔的关系举例说：“比如京剧《捉放曹》中两句唱词：‘秋风吹动桂花香，路上行人马蹄忙。’每句虽是七个字，但唱时则作秋风——吹动——桂花香，实际上只分成三节，唱不能打破节拍。”他常说：“二黄”、“西皮”的唱腔有上下句之分，不容混淆，哪个字拉长腔，哪个音往上翻，哪个音落下来，都有一定的规格，尽管可以变化创造，但不能脱离基本格式。因此，写剧本时，不仅要把四声平仄对称搭配，阴平阳平也要用得适当，才能与唱腔水乳交融，和谐好听。

他认为欲求字正腔圆，腔必须服从字，而有些剧目中往往拿字来迁就唱腔，字音就“倒”了。多年来，梅先生对读准字音方面很下了功夫，有的稍稍改动唱腔，就把“倒”字唱正了；也有些字，限于上下句腔的程式，如果硬扳过来，字虽正而腔不圆，内行对这种生硬的修改叫作“硬山搁檩”，所以遇到修改唱腔不能解决问题时，就只能改词了。例如《贵妃醉酒》中高力士进酒时，杨贵妃的唱词是：“通宵酒，捧金樽，高裴二卿殷勤奉。”以前依【四平调】的格式唱，“通宵”的“宵”字太低，不像阴平声。梅先生在1955年拍摄影片时，就把这句改为：“同进酒，捧金樽，宫娥力士殷勤奉。”“宵”字改为“进”字，听上去唱腔不变而字音准确熨帖了。梅先生指出，为了纠正字音，修改唱腔，也要照顾到剧中的具体情况，这句老词只说高、裴进酒，事实上是太监宫娥都向杨贵妃进酒，改成“同进酒”、“宫娥力士”，词义就更为完整了。

他还补充说，有时不整齐的长短句，也许能出新腔，只要它的结构基本上符合“二——二——三”、“三——三——四”的造句规律。但这可备一格，如果“数见”就“不鲜”了。

密针线

李笠翁在《结构》的“密针线”一款中，推荐《琵琶记·中秋赏月》一折：“同一月也，出于牛氏之口者，言言欢悦；出于伯喈之口者，字字凄凉。一座两情，两情一事，此其针线最密者。”

我们京剧《群英会》里《草船借箭》一场的唱词对白，也是针线细密，并且口吻各肖其人。①

孔明唱："一霎时白茫茫漫江雾厚，顷刻间辨不出在岸在舟。似这等巧机关世间少有，学轩辕造指车大破蚩尤。"

鲁肃唱："鲁子敬在舟中浑身战抖，"孔明从容劝酒夹白："干。"鲁唱："把性命当儿戏全不担忧。"孔夹白："大夫你饮哪！"鲁唱："这时候他还有心肠饮酒。"孔夹白："干。"鲁唱："怕只怕到曹营难保人头。"

这两段唱词里说明：二人同坐舟中饮酒，诸葛亮欣赏这漫江雾厚是胸有成竹，可以借箭交令。而鲁肃莫名其妙，却认为诸葛亮干了一件傻事，非但不能借箭，反而自送性命，很替他担惊受怕，故只描写他一个"怕"字，也是"一座两情，两情一事"。

老本《祭江》，孙尚香的"慢板"唱词是："曾记得当年来此境，浪打鸳鸯两离分。从今后不照菱花镜，清风一现未亡人。"

孙春山先生（当时的业余戏曲研究家）改编为："想当年截江事心中悔恨，背夫君撇娇儿两地里离分。闻听得白帝城皇叔丧命，到江边去祭奠好不伤情。"

梅先生认为，这四句改得显然比老本强。老本只说，一个妇人死了丈夫，从此不再打扮，立志为亡夫守节，空泛一般，好像"七分三寸的帽子，人人可戴"，每一个新寡的女子都可以唱。而改本第一句从"截江"二字就告诉观众这是孙尚香，同时也点清孙尚香一生引为悔恨的就是这件事。第二句说明悔恨的具体内容是"背夫君撇娇儿两地里离分。"第三句指出刘备死在白帝城，第四句表明孙尚香要到江边祭奠，又和截江悔恨联系起来，这样就只有孙尚香才能唱这四句，而且词浅意深，层次井然。

---

① 《群英会》是卢胜奎先生所编三国戏《赤壁鏖兵》八本中的第四本。据萧老（长华）说："卢先生是读书人，在衙门内当过书吏，性爱戏曲，摹仿余三胜先生。程大老板（长庚）请他到'三庆班'排连台轴子三国戏，以后就在三庆班下海，成为专业演员。"我们知道卢先生编三国戏是按照《三国演义》写的，但他曾对朋友说："《三国演义》固小说家言，吾尝取陈老（陈寿所著《三国志》）校核之，虽不无增设装点，而相合处颇多。"这里所说的"口吻各肖其人"是指剧本依据《三国演义》描写的人物性格而言。

梅先生在《舞台生活四十年》第一集里曾介绍了这两段新旧唱词和孙先生创造的新腔，他说：“譬如第一句的腔，重在‘悔恨’二字，要把孙尚香的一腔怨愤，很曲折地表达出来，真是好到极点。末句‘到江边’三个字的尺寸，他唱得比较快，就显得干净利落。”

梅先生早年是根据师傅所教老词唱的，以后就不常演这个戏，但在灌唱片时，却用了孙先生的新词、唱腔。

从《祭江》的例子里还可以看出，好的唱词更能发挥唱腔的感情，唱的人起劲，听的人过瘾，针线也就更密了。

记梅兰芳关于表演艺术的讲话

许源来

按：本文原载1962年2月28日上海《文汇报》，原编者按称：这里发表的是梅兰芳同志于1960年5月在中国戏曲学院梅兰芳表演艺术研究班上讲话的摘要。讲话系5月3日、5日、14日合三次所作。在第二部分中曾对《游园惊梦》作了较详的分析，当时报告人在讲述的同时，作了表情、身段、部位的示范。因此这一部分讲稿采取了“身段谱”的方式。将在专书中整理发表，现在略去了。讲稿是许源来记录整理的。

同志们：今天我要说的是我在戏曲表演方面的一点经验。大家都知道我不善于讲话。很久以前，我曾经在北京国剧学会讲过课，一晃已经三十多年了，我今天重新站在讲台上，简直有点发怵。诸位别见笑，我不怕上戏台，怕上讲台。在座的各位，都是各剧种的成熟演员，其中还有许多位著名演员，你们的经验很丰富，知道的东西不会比我少，我现在用漫谈方式，想到哪里就说到哪儿，有说得不对的地方，希望大家不客气地指出来！

一　戏曲是综合性的艺术

中国戏曲是一种综合性的艺术，包含着剧本、音乐、化妆、服装、道具、布景等等因素。这些都要通过演员的表演，才能成为一出完整的好戏。这里面究竟哪一门是最重要的呢？我以为全都重要。

写剧本的常说剧本重要，可是没有好演员，就不容易把剧本的精彩发挥出来。演员们往往强调表演重要，这也不对，好演员拿到坏剧本，请问你能演出好戏来吗？而且有毒素的剧本，越是演得到家，毒素越大。

再说音乐吧，在戏里起的作用就很大。拿我的经验来说，一个很好的身段，或是一句很好的唱腔，只要在腰子里给你下一“箭子”，什么都完了。胡琴、笛子和唱的关系更密切，就是演员不唱的时候，唢呐、笛子吹个牌子，或者胡琴拉个牌子，也能马上造成舞台上的一种新的气氛。从这些方面可以看出音乐在戏里的重要性。

谈到化妆，我们在舞台上要塑造出各种各样角色的面部形貌，全靠化妆的技巧，不但要化得象，而且要美观。化妆的妙用，能够改变本来面目。一个人的五官，总不免有缺点，通过化妆，就可以补救你的缺点。拿旦脚说，譬如，脸太大了，嘴太大了，眼睛太小了，都有法子补救。

多年以来，常有人问我化妆的秘诀。其实，化妆并没有什么秘诀，只要认清自己脸上的缺点，对着镜子一再试验，总会找到合适的化法，重要的是依靠自己找、自己试。如果人人都认为我梅兰芳的化妆不错，全按照我的化法来做，由于各人的脸型不同，有些人就要上当了。我的脸型比较圆，比较大，眼睛也比较大，假定有一位脸型又长又小、眼睛也小的演员，也照我的方法化妆，你们想想会好看吗？

谈到服装，从前有句老话：“宁穿破，不穿错。”这不是说要大家穿了破衣服上台，而是说明历来舞台上对服装的考究，因为服装跟剧中人的身份、年龄、性格和生活环境都有密切关系。你们看，《将相和》的廉颇，当虞卿到他家来劝他的时候，他穿的是开氅，这是舞台上给武将规定的一种家居便服，假如他因为开氅旧了，改穿一件新的帔，也跟文官家居的蔺相如一样，那就算错了。不但服装不能穿错，就连服装的颜色、花样，也应该同样被重视。例如《宇宙锋》“修本”一场，赵女穿的衣服，颜色就该深，花纹就该素，跟前面几场完全不同，才能显示赵女满腹幽怨的心情和刚死丈夫的悲哀，好让赵高相信匡扶是真的被杀了，免得再去捉拿。又如《游园惊梦》里出身宦门的杜丽娘，是一个美丽的少女，她的衣服当然应该漂亮，同时她又是一个才女，所以在漂亮之中，颜色还要淡雅，才能衬托出这位能诗能画的杜丽娘。

说到道具，在戏里的作用也是很大的，《醉酒》里没有扇子，表演就没法进行。再说，如果这把描金彩扇和《打店》里孙二娘手里的小黑油纸扇对换一下，那么，两个人的身份性格就满拧了。此外，道具和实际生活里的用具也是有一定的距离的。《思凡》里如果就拿真的拂尘上场，准会显得柄太轻麈尾太短，做出来的身段是不会好看的。

我小时候演戏，北京还没有布景，用布景上海最早，后来北京也用了。我从排演古装新戏时开始用布景，最初也很简单，经过逐步发展，范围越搞越大，但不是每场都有的。我总觉得布景有局限性，有时候堆砌得过多，限制了演员的活动，我始终搞得不够满意。解放后，我演的戏里，只有《洛神》的末场还用布景，别的戏都没用。我看到其他剧团用的布景，经过一再改进，近年来搞得很好，看上去又简练又美观，今天的布景已经在戏里起了好的作用，估价很高。

从以上所谈的可以看出，一出好戏在舞台上出现，不是单靠某一部门的力量，而是要各部门一齐努力的。因此，我们戏曲工作者应该大力发挥集体主义精神，把所有各部门的艺术质量同时提高，才能做出超过前人的成绩，更好地为光辉灿烂的社会主义事业服务。

二　几种同类型角色的分析和创造

每个戏都有它的故事，每个故事都离不开人物，每个人物，不论男女，都有身份、年龄、性格和生活环境的不同。我们演员首先要把戏里故事的历史背景了解清楚，然后再根据上面所说的四项，把自己所扮演的人物仔细分析，深入体会。提到体会，就必须联系到演员的思想认识和政治修养。我们演的角色，究竟是好人还是坏人，他做的事情是好事还是坏事，这些虽然已经由剧本规定好了，但是我们如何体验剧本，用什么表演方法把它恰当地刻画出来，这要看你的政治修养怎样了，你的思想水平越提高，刻画出来的人物越生动，对观众的教育作用越大，这个工作不简单，只有不断地加强学习，才能够做好。

京戏里角色的行当，总的来说，有生、旦、净、丑四种，每一种里面还分着许多类别，这是根据什么来划分的呢？也就是根据前面所讲的四项东西。总之，先有了这类人物，才有这种行当。譬如一出戏里需要小孩开口唱，这就产生了“娃娃生”的名目。今天新社会里出现了许许多多的新的英雄人物，这些人物形象是前所未有的，有时候我们就不要过于受老行当的拘束，大可以在舞台上创造出新的类型。例如白毛女这个人物，我们既不能用青衣、闺门旦来表演她，也不能用花旦来表演她，象现在舞台上出现的白毛女，就是一个很好的创造。

我是演旦行的，但只演了其中的四个类型——青衣、闺门旦、花旦、刀马旦。前几天我演的《游园惊梦》，杜丽娘就是闺门旦。我先谈谈“闺门旦”。

闺门旦从字面上看，就可以知道她是表演旧社会里没有出嫁的少女和出嫁不久的少妇。象《游园惊梦》的杜丽娘，《三击掌》的王宝钏，同样叫做“闺门旦”，而演法不同。杜丽娘和王宝钏她们都是为了自己的婚姻问题向封建礼教作斗争的，但杜丽娘只是思想上的斗争，王宝钏的斗争已经由思想进入行动了，所以不能用同样的手段来刻画她们。王宝钏已经接触了恋爱的对象，经过一系列的事实发展，最后对他父亲的压迫公然反抗了，我们就可以把她的斗争，用慷慨激昂的形态表现出来。杜丽娘是一个封建社会中老关在屋里的小姐，并没有接触过真正对象，她只能停留在思想反抗上，没有机会让她进入行动阶段，所以我们描写她的满腹幽怨，和王宝钏对比起来，完全是两样的。一个是含蓄在心里的，一个是发泄在外面的。从表演来讲，含蓄比发泄，好象难一点，我们要把一个封建时代的少女满肚子难以告人的心事表演出来，同时还要掌握分寸，不能让它过头，把少女的伤春演成少妇的思春。你想，这是不是一种比较细致的工作呢?

昆曲是个古老剧种，它的唱腔和做派，都是丰富优美的，但唱词却比较深奥，表演者如果不深刻理解唱词的意思，就无法体会角色的人物性格。拿我来说，这出《游园惊梦》是乔蕙兰老先生教的，陈德霖老先生又常给我指正。最初也是先生怎么教我怎么唱，对唱词的含义，并没有很好的理解，后来经过好几位精通诗词的老朋友给我一再详细讲解，对我的帮助真不小。可是，我在学习的过程中，却也费了很大的事，因为我从小就学戏，没有古典文学根底。明白了词义以后，进而深入体会人物性格，也不是短时期能够做到的。我这几十年来，对这出戏唱的次数真不算少，唱一次研究一次，一直到去年拍电影的时候，我又重新把全部唱词和几位老朋友一字一句地细细钻研，自己觉得似乎又有了新的理解，因此，在表现杜丽娘的性格方面，和过去有所不同。有句老话："做到老学到老"，这真是经验之谈，甭瞧我年纪比你们大，我还是跟你们一样，有鼓足干劲、力争上游的勇气，要把表演质量不断提高。

上面谈的是闺门旦，现在我再谈"青衣"。

我最初开蒙是学青衣，早期在舞台上演的青衣戏比较多，我觉得同样是青衣戏，表演的方法并不能完全一样。例如《武家坡》的王宝钏和《汾河湾》的柳迎春，都是青衣应行，扮相大致相同，剧情也差不多，她们两个人的丈夫都是出外从军，离家一十八载，又回家团圆，虽然《汾河湾》里多了一只鞋子的曲折，大体上看来，是大同小异的。过去有些演员，往往把这两个角色演成一个模样，这是不对的。王宝钏乃丞相之女，柳迎春是员外的女儿，两个人的家庭环境不同，演王宝钏的，一切动作都该比较庄重，演柳迎春就要比较洒脱。

怎样才显出庄重和洒脱的不同呢?我来举几个例子:

老派青衣为了表现戏中人的庄重，很少露手，我们演柳迎春，就可以常常露手。当年时小福老先生演《汾河湾》的柳迎春最拿手，他也常露手，当时有人管他叫"露手青衣"。柳迎春在这出戏里有许多做派要露出手来，时老先生这样做，是合乎剧情的。一般偏重保守的人给他起了这个带讽刺性的外号，是完全不对的。我没有赶上看时老先生的表演，我常看的是王瑶卿先生的柳迎春，他也演得很好，这出戏他学的是时老先生，我又学他。

手以外，脸上表情也有分别，王宝钏不能常带笑容，柳迎春就不受这个拘束。

在动作方面，柳迎春在说明了一只鞋子的误会以后，拿起剑来就要抹脖子，坐在地下哭着说："我再也不敢养儿子了。"这些做派是不能安在王宝钏身上的，就因为她们两人的家庭环境不同的原故。只要看王宝钏一见薛平贵的"宝"，就认识这是一颗王侯印信；到了柳迎春，就把薛仁贵的虎头金印说成是块黄铜，要拿去换柴米，这虽然是句逗哏的话，也附带说明了柳迎春没有鉴别印信的常识。

《汾河湾》是一出生、旦对儿戏，过去我常陪几位老先生演唱，他们各有长处，这里面当然要推谭鑫培老先生最为传神。"闹窑"一段，夫妻久别重逢，柳迎春急于要知道薛仁贵做了什么官，而薛仁贵一上来偏不说实话，从马头军引起了马头山、凤凰山等等的争辩，这在薛仁贵，完全是一种逗趣的举动，故意造成曲折，再说出真话，好让柳迎春格外高兴。谭老先生在这段戏里演得非常轻松，这是很合乎剧中人物的心情的。薛、柳二人有两次吵嘴，薛仁贵先是假吵，后是真闹，如果头里的假吵做过了头，就和后面的真闹没有多大区别了。谭老先生的表演是把前后两个不同性质的吵闹分得很清楚的。柳迎春在这两次吵嘴里，也有两种性质，正和薛仁贵相反，先是真吵，后是假闹，我陪谭老先生演过以后，得到启发，在鞋子矛盾当中，假闹的时候，我也采用了轻松的表演手法。

我还跟谭老先生演过《探母》，在"坐宫"一场公主猜心事的时候，在我的大段唱工里，坐在对面的四郎，一般都不做戏，因为做了戏，就容易妨害公主的演唱，谭老先生也不大做戏，只是有时候用眼望望我，或者理理髯口，可是我总感觉到他好象有一种精神打过来，和我的演唱联系在一起。这并不是说，陪老前辈演戏，起了心理作用，实在是因为他虽然表面上戏不多，而他的内心里老是注意着我，始终没有离开我，可以有精神打过来。象这种精神感染，后来和杨小楼老先生合演时也是常有的。

我和杨小楼老先生演《霸王别姬》“舞剑”一场，虞姬说完“献丑了”，就要进场拿出剑来舞，这时我往后退一步，他就向前挤我一步，瞪着两眼看我，他的意思是说，霸王知道大势已去，在这生离死别的关头，他既爱虞姬，多看一眼也是好的，他当时那种神态，感动得我心酸难忍，真可以哭得出来，我在快进场前一回头，有个显示悲痛的表情，那时候我还是真悲痛，这就是精神感染的原故。我跟别位唱这出戏，有些演霸王的在这地方不向前挤，反而往后退步，这样做，就把这两个人之间的又悲惨又相爱的精神打散了。

上面所举的谭、杨两个例子，一个是在做戏，一个是表面上没有做戏，而同样给了我精神感染。所以我感到，陪老辈好演员演戏，真有好处，他对人物性格的体会深，在表演上发挥出来的力量大，陪他演戏，你发出来的力量，也必然要比寻常的表演增加。我跟谭、杨两位老先生合演，每演一次得到一次的提高，这就是他们给我的精神感染起了带动作用。

下面谈“花旦”。

花旦这行，包括许多不同类型的角色，我只演过这里面的一种——丫环。《学堂》里的春香和《拷红》里的红娘，这两个角色，看来同样是丫环，而她们的年龄、性格就不一样。写剧本的给春香规定为十三四岁的小丫环，她只是陪伴着小姐念念书，逛逛花园，所以演春香，只要把她的天真活泼演出来就行了；红娘的事就多了，她在莺莺和张生的恋爱过程中起了推动作用，这是一个有热情、有勇气、有智谋的人物，单拿天真活泼来表现她，是不够的，要重点描写她的聪明伶俐，爽快、老练。这两出戏，最初也是乔老先生教的，在我准备演出以前，有人推荐李寿山老先生替我再排一下，他在我的剧团里演花脸。大花脸会教小春香，我听了很觉得奇怪，那位推荐人对我说，李先生最早在科班里（他是三庆班的学生），花旦是他本行，后来才改唱花脸的，他的老功底真结实，隔了多少年再拿起来地方还是准。他本人个头高大，大家叫他“大个李七”，可是那天在我家里排戏，你瞧他掐着腰出场，才走了几步，从他的眼神、手脚来看，完全变成一个天真活泼的小丫环了。一出戏排定了，把屋里看排戏的内外行朋友们都看出了神。这可以说明，一个演员的幼年功夫结实不结实，关系极大。

我演“刀马旦”，是在上海开始的，头一出戏是《枪挑穆天王》的穆桂英，后来我还演过《穆柯寨》、《破洪州》、《延安关》、《赶三关》、《银空山》、《头本虹霓关》、《抗金兵》。

《穆柯寨》里的穆桂英与《抗金兵》里的梁红玉，同样是刀马旦，扮相差不多，都戴七星额子，插翎子，披蟒扎靠，但表演不一样。穆桂英是一个山寨大王的女儿，年纪又轻，阵前碰到了一位很满意的对象，双方就发生了一段恋爱故事，所以要描写她的天真活泼、聪明、勇敢；梁红玉是一个抵抗外寇、保卫祖国的统兵女元帅，一出场，她的身份就和穆桂英不同，除了要刻画她的忠诚、英勇、智谋之外，尤其要着重形容她的稳重、老练，才能合乎这位女元帅的身份。

她们不都是有掏翎子的身段吗？我们就可以从这个身段里分出两个不同的人物性格来。穆桂英应该掏得快些，姿态流动些，显出她的年轻活泼；梁红玉就要掏得慢些，动作沉着些，表示她的稳如泰山。还有，象鹞子翻身那样的身段，在一位女元帅身上是使不得的。

以上所谈的都是同一类型里两个不同角色的对比，现在我再谈谈同是一个角色，由于年龄的变化，就必然会产生不同的表演。例如我去年排演的《穆桂英挂帅》，就和《穆柯寨》的穆桂英不同。这两出戏里的穆桂英，相差三十来岁，她早年那种天真活泼的姿态，在《挂帅》里我只好收起来，换上了抑郁和沉静。

我知道，大家总希望我谈谈如何创造角色的问题。《穆桂英挂帅》是出新戏，没有老师教过，现在我把排演经过简单地介绍一下，顺便谈谈自己的一些摸索过程。

我演了四十多年的穆桂英，并不知道她有晚年挂帅的故事。五年前，我在上海第一次看了豫剧马金凤同志演的《穆桂英挂帅》，才晓得豫剧里有这一出传统好戏，看到了穆桂英那种老当益壮的爱国精神，我们之间有着感情上的共鸣。因此，去年国庆献礼，我就把这一朵豫剧名花移植到京剧中来了。

这出戏的内容是从民间传说而来。故事发生在穆桂英退隐了二十年以后，西夏又来兴兵犯界，边关告急，宋王传旨在校场比武选帅。穆桂英的女儿杨金花、儿子杨文广参加比武，杨文广刀劈了奸臣王强之子王伦，夺得帅印，宋王因为她姐弟们年轻，就命穆桂英挂帅出征。姐弟二人捧印回家，穆桂英见了帅印，想起宋王宠信奸佞、薄待功臣的往事，不愿挂帅领兵，经过佘太君的劝勉，她为了保卫祖国，终于慷慨誓师，驰往前线。

这个戏的故事并不复杂，穆桂英在全剧里面只有三场戏。第一场是《乡居》，由于穆桂英已经退隐很久，应当描摹她是一个家庭妇女，所以梳大头，穿帔，道地的青衣打扮，这场比较好办，既是青衣打扮，就可以按青衣表演。第三场《发兵》，穆桂英穿蟒扎靠，戴帅盔，插翎子，手抱令旗宝剑，我们可以用刀马旦姿态出现，这也不难办。唯有她的第二场《接印》，问题全来了。扮相还是穿帔、梳大头，等到决心挂帅，正在要去改换戎装的时候，听到擂鼓聚将的声音，从一个家庭妇女的形象，当场要显出临阵杀敌的元帅威风来，这可不简单。怎么样才能够把动作、唱腔、音乐跟服装配合起来，不显得生硬？在这方面，我们曾经费了不少时间去仔细研究，并且一改再改，才摸索到一个比较适当的安排。

当我接到这个剧本的初稿时，首先发现一个问题，这出戏的主题，是从穆桂英的不愿挂帅，反映出宋王朝的刻薄寡恩；又从穆桂英的愿意出征，表现本人忠勇爱国的精神。剧本这样处理是十分恰当的。但是，穆桂英刚从不愿出征转变过来，紧跟着闻鼓声而奋发，这地方接得太快了，对于角色的情绪，还没有培养成熟，这样制造出来的气氛，好象不够饱满。同时我又体会到，这位女英雄毕竟有二十多年没打仗了，骤然在她的肩上落下这副千斤重担，她必然会有如何作战的事前考虑，这里有必要加一段戏。我的初步计划是这样，至于怎样实现，当然我还没有思考成熟。

有一天，看到河北梆子跃进剧团青年演员演这一场戏，演员在穆桂英的思想转变过程中，有斜着向左右台角两冲的身段，启发了我，使我很快地就联想到《铁笼山》姜维的“观星”，有低头揉胸的做派，我大胆地采取了【九锤半】

的锣鼓套子，用了哑剧的表演方法，纯粹用舞蹈来说明穆桂英的内心活动。这里不加唱，因为前后都有大段唱工，再要唱就会泄劲，而且影响后面的高潮。【九锤半】是武戏常用的锣鼓套子，我现在要用在青衣身上，甭瞧我演了几十年戏，还没有遇到过这种难题。你们如果问我究竟是怎样摸索出来的，我可以这样告诉大家：从哑剧开始，一直到捧印进场为止，这段戏里的一切动作，比青衣放大些，比刀马旦文气些，用这种方法把两个行当融化在一起，最要紧的还要让观众看了感到调和。

上次在座谈会上，听到诸位同志对我最近演的几出戏做了很细致的分析，有些地方连表演人自己说起来还不能象这样清楚，这不但给了我很大的鼓舞，而且给了我不少的启发，我应该向你们表示感谢。但是，你们都在说我的优点，而我所希望的是想知道自己的一些缺点。同志们，不要认为我是个老演员，就不好意思指出我的缺点，不对我提意见。要知道，艺术是无止境的，好了还要更好，提高了还要更提高。我过去就欢迎观众们、朋友们、同行们的意见，特别是解放以后，广大观众给我的支援、帮助，使我在艺术上的收获，远远超过了前几十年的成就。凡是给我提意见的，不论是口头也好，书面也好，我向来是先把它仔细研究一下，然后尽量接受，哪怕是只有部分对的，也使我得到帮助。总之，多给我提一次意见，就使我多一次钻研的机会，这不是照例的客套，完全是我的真心话！

那天，陈伯华同志说我扮的杜丽娘，刚出场的时候显得胖，等脱了斗篷，就不觉得胖了。这两句话对我大有用处。说实话，我近年来是比过去胖些，为什么伯华同志在我脱斗篷的前后有两种不同的感觉呢？这问题恐怕是在我的服装上。老路子，杜丽娘出场，内穿裙子，外披斗篷，梳妆时脱去斗篷，加穿一件帔。我一向也是这样演的。一九五〇年，葆玖学会了春香，陪我唱《游园》，那时他才十几岁，当场让他给我穿帔，如果穿慢了，做得不合适，不但影响了舞台形象，而且会搅乱了杜丽娘唱词里的做派。因此，我就穿着帔出场，免得当场再换，这不过是一种权宜办法，跟春香上场念的："云髻罢梳还对镜，罗衣欲换更添香"，究竟是有抵触的。伯华同志说了我一个"胖字"，使我得到启发，今后决定恢复老路子，我想斗篷里少穿一件帔，总可以减轻臃肿的模样。马师曾、俞振飞两位同志对我说，杜丽娘的斗篷，颜色宜于淡雅，这个意见也很对，我已经准备另做一件新的斗篷。前天，徐凌云先生和俞振飞同志给我看了一个文稿，是俞平伯先生前几年写的有关《游园惊梦》的几个问题，说得很有道理。其中对杜丽娘换衣服的问题，他也不赞同穿帔上场，这一点我已在前面谈过了。还有，游完园回房的动机，汤显祖原著规定是由杜丽娘发起的，后来的流行曲谱给春香加了一句念白："留些余兴，明日再来耍子吧。"就变成春香的主动了。他认为这一改动对剧情有损害，春香没有逛够，不会主张回去；杜丽娘游园伤感，意兴阑珊，才无心留恋。这个说法我同意，以后再演，我准备在念完了"提它怎么"之后，加念："回去罢。"删去下面春香加的那句念白，接唱尾声曲子，这就看出谁是回去的主动者。他还说，"遍青山啼红了杜鹃"，本来是一句，不应该把它割开来做戏。这话很对，今后我要把这句的身段都改在下场台角做。

这次研究班里，把各地区、各剧种的成熟演员聚在一起，济济一堂，各人都能把自己的经验介绍给别人，同时也吸取了别人的经验，在互相学习，共同提高之下，我想，诸位同志的收获必然很大。象这种研究方式，在旧社会里是绝对不会有的。旧社会里，要学人家的一点玩艺，真是千难万难，那时候，谁有一出拿手好戏，除非你去看他的戏，暗地里去"偷"，明着请他教，他是不会轻易答应的。由于自私自利的个人主义在作怪，所以学戏很难，有好些宝贵的传统东西就这样失传了。

今天大大不同了，大家都懂得艺术是为人民服务的，谁都肯把自己的心得毫不保留地教给别人。拿这次研究班说，里面有几位老先生，各有他们的拿手好戏，你想学哪一出都行，象这种大公无私的表现，今天已经成为普遍的风气，也只有在毛泽东时代，才能够实现出来。

上面谈的还只是艺术方面，诸位这次也不是单纯地专为艺术而来的，还有比这个更重要的，就是政治学习。诸位在这里经过快三个月的学习，在思想认识和政治修养方面当然更进了一大步，我希望大家把学习到的东西贯彻到工作上去，这也就是毛主席教导我们理论要跟实践相结合的真理。

梅兰芳最后一出未及上演的新戏

——《龙女牧羊》

许源来

1950年的秋天，梅兰芳先生应天津市文化局的邀请，到中国大戏院演出。有一天，和天津市文化局长阿英同志聊天，梅先生说："我早年编演的新戏很多，抗日战争时期，我只编演了《抗金兵》、《生死恨》，现在全国解放了，我想编一出热热闹闹的喜剧，请您想一个题材。"阿英同志说："唐人小说里有柳毅传书救龙女的故事，很有喜剧性，可以发挥你的才能。"

回到上海后，就找几个老朋友研究，梅先生说："我祖父巧玲公演过一出《乘龙会》，就是这个题材，你们猜他扮演哪个角色？"大家都说，当然是龙女。梅先生笑着说："猜错了，他反串柳毅，龙女是他的学生余紫云扮演的。听说唱的是昆曲，不是皮黄。我曾在他老人家留下来的好几箱剧本里找过多次，总没有找着这个本子。最好先把这篇小说给我看看，我们再来研究。"

过了几天，他看完了那篇唐人小说《柳毅传》，认为这里面的三个主要角色——柳毅、龙女、钱塘君的人物性格，都描写得十分可爱。就让我哥哥姬传写了一个剧本《柳毅传书》的初稿，想要抓时间进行讨论，并在梅剧团里排演。但是1950—1958年，梅先生经常去各地巡回演出，再加上国内外的各项政治任务，使他抽不出时间来编排新戏，所以这件事搁了八年之久。

1959年，中国京剧院的创作组的范钧宏、吴少岳、吕瑞明三位同志也根据

《柳毅传》的材料，给梅先生编了一出《龙女牧羊》，准备作为建国10周年国庆献礼。同时，中国京剧院又约陆静岩、袁韵宜同志从豫剧改编了一出《穆桂英挂帅》，梅先生先排《穆桂英挂帅》，后来就拿它献礼，《龙女牧羊》又暂时搁了起来。

1960年秋末，梅剧团在济南演出，有一天夜里，梅先生对我说："明年就是建党40周年的党庆，我还要排一出新戏。去年《龙女牧羊》虽然没有演成，我们和剧作者曾经研究过好几次，交换过意见，总算有点基础，我想就拿这出戏作为党庆献礼。这次回到北京，我们再把原稿仔细整理一下。"

回京后，他又对我说："这项整理工作，最好先订个计划。第一步，对每个角色的人物性格是否前后统一，整个剧情有没有矛盾，有没有漏洞，都提出来讨论。我们的意见一致了，所有龙女的场子，就请你着手整理，没有龙女的场子，我们如有意见，也可以向原作者提供参考。

"龙女的几场整理好了，就送请原作者再加整理，遇到看法不同的地方，请他们毫不客气地提出，大家反复商讨，共同解决。在商讨的时候，哪怕发生争论，都不要紧，因为真理只有一个，越辩论越能明确。总之，先求我们之间的统一，再求我们和原作者的统一，集体力量写出来的东西，总比个人的智慧大得多。如果剧本还没有研究成熟，就进行过排，势必至于排一次改一次，把演员都改糊涂了，这叫做图省事反而大费其事。

"早年我编排一出新戏，只是先看熟了本子，到排演场上临时作一些适当的变动，象这次在写剧本的同时，演员就和剧作者紧密合作，我还是初次尝试。"

我们的工作，就是按照上面的计划进行的。每天夜里，梅先生总找我到他的卧室里，桌上摊着原著者的初稿，逐场讨论，凡有龙女的场子，包括唱词、念白和身段、表情、部位、服装设计等等，无所不谈，谈妥一场写一场，有时候谈得高兴，他还站起来口讲指画，比划给我看，往往会搞到天亮。

这出戏共计九场，下面分场来介绍。

第一场《思女》

洞庭龙君的女儿三娘，远嫁泾河龙君的儿子，数月无消息，龙母非常思念。洞庭龙君从东海赴宴归来，说起泾河龙君告诉他，三娘与泾河小龙夫妻和美，不久还要一同归宁，拜见二老。龙母闻言，十分高兴，就命侍从人等打扫妆阁，伫候公主还宫。

梅先生看了本子说："这场戏垫得好，仿佛龙女夫妇就要双双回门，使观众憋着劲等着一位漂漂亮亮、高高兴兴的新嫁娘出场。哪知事实适得其反，下一场出来的偏偏是一个凄凄惨惨、被迫在河岸上牧羊的憔悴女子。这样反跌下文的手法，和龙女的苦难遭遇做了鲜明的对比，给《牧羊》一场戏造成有利条件。还有，东海赴宴和泾河龙君的谎话，都用暗场处理，也很简练。由于这出戏里泾河方面的反派人物全不上场，在这里顺手带出他们的口是心非、奸诈险恶，是有必要的。"

第二场《牧羊》

龙女三娘受翁姑、夫婿的虐待，被迫在泾河岸上牧羊，遇见了落第还乡、路过泾阳的柳毅，问明情由，慷慨仗义地愿把她写就的血书送往洞庭龙宫。

梅先生认为这场戏原作者写得层次分明，情节紧凑，尤其是柳毅临别时，龙女请问姓名，他不愿留名，说完"患难相扶仗义行，区区何必留姓名，小娘子，你保重了"，就扬鞭而去。这一点想得很好，只用了上面的几句台词，就能看出柳毅是个施恩不望报的人物。梅先生觉得柳毅的唱词还得压缩一点。他说："有时候多加两段唱，或者多唱几句，反而会把戏唱松了。再说，我们这次预定计划，由李少春同志扮演柳毅，他的声带现在有病，要尽可能地在唱的方面给他减轻负担。”

龙女的服装，梅先生决定梳大头，穿青褶子而不系腰包。他说：“这出戏里龙女前后两次上了岸，来到人间，我想用两种不同的扮相来表示仙和凡两个特定环境的区别，在人间梳大头，回龙宫就改古装。”

表演方面，他的计划是，龙女在幕内唱完【二黄导板】，【急急风】上场，【乱锤】里走到大边台角，向前扑倒在地，采用《断桥》里的娘子出场的身段。他说：“龙女一出台，就应该把在夫家受尽凌虐的幕后戏带上场来，结合着眼前的风沙蔽天、道路不平的光景和她一肚子无处申诉的怨气，都在大段唱念中表现出来。这当然不是一件简单的事情。龙女和《朱痕记》里牧羊的赵锦棠是有神人之别的，她的举止行动，可以不受旧时代妇女的礼教拘束，我初步打算把龙女的动作幅度放大些。还有，龙、柳邂逅，在情节上有点像《春秋配》的姜秋莲捡柴时巧遇李春发，而表演不同，一个出了嫁的龙女，只要表示对柳毅的感激和钦佩，用不着做出那种怕见男子的娇羞姿态。”

唱腔方面，他准备放在快排演时再研究，因为晚年的记忆力差，安好了腔，边唱边背，容易记住，这是从排演《穆桂英挂帅》中取得的经验。但他也同我谈过一点关于唱腔的计划。他说：“《牧羊》是龙女的唱工的主要场子，由‘二黄导板’先接‘散板’，再接‘慢板’，又转‘原板’，这个安排是仿照《生死恨》里《机房》的路子，在安腔时我得想主意变换一下，别让人感到重复，听着乏味。”

第三场《叩树》

柳毅驰抵湘南，向洞庭的渔翁问明路径，不听渔翁劝阻，听从龙女嘱咐，用金钗叩树三次，有夜叉出来，引着他分波劈浪，进入龙宫。

关于柳毅的表演，梅先生有两点建议：一、剧本里柳毅唱完“导板”，上场接唱一句“散板”，似乎唱得少一点。这里倒不妨让他多唱几句“快板”，边唱边走，容易显出柳毅急于争取时间，想尽快地把他送到龙宫。二、三次叩树，必须分清层次，一次比一次惊险，好由演员更多地创造一些精彩表演，来突出柳毅胆大心强，不怕艰险的性格。

第四场《传书》

柳毅见了洞庭龙君和龙母，把龙女三娘的血书交给他们，事情被性如烈火的龙君弟弟钱塘君知道了，一怒而发兵讨伐泾河，烧死泾河小龙，救回侄女三娘。龙宫欢声雷动，要在凝碧宫摆宴酬谢传书人柳毅，并为钱塘君贺功。

梅先生说："钱塘君讨伐泾河，用幕后的效果暗场处理，明场则由龙君的遥望，柳毅的静听，夜叉的报信，描绘出这一场惊天动地、正义获胜的大战，既节省了时间，又说明了问题，方法甚为巧妙。"

第五场《酬宴》

凝碧宫大开筵宴，龙女盛装前来拜谢柳毅，并在席前歌舞助兴。宴毕，柳毅就要告辞回家奉母，龙女挽留。

梅先生说："这场戏原稿搭的架子不错。但是，好象只顾了柳毅热肠侠骨的一面，而没有安上他眷恋龙女的线索。这一问题还真是全剧中的一个重要关键，不解决，就会造成两种不好的效果：龙女变成了纯粹的报恩主义者，柳毅成为有义无情的书呆子。话又得说回来，要安上这条线索，并不容易。你想，泾河岸上，柳毅只是仗义传书，谈不到什么爱情。救回龙女，心愿已了，告辞还乡，也是事所当然。剧作者不可能把柳毅久留龙宫来写他的情，只能在《酬宴》里想办法。而且过分描重了柳毅对龙女的爱慕，又跟他的拒婚而去发生抵触。总之，柳毅身上'情'和'义'的两条线，是有矛盾的，如何统一？确难下笔。"

经过我们的多次商讨，梅先生主张突出柳毅的“惊艳”，预伏这一笔，给他种下一棵爱苗。他说：“龙宫酬宴席上，出现这样一位容华绝世、仪态万方的仙子，我想，柳毅见了是不会无动于衷的。让他一见龙女就来个‘背躬’叫起来唱，唱词里得有几句赞美龙女丰姿的话，然后龙女在歌舞时唱的‘二六’，敬酒时的念白，种种含情脉脉的表情，都不会落空了。说到这里，就要联系到龙女的扮相。这次我一定要仔细设计一套鲜艳夺目、光彩逼人的新装，和牧羊时凄凉黯淡的样子做一强烈的对比，才能起‘惊艳’的作用。

“柳毅宴罢告别的时候，原稿只写钱塘君强留嘉客，而最关心此事的龙女，在旁一言不发，放弃这种有利于抒情的机会，岂不可惜？应该让龙女也委婉相留。如果说这样能给人一种印象，柳毅的暂时不走，多少含有留恋的意思，那末‘惊艳’这条线索，就不能说它没有用处。”

龙女的出场，原稿规定是唱上。梅先生要改为牌子上，念对（两句诗）。他说：“牌子上，就显得龙女的气派大，而且和《牧羊》的唱上也不重复。”

龙女席前起舞，梅先生想在手里拿着一种水中产物做他创造这套舞蹈的道具。他还让我选择一支符合龙宫排场的昆曲，作为舞蹈的牌子。

这位最理想的龙宫快婿已经暂时留住了，豪爽热情的钱塘君又是个现成媒人，剧情发展至此，就该赶快进行说亲。原稿在下面有一场《梳妆》，内容是描写龙女知道柳毅要走，懒卸铅华。钱塘君自告奋勇，愿当媒人。龙女登时喜形于色，重理新妆，静候好音。梅先生说：“这出戏的场子都不小，并且有几个舞蹈场面，我们不能老往里加材料，如果只增不减，将来演出占用的时间过长，就成问题了。《梳妆》写龙女怕听骊歌，当然很合情理，但删掉它影响也不大，因为龙女对柳毅的钟情在《酬宴》里已不止一次地流露出来，不仅钱塘君摸着她的底，全场观众也都会理解。至于如何说亲，可以在柳毅下场以后，由龙母提议招赘，钱塘君慨允做媒。”后来原作者改为龙宫撤宴时全体下场，单独钱塘君在场上，从他唱的大段“流水”中交代此事。这样处理比我们更简练。钱塘君也是一个主要角色，给他加段唱，添点戏，应该说是很相宜的。

第六场《送别》

钱塘君替龙女做媒，遭到柳毅拒绝。龙宫为柳毅送行，龙女黯然话别。龙君拿出许多奇珍异宝，请柳毅选取，他概不接受，经龙女劝说，乃向她索赠那支叩树的金钗以为纪念。柳毅走后，龙君要将女儿嫁给濯锦江龙君之子，龙女坚不应允，还要赶到人间；寻找她的意中人，父女之间发生冲突。最后，钱塘君同情龙女，慨允再度设法玉成这件好事。

在柳毅先上场时唱的一段“西皮原板”里，用了这样两句：“洞庭君与钱塘盛情可感，最难忘酬宴时舞影蹁跹。”轻轻点出他也有眷恋龙女的意思。跟着，钱塘君与柳毅的一场翻来覆去的争辩，非常激烈，一个坚持正义，不甘屈服；一个热心过头，未免鲁莽。原稿把每个人的特性都写得虎虎有生气。

原稿在柳毅选宝以前，规定龙女悄悄地把一支金钗放入盘中，柳毅始而不肯选宝，大家再三劝说，他才情不可却，从盘内选中金钗。梅先生看了说：“这地方有问题。龙女在众目共睹之下，暗放金钗，身段很难做，气派也太小；柳毅的选宝，虽出于勉强，仍然有损他的人物性格。我有一个不成熟的想法，金钗在这出戏里是个重要的媒介物，该由柳毅亲自向龙女索取，龙女也必须当面从头上摘下来，亲手交过去，突出‘索钗’、‘赠钗’分量才够重。柳毅的态度该是坚不选宝，龙女的劝说，该着重在请他选一、二微物留为纪念，拿这一点来试探对方有什么反应。柳毅听了龙女的话，首先会联系到从此仙凡路隔，永负多情，也很自然地会想起索钗留念，取不伤廉。龙女发现柳毅虽然拒婚，对她还是有情的，这时她的内心世界已激动得如火如荼，趁这个节骨眼儿赶快让她起唱，才显得紧凑有力。原稿在柳毅选宝后，和钱塘君说了好些话，把龙女搁在一边，一直等到钱塘君叫她给柳毅敬酒饯别时，才叫起来唱一段‘流水’这就松了，演员也不好起‘范’。《酬宴》里已敬过酒了，这里如果取消敬酒，改用赠钗，就不必再唱内容空泛、类似客套的大段‘流水’，只唱几句词意扣得紧的‘摇板’，反而能使人有一种语短情长、余味无穷的感染，同时，龙女的深刻表情也容易掌握。”原稿中柳毅走后，龙女向龙母表示要追到人间，龙母问钱塘君该怎么办，钱塘君定下赚婚之计，当场一把火彩，三个水族登时变成算卦先生、媒婆、管家，听完了钱塘君的吩咐，才去照计行事。梅先生说：“赚婚妙计的具体内容，这里还是不揭穿为妙，钱塘君只说‘自有道理’就行了。下一场戏，那些改扮算卦、说亲的人，是否与龙宫有关，先给观众来个捉摸不定。我来举个例子，从前我演《霸王别姬》，李左车的诈降，是由韩信‘坐帐’明场派遣的。解放后，我取消了《坐帐》这一场，等到项羽受骗进军，李左车见大功已成，单人回马给汉营送信，观众才明白他原来是个特务，每次都哄堂一笑。这种效果，明场派遣是不会有的，可见巧计的安排在后面揭穿，比上来就披露有趣得多。”

梅先生又对我说：“我们整理到这里，应该回过头去检查龙女的性格问题。我觉得，我们只写了龙女的忍辱待救和钟情柳毅的两点，而看不出她敢于斗争的一面。柳毅的侠义，钱塘君的豪爽，我们都写得那样鲜明而动人，比较起来，好像龙女的性格软弱一点。再则，柳、龙亲事的阻力，关键在于柳毅不肯入赘龙宫，原稿已经写到要把龙女送往人间，柳毅的困难解除，当然是一撮即合，似乎曲折太少。我想让龙宫父女之间产生一个小矛盾。唐人写的《柳毅传》里不是说龙君又要把女儿嫁给濯锦江小龙，她没有答应吗？我们大可利用原有材料做文章，使龙女透露出她有坚强不屈的特性，并且说明在龙宫招赘既不能如愿以偿，去人间完婚又遇到一度阻挠。这样，对人物的性格，剧情的变化，可以更丰富一些，同时也不影响龙君的爱女之情，只是批判他有封建家长作风而已。”我根据梅先生这个意图，添写了一节戏。

第七场《赚婚》

钱塘君派遣虾军师、龟丞相、蚌母、鲛人改扮成老公公、算卦先生、媒婆、管家去到柳毅家中，先向柳母报信，说柳毅往洞庭龙宫传书去了，又用卦象算出他必能平安回来，然后假托卢员外家派了媒婆、管家前来提亲。这些人的种种花言巧语，哄得柳母信以为真，应允了亲事。

这一个圈套，原作者写得十分热闹，尤其是算卦先生满口行话，句句双关，不懂得干支学，是写不出这样妙语如珠的。场子也安得是地方，由前面《送别》的悲剧情调转折到后面《洞房》的喜剧气氛，它在中间以风趣的姿态搭了一座精巧的桥梁。

第八场《送亲》

钱塘君率领着龙宫的全部水族，护送侄女三娘，一路之上，浩浩荡荡，乘风驾云，越过了万水千山，径往淮阴柳家而去。

这一场是给钱塘君找戏。龙女的事情不多，只唱几句昆曲，和《嫁妹》的路子相似。原定袁世海同志扮演钱塘君。梅先生说："世海同志准会吸取火判、钟馗等传统的优美舞蹈，加以新的创造，演得有声有色。钱塘君先上场要做较多时间的表演，这对龙女的换装赶场也有利。不是她又一次到了人间吗？按照我原定计划，翻回来又要改梳大头了。"

第九场《洞房》

柳毅刚回家，龙女假扮的卢家小姐的花轿就来到门前，在母命难违之下，完成花烛，同入洞房。经过一番生动的对话，龙女说破底细。这桩纵横跌宕、扑朔迷离的巧姻缘，到此圆满成功。

柳、龙进了洞房，原稿是这样处理的：新娘盖着头坐在一旁，新郎不去睬她，独自取出金钗，追念龙女的多情。他唱完一段"西皮原板"，正在出神地把玩金钗的时候，媒婆暗上，站在新娘身旁，新郎不曾觉察。这时龙女揭盖头偷觑，媒婆故意咳嗽一声，新郎闻声回顾，新娘急忙放下盖头，已被新郎识破她是龙女，上前揭去盖头，龙女含羞呼柳郎，跟着，两人都在唱里互诉衷肠，双双拜谢大媒钱塘君。全剧结束。

梅先生说："这里过于突出柳毅的钟情，对他的性格不很统一，观众看了，会这样问我们：柳毅既是如此多情，何不在龙宫招赘？既要回家奉母，为什么又把母亲做主娶来的卢家小姐置之不理？我们恐难自圆其说。这不比《凤还巢》、《风筝误》等戏里的新郎，他对新娘有误会，所以入了洞房，就表现出一种勉强成婚、鄙视对方的样子。柳毅与卢小姐根本没有矛盾，对他如此冷淡，是不合情理的。我不是反对写柳毅的多情，而要照顾到当时的情景。这出戏里，柳毅的性格比较难写。在龙宫，写他仗义时，必定要使他有情感。在洞房，写他钟情时，不可忘记他还要体贴亲心。'情'和'义'这两条线始终是应该双方兼顾的。

"还有，这场戏除了交代故事以外，没有别的内容，好比一本小说，前面花样百出，收尾平淡无奇，总觉得不能尽善尽美。但是，剧情到了最后的大团圆，也实在无可发展了，像《凤还巢》的末场，靠它说明已往发生的错综复杂、出乎意外的误会，这才有戏，而且墩得住。这是我们又一次遇到的难题，不可能马上解决，大家再多动脑筋想一想。"

那几天，《洞房》问题，总在我们脑子里转。我从梅先生所谈《凤还巢》末场因解释误会而有戏这一点得到了启发，对于《洞房》有一个新的处理办法。我告诉梅先生说："龙女进了洞房，也同《凤还巢》那样把她送进帐内，先给柳毅搬掉一块绊脚石，剩下他一个人在帐外，就好放手做戏。抚钗一层，当然是要保留的。柳毅起唱以前，我想给他加一段念白，说出他有两种思想：第一种是卢小姐能否和他同甘共苦，第二种才轮到不忘情于龙女。跟着就取出金钗，频唤三娘，这正是给龙女一个掀帐偷看的好机会。等他唱了几句，在'行弦'里再三把玩金钗，这又是龙女偷看的机会到了，柳毅偶然回头，也看见了她，为之一怔，龙女急忙放下帐帘。柳毅上前揭开帐子一瞧，不会不脱口而问：'你不是龙女三娘？'这下面，我想让龙女来个不认账，这样回答他：

‘我乃卢员外之女卢翠娥，郎君不要认差了。’开辟了一条新道路，就好做文章。用卢翠娥的身份抓住对方的把柄，先问他龙女三娘是什么人，再从《牧羊》的初次会面到《送别》的再度分襟，其间柳毅对龙女究竟是什么样的感情，一步不放松地紧紧追问。柳毅越听越像她是龙女，但她又不肯承认，真要急坏了，这时龙女再向他说破，才显得有劲。我在这里瞎造魔，给他们制造了一个假误会，您看行不行?”

梅先生听完了说：“行，这个假误会还真有心理上的根据，不能看作龙女无原则地耍笑新郎，她对似无意又有情的柳毅，只有借卢小姐的嘴，才能摸清他的底。明天你就照这样写出来，我们再继续研究。”

隔了两天，我又对梅先生说：“在盘问过程中，新娘听见新郎有了情人，一定要作出佯怒的样子。您又可以拿出当年演《乔醋》的本事来给现在的观众欣赏一下。”梅先生说：“我也想过，《乔醋》的表演手法，有必要在这里运用进来，可得掌握好了分寸。‘乔’是相同的，‘醋’是有区别的。井文鸾（《乔醋》中的女主角）的丈夫潘岳把赠的金钗送给另一女子，也就是潘岳要纳的妾，总不能说她毫无醋意吧！所以她的‘醋’假中含真；龙女亲眼看见柳毅对着金钗思念自己，她的‘醋’是有假无真。这两个女主角对丈夫的看法，角度两样，她们在表演上不同之点是‘背躬’对观众暗示的时候，龙女的醋意要使人一望而知是假的，井文鸾就不能太轻松了。可是龙女又不能做过了头，变成一场闹剧，如果观众感觉她纯粹在耍笑柳毅，是不会寄予同情的。”

另外，梅先生也谈了三点：“一、《洞房》的‘大帐’不要搁在当中，斜着放到小边去，和大边的桌椅做一对衬。这样，龙女的偷看就避免被柳毅在前面做戏而挡住，又好跟《凤还巢》的‘大帐’部位换换样子。二、柳毅叫出三娘而龙女不认账，他知道说漏了，准是窘态毕露，这时让他往后退一步，龙女借这个机会就走出帐外，挤他一步。帐外的活动区域大，问答时或坐或站，都好办了，如果坐在帐内跟柳毅对白，戏是出不来的。三、龙女二次偷看时，柳毅不是回头发现了她吗？这一回头也得有交代。让他把玩金钗以后，猛然想起帐内有个新娘，边掖起金钗边向‘大帐’一望，二人的对眼光，就出乎自然而不显得突然了。”

上面的九场戏，在原作者共同整理完成以后，我把全部定稿念给梅先生听，他点点头说：“行啦，大致不差，这戏有点意思啦！当然，在排演时免不了还有修改，好比盖所房子，四梁四柱最要紧，先把身骨站稳了，剩下来的内部装修、粉刷就不难办了。”

新中国成立后，梅先生曾用青衣兼刀马旦的手法，给晚年的穆桂英塑造了一种英勇爱国的雄姿，他又将以另一种姿态出现一位多情可爱的神女。这和他演过的嫦娥、麻姑、天女、洛神等人物性格都不一样，由于剧情比较复杂些，所以戏剧性也比较强。尤其是他对龙女的内心活动，琢磨得十分透彻。例如《牧羊》的受苦，《酬宴》的含情，《送别》的凄凉，《洞房》的调侃，每逢我们谈论到这些问题，他常常边比划边对我说，这样做才对，那样做就不顺溜了。这还不过是事前的设计，而他脸上种种表情，已经使我陶醉在他的神色之间，假使到了排演场上，临时不定还有多少可贵的东西拿出来，再通过若干次的演出，在舞台实践中又会添出新的创造。这出酝酿已久的新戏，梅先生又付出这样的劳动。最不幸的是没等到搬上舞台和观众见面，他就与世长辞了，这无疑是他本人的一件憾事，也是戏剧界难以补偿的损失。

我参加了这一工作，能够向这位艺术大师学习到不少宝贵经验，真是不可多得的机会，现在从回忆里忠实地记录下来，以供戏剧界的同志们参考。正值梅先生逝世周年纪念，人琴增恸，万感交集，忍泪执笔，永志不忘。

（原载《文汇报》1962 年 8 月 8 日）

《穆柯寨》到《辕门斩子》是喜剧

——穆桂英与杨延昭的表演分析

梅兰芳述　许姬传记

按：这篇文章是梅兰芳先生在1958年写的。当时，言简斋、姜妙香、姚玉芙先生参加了讨论，由梅先生口述，我笔记。现在我把有些话作为按语，插入文中，因为都是亲眼目睹的第一手资料，有一定的史料价值。

演穆桂英的体会

我从幼年起是演青衣的，以唱工为主，身段讲究凝练端重，表情要灵活，也要含蓄。当我的技术有了些进步后，就感到这种角色不能满足我本身的要求了，同时，观众对我的要求，也不只是局限在青衣一门。于是，我就从刀马旦入手，去拓展广阔的艺术表演的道路。在我早年接触到的这类角色中，使我最难忘的是穆桂英。我在不断演出中，对于刻画这个女英雄人物的爽朗、活泼、勇敢、大胆的性格，和她那爱国的高尚品质，自己早就受到了感动。当今天，全国“大跃进”的高潮中，在工农业战线上涌现出无数现代的穆桂英，作出无数惊人的业绩。我愿意把多少年来演穆桂英这个角色的一些体会谈一谈，也许是大家都愿意听的吧。

在全部《杨家将》故事里，穆桂英始终是宋辽交战中的出色人物，从《穆柯寨》、《枪挑穆天王》、《辕门斩子》一直到《大破天门阵》，突出地表现了她的智勇双全。

按：戏剧出版社孟超同志曾对我说："在历史上穆桂英确有其人，她不姓穆，实姓慕容氏，音相近而讹传也。考山西省《保德县志》记载着：'慕容氏杨业孙文广妻，州南慕塔村人，雄勇善战。'这就是戏曲中的穆桂英，为自来考《杨家将》说部者所未及。又俞樾《小浮梅闲话》亦有记载杨文广事。"从孟超同志提供的资料，可以确信穆桂英是杨文广的妻，与杨宗保无关。

这几个戏的主题是抵抗侵略，所有人物的活动，都围绕着破天门阵这一最高任务，而穆桂英又是破天门阵的主要角色，因此表演这个角色，要塑造出她的英勇、机智、天真可爱的形象。

我早年曾根据传统的演出习惯，把《穆柯寨》和《枪挑穆天王》分为两天演出。在长期的表演中，我感到两天戏的剧情是紧密连接不能分割的，以后，我就设法并成一天演完。

穆桂英的扮相，是扎硬靠，插翎子，颈围狐狸尾，音乐用【发点】、【四击头】，出场唱【点绛唇】牌子。下面有双手掏翎子，做左右望门身段，注目看将台，然后缓缓走上高台。这些身段都是面向里，背对着观众来做的。老辈当年创造出几个身段，为的是表现穆桂英八面威风的气概，同时一出场就给观众一个印象，这是当家做主的女寨主。

《射雁》一场，有几个圆场和许多趟马的姿势。这些地方，要看演员的腰腿功夫和匀整而有节奏的步法，要在扬鞭勒马，疾驰缓行的种种动作中显出她是一个山大王的爱女。至于矫健多姿，顾盼自喜的神气，她的乐观情绪和豪迈气概，主要是依靠光芒四射的眼神来表达。

按：姚玉芙先生说："有一次北京举办大义务戏，《穆柯寨》、《枪挑穆天王》、《辕门斩子》连演，有四个穆桂英，路三宝先生是《射雁》一场的穆桂英，他的圆场、趟马的身段，步伐匀整，姿态优美，特别是身上靠旗的稳练，看出他的功底深厚。路先生这场戏，博得观众热烈彩声，压倒了同台三位穆桂英。"

穆桂英与杨宗保会阵一场，在紧张的战斗气氛中，蕴藏着双方一见倾心互相钦慕的意味。因此，这里的开打既要紧凑逼真，又须适当地注意工架、亮相，一招一式，互相对称，形成一种比武对枪的舞蹈。杨宗保的目的，只想征服穆柯寨，夺取降龙木，立功交令。杨家忠心爱国的英名在当时人民之中交口赞誉，穆桂英耳闻已久，如今亲眼看到杨宗保少年英俊，武艺超群，联想到杨家的威名果不虚传，不自觉地就爱上了他；但杨宗保却是前来想征服她的敌手，就一心一意想要活擒他，结成姻缘，所以用绊马绳将他擒住。

《说亲》一场是《枪挑穆天王》的主要场子，穆桂英通过辩论，巧妙地说服了杨宗保，穆瓜在旁边也起了打诨烘托的作用。这出戏大部分采用京白，它比韵白来得清楚易懂，同时也更适应喜剧的要求，因而也更能吸引观众。我是在北京生长的人，按理说，念京白是不费事的，但普通京话与戏剧里的京白还有一定的距离，必须经过艺术加工，刻苦锻炼，才能达到艺术真实与生活真实相结合的程度，这就要求念白字字清楚，节奏鲜明，每个字都包含着丰富的感情，必须指出：念白虽然没有音乐伴奏，但需具有一定的音乐性。

尽管穆桂英的脾气是如此爽直大胆，但在那个时代里，谈到自己的婚姻问题，总有点难以启齿，所以她先叫穆瓜去问杨宗保愿死愿活？杨宗保的态度十分坚决，他说："俺今被擒，速求一死，何必多言！"穆瓜故意说杨宗保有志气，迫使穆桂英亲自前去提亲。穆桂英用和蔼的语气、含羞的态度对宗保说："将军，我敬重将军乃是忠良之后，英雄出众，武艺超群，有意与将军结为百年之好，你若应允我婚姻之事，我便携同全家归顺宋营，你是愿意不愿意呢？"杨宗保的正统观念，支配着他的思想，他说："俺乃元戎之子，岂肯要你这山寇之女!”穆桂英知道杨家急于得到降龙木为破天门阵之用，就机智地提出火焚降龙木来将杨宗保一军，这时她的语气和态度都比较强硬起来，她说：“将军……自古蝼蚁尚且贪生，为人岂不惜命吗？纵然你不怕死，我把你杀了，但是一层，宋营等那降龙木好破天门阵，你死之后，我将降龙木用火焚化，只怕你就是死呀，还要落一个不忠不孝之名吧!”杨宗保“嘿嘿……”冷笑起来，这声冷笑里包含着认为她是山寇之女，居然也谈忠孝的大道理的轻蔑态度，他理直气壮地说：“我今一死，可算为国尽忠；代父前来盗木，可算尽其孝道，何言不忠不孝？俺今视死如归，来来来，你将俺杀了吧!”穆桂英立刻抓住“忠孝”二字，用“以子之矛，攻子之盾”的方法反问杨宗保，她说：“你听我告诉你，你若死在山寨，宋营无有降龙木，破不了天门阵，败在辽邦之手，大宋江山一旦付与他人，请问你的忠在哪儿哪?”这一段念白语气加重，神情也严肃。杨宗保开始动摇了，他说：“这个……”穆桂英逼近一步说：“就是老元帅不能为国报效，你杨家世代英名付与流水，哥哥呀哥哥，我问你的孝又在什么地方?”杨宗保露出犹豫不决的样子，又说了一句：“这个……”穆桂英看出时机成熟，就把语气缓和下来说：“依我相劝，不如答应我的亲事，我便带着降龙木归顺宋营，帮助将军破了天门阵，保定大宋江山，也不负你杨家世代英名，这才算得忠孝双全哪，我说这个话，将军你要再思呀再想!”这段语气要从温和、恳切中含有柔情脉脉的感情来打动杨宗保。杨宗保被穆桂英驳得理屈词穷、如梦方醒，决定要她归顺宋营，一起去破天门阵，以保卫国家和杨家累代英名，立刻转变态度，答应亲事。

这段念白，场上三个人各有各的神情和想法，必须唇枪舌剑，针锋相对，才能入情入理剥茧抽丝般地表达出穆桂英的辩才无碍，杨宗保的思想转变，穆瓜的幽默风趣，最后大家的思想在联合抵抗辽邦侵略的总的目标上统一起来。有人曾这样问我，穆桂英选中杨宗保做她的丈夫，并没有得到穆天王的同意，作为一个女寨主的身份，可以不受封建礼教的束缚，这样做是可以的，但携同全家归顺宋营这个问题，有关山寨存亡，为什么不和父亲商量就独断独行，擅作主张？在情理上有点说不过去。殊不知穆桂英既是穆天王的爱女，不仅掌握大权，而且了解父亲爱国的心意，如今国家危急，不会坐视不救，破天门阵是军事胜败的关键，刻不容缓，何况是与赫赫有名的杨家军联合起来，寨内弟兄自然不会有什么异议，这里集中地描写穆桂英和杨宗保相爱，而后投顺宋营，不去繁琐描写她如何与父亲、和寨内弟兄商议，就有力地突出她敢作敢为的英雄性格：她爱上了杨宗保，就去擒住他和自己结婚；她要报国御侮，就携家前往；甚至在白虎堂前，拔出剑来逼着公爹释放丈夫。她不把封建礼教放在眼里，这是多么豪迈勇敢的女子！

穆桂英、杨宗保成亲后，夫妇二人正在对酌的时候，穆瓜来报，有一个宋营将官带兵来到寨前叫阵。指明要接回小元帅，正碰见老大王回来，就打了起来，他还对老大王破口大骂。穆桂英一听就火啦，她带着怒容说：“哈哈，这真是太岁头上动土！”立刻脱下斗篷，露出软靠，上马迎敌，这里表现了穆桂英磊落慷慨的女英雄的烈性。宗保听说，疑心是父亲到了，赶上山头瞭望；果然是的，就在这顷刻之间，杨延昭已被穆桂英打下马来，穆桂英正得意地说：“哈哈，你家元帅也不派个有能耐的来，单派你这个酒囊饭袋，今日被你姑娘打下马来，你脆脆儿叫我一声大姑儿，我饶了你。”杨宗保在山头大叫：“那是你的公公啊！”穆桂英一听，着了慌说：“来呀！回山，回山。”她忸怩不安地对杨延昭说：“老爷子，您怎么早不说实话呀！”拖着枪跑下场去。这句话是包含许多意思的潜台词：“我已经要投顺宋营到你们一边来了，弄出这场误会，真是糟糕。”这场戏把穆桂英勇敢而又天真活泼的性格全部表演出来。我每演到这里，觉得非常有趣，女性妩媚美丽的形象，不独观众喜爱，就连我这个扮演者也喜欢她。

《穆柯寨》、《枪挑穆天王》这两折戏，剧本里对穆桂英的唱、念、做、打都有适当、细致的安排（四者之中唱比较少，但我认为象穆桂英在这出戏里是不宜安缓慢大段唱工的）。演员在表演时，不但要发挥文武全才的技巧，更重要的是要体会穆桂英的基本思想感情，巧妙地表达出她的性格特征，我想就这方面再谈一下。

穆桂英在阵上初次会见杨宗保时，先吃一惊，这是由于杨宗保的少年英俊吸引了她。就在这一刹那间，她动了怀才择婿的念头，不独是为了他的人才出众，武艺超群；而是在听他报名之后，知道他是将门之子。杨家将乃是长期担当着保国抗敌的重任，并且是真有本领，立下功劳的。她当然也和她父亲一样，能够分清敌我，并不甘心于仅仅占山为王，而要寻找为国效力的机会。现在辽邦兴兵犯宋，摆阵示威，杨元帅需要帮手，这是下山立功的大好时机。于是打定主意，要通过和杨宗保婚配，投入宋营，同杨家将一起去出兵破敌。这就是她在擒住杨宗保后紧跟着提亲的缘故。提亲时，叫穆瓜先去对杨宗保讲话，因为穆瓜是山寨中一个得力的将士，能够了解她父女的心情，这件事可以委托他开头一炮。穆瓜碰了杨宗保的钉子以后，穆桂英就亲自出面同对方谈判，终于成功了。以上这些地方都是层次井然，演员必须把剧中人思想的纯洁，性格的倔强和爱国御侮观念的明确，随着场子的变换，在脸上、身上和语言声音上很生动而又周密地表达出来，这才能够描写出杨家将队伍里的穆桂英，而不是《马上缘》的樊梨花，也不是《双锁山》的刘金定（这两个角色都是刀马旦，扮相也大体相似）。因为樊梨花和刘金定虽然也是有本领的女将，也都是争取婚姻自主的，但比起穆桂英的许多特点如聪明、豪爽、天真，尤其是爱国御侮的精神来，显然是相形见绌了。因此，我觉得穆桂英的确是一位卓尔不群的女英雄。

按：我第一次看梅先生的《穆柯寨》是1916年12月下旬，在杭州城站第一舞台，那是一个日场。他念京白清楚而有感情，身段台步稳重漂亮，特别是眼神的光芒，吸住了全场观众。姜妙香先生的杨宗保刻画出直率、诚恳杨门子弟的风度。那年梅先生才22岁，34年后，剃须登台，扮相的华丽，京白的清脆，动作的凝练，使观众忘记了在台上出现的穆桂英，已是望六之年的人。有一位老观众沈羹梅说：“回想起在北京吉祥戏院的情景，对照着看，现在丰采虽略逊当年，然而表演的提高，弥补了这种不足之处，可称奇迹。”

梅先生说：“我在上海临时向茹先生（莱卿）学了《穆柯寨》，出台就大受欢迎，其实是初学乍练，很幼稚，但是青衣能够扎靠开打，观众觉得新鲜，所以很能叫座。回京后，我对京白下了工夫，向钱金福先生学《樊江关》剑套时，顺便向他请教《穆柯寨》扎靠、掏翎子、望门、圆场、趟马的姿势，钱老认真地做给我看，他说：'望门、掏翎子、上将台，背向观众，这里要用腰里的劲，才能显出气派和分量；圆场、趟马的脚步要小而匀，也要用腰里的寸劲，指挥腿脚，这样，靠旗不会晃动，而且姿态灵活好看。'"梅先生接着说："基本功很重要，同时，名师的教导，能够使你懂得劲头从哪里发出来，这些积累的宝贵经验，有时，几句话就开了窍。"那天讨论时，姜六（妙香）先生正好进来，他补充说："在上海初演《穆柯寨》是朱素云先生的杨宗保，以后，我来这个角色，我记得老观众对我说：'梅兰芳的京白最见功夫，每个字都让你听清楚，同时，穆桂英、薛金莲、铁镜公主的念法都不一样，使你觉得切合剧中人的身份、性格，这可以看出他的学力和师承。'"

按：京剧的表演手段是唱、做、念、打，于是分成唱工、做工、武戏，《穆柯寨》、《枪挑穆天王》的穆桂英，归刀马旦应行，重在念白、做工，所以在编剧结构，唱念安排，都经过周密设计，非常调和。我记得少年时，常看杨小楼、王长林的《连环套》，小楼与窦尔墩的大段对白，念的是韵白，清楚响堂，至今仿佛犹在耳际。同时，脸上的神气和身段，都能刻画黄天霸的性格是阴险莫测的。而王长林的朱光祖盗钩回来，受到黄天霸的申斥后的大段京白，响脆痛快，当念到："老兄弟，这个年头，交朋友也就不过如此了吧！"调高气足，有如长江大河，一泻千里。但另一次，我在上海看余叔岩的《审头刺汤》，叔岩的念白表情，非常精彩，而王长林的汤勤相形见绌。其实台词身段很准确，但给我的感觉不像汤勤。后来看了萧长华的汤勤就出色当行，是昆丑、方巾丑的演法。内行有一句口头语：某人演这个角色不对工。当年，大管事派戏是很见功夫的，演员能用其所长，使演出博得观众的称赞。从上面一系例子看，“千斤话白四两唱”的口诀是历代艺人总结出来的经验。

谈谭鑫培的杨延昭

从《穆柯寨》起，至《大破天门阵》止，整出戏都是喜剧。杨延昭用激将法，连软带硬的语言，派焦赞去盗取降龙木，焦赞路遇孟良，又假传帅令，诓他同去穆柯寨，焦赞硬充好汉，被穆桂英打下马来，反过来却怨着孟良。桂英擒下宗保，焦、孟二人放火烧山，结果反把他们自己烧得焦头烂额；桂英当面向宗保提亲，穆瓜在一旁故意作梗逗趣；穆柯寨前，两个不相识的儿女亲家，打了起来，随后桂英又将公公挑下马来……喜剧一气呵成，直贯到《辕门斩子》的峰巅，而每折戏又有它自己的喜剧高潮。这样的喜剧，不是插科打诨的玩笑戏，虽然大敌当前，却处处显得杨家每个人都是很乐观的，杨家的人办法多，招儿多。

《穆柯寨》一开场，杨延昭就说过降龙木是穆天王的镇山之宝，当年曾被孟良盗来一根，如今还有一根，可见他是明了穆柯寨的实情的。等到宗保被擒，他亲自去到寨前，搭救宗保时，穆瓜告诉他：“我们姑娘将你们少爷留在山寨成了亲了，不久就一同下山归宋。咱们是亲戚啦，别打啦！赶紧回去给你们元帅送个喜信去！”所以当他被穆桂英打下马来回到宋营后，他完全知道穆桂英是会来投顺宋营的。可是他在寨前栽了跟头的事，越想越恼，穆桂英先把宗保擒去，私下婚配，而后竟将自己打下马来，作为宋营元帅，这口气怄的着实不小。所以《辕门斩子》时，宗保回营请罪，杨延昭一怒就把他绑在辕门要问斩，目的在专等穆桂英来投顺献木。为什么说杨延昭是专等穆桂英呢？理由很清楚，为的是穆柯寨前那一口气。宗保到底是自己的爱子，军规犯得再大，佘太君、贤王，满营将士一再讲情，顺水推舟也可以免他的罪了；何况当真斩了宗保，穆桂英必然不让，降龙木不能到手，破天门阵缺了这样一员女将岂不是反要误了国家大事！杨延昭是能设想到这些的，可他却装得像煞有介事，只要看一看老绑在辕门上而又不就斩的杨宗保，那么些人讲情不准，杨延昭演的是一出专等穆桂英的“戏”，不是明摆着的吗！那么，穆桂英来了，杨延昭为什么反倒怕起来呢？杨延昭的怕是假的，是“演戏”。演员演到这个地方，不要简单地去表现怕，否则就把这位三军司令的气度和身份给糟蹋了。早年我见过谭鑫培先生演杨延昭，他演到这里，身段表情不完全是一个“怕”字，而是又惊又喜，给人看出杨延昭那种心中欢喜的神情。杨延昭专等穆桂英来求情，他才好提出若是准了她的人情，谁去破天门阵的问题，穆桂英一口应允前去破阵，于是他才赦了宗保。可见杨延昭的辕门斩子还不完全为了在穆柯寨怄的气，也是为了卫国杀敌的最高的目的，费尽了心机。所以，人情只能许给穆桂英，不能许给佘太君、贤王、满营将士。演员演戏，得找到“戏核”，若是光从唱词字面上去表演，就会流于肤浅以至歪曲，必须从剧情里去分析人物思想感情的来龙去脉，处处想着角色的身份，进行创造。

杨延昭专等穆桂英的这份心思，谁也没看出，只当他真要斩宗保，焦赞、孟良讲情不准，就把佘太君、八贤王搬来，可是杨延昭谁也不理会，反和太君、贤王争辩起来，“忠”、“孝”二字他全不放在眼下，这场“戏”越演越顶真。虽然这出戏是从降龙木引起的，但是戏发展到后来，降龙木反倒是次要的了，穆桂英反成了破天门阵起主要作用的人物，这不能不说百战百胜的杨家将知道重要的不在于武器，而在于人，杨延昭是很有智谋、很有远见的统帅。

按：言简斋先生说：“民国初年，刘鸿声的《辕门斩子》每场必满，红极一时。有一次，谭鑫培贴《辕门斩子》，那天内行如余叔岩、言菊朋，票友如王君直、王颂臣……都到场观剧。在演出前，忽然老谭便衣登台，对台下观众讲了几句话，他说：‘现在这出戏靠唱工叫座，我以为做工也要紧，今儿诸位赏光，请比较一下，比别人如何？’说完，大家喝彩。那天演出特别精彩，如见宗保，见佘太君，见八贤王，见穆桂英脸上的神气，身上的劲头，变化多端，令人应接不暇。”诚如梅先生所说，表现出杨延昭在等待穆桂英的特殊情景和大将风度。

我记得戏曲音乐家陈彦衡先生曾对我说："老谭的《辕门斩子》，唱腔字正腔纯，而脸上的神气最有分寸，如对佘太君唱的：'娘道他年纪小孩童气概'下面一段'流水'唱词虽然有辩驳的意思，但脸上并不过火，究竟是母亲疼孙子，而且杨延昭并不真要斩子；见八贤王态度就强硬一点，否则不能把他顶回去。下面用调底（即今天所谓低音区）唱：'适才间与贤爷帐中叙话……'是表现杨延昭心中烦闷，当唱到'睁开了杀人眼观看帐下'，'帐下'二字翻高唱（高八度），紧接着唱：'宋营中来了个女将娇娃。'这句唱腔和脸上的神气，都露出心里的高兴，因为终于把穆桂英等来了。当唱到'听说是穆桂英我的心中害怕'这里，鑫培的唱腔和身段与众不同，可以看出他的假装害怕是做给满营众将和八贤王、佘太君看的。当穆桂英献出降龙木，杨延昭'碰板'唱'听罢言来笑开怀'，这句唱腔是说明他得到降龙木后心花怒放的情景，唱腔是这样的：

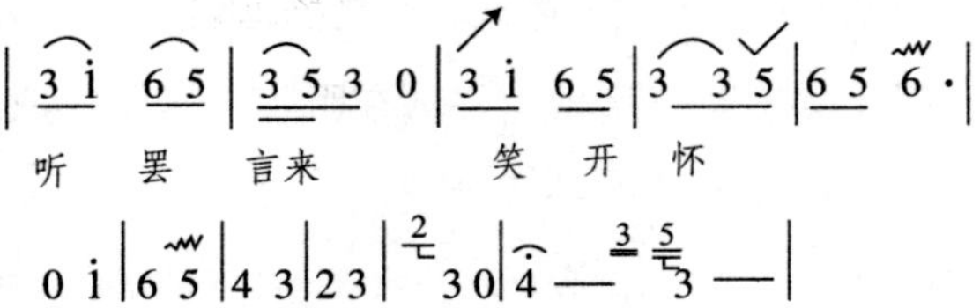

（这是1/4的板式，突出'笑'字去声的唱法，以表达杨延昭的兴奋心情。）

陈先生说：'将父擒下马，这笑啊！笑坏了众英豪。'刘鸿声的'笑'字出口即高唱，变成阴平声的'逍'字，老谭唱'笑'字，由低翻高，字音准确，因为'笑'字是去声，这样唱，不但四声熨帖，而且唱腔有些波折，更显出杨延昭被穆桂英擒下马来的懊恼心情，现将两种唱法的简谱并列：

刘鸿声：

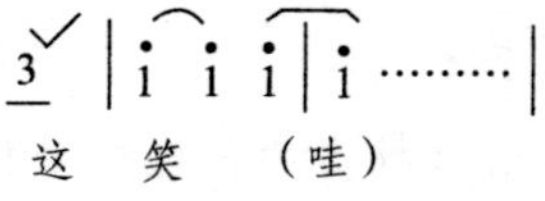

谭鑫培：

$\underline{3}$ | ^{35}3 ✓ $\dot{1}$ $\dot{1}$ | $\dot{1}$ ……

这　笑（哇）

陈先生还指出：“鑫培刻画人物的方法是变化多端的。有时用眼神，或者轻轻投一下袖，表示不满，使你觉得他这样做是合情合理，决不违背当时的体制。有些名演员重在唱，有的以做工见长，老谭则唱做并重，然而他的唱做都非常简练，没有卖弄要彩的痕迹，是为上乘。”我记得一九五九年梅先生演《穆桂英挂帅》第五场，当唱到“今日里挂帅出征叫他另选能人”时，有轻轻一投袖，她向佘太君表示不愿为宋王朝效力，希望得到佘太君的谅解，这种表演与谭鑫培演杨延昭对待母亲是异曲同工的。

合演的前辈们

这出戏，不论是哪一折都是群戏，每个角色都是性格鲜明的，演员在这出戏里能派上一个角色，是能发挥自己的才能，有演戏的机会的。群戏就是每个角色都要演得有分量，喜剧更是如此。正因为整出戏里有许多风趣的话白，演员之间要扣得很准确紧凑，交流也很重要。如《桂英提亲》一场，穆桂英要穆瓜去问话，她装得若无其事的样子，穆瓜看穿了她的心事，故意逗她，两人一问一答，戏扣子要扣紧，不能有丝毫松懈，穆桂英既要表现出是一个大胆、聪明、带有几分天真的少女，又不能演俗了。若是两个演员都去抓眼讨彩，一定会把喜剧的意境降到滑稽双簧的地步。杨宗保看来戏不多，但是仔细分析，寨前和穆桂英第一次交手，互相羡慕，被擒后不允婚事直到被桂英说得哑口无言等等，都是很重要的地方，若是演员没有演好，他不“送”戏过来，也就是没有交流，穆桂英就英雄无用武之地，没法演得恰如其分，旗鼓相当了。焦、孟二人从一开场，直到《辕门斩子》，他们在喜剧中起了很重要的作用；哪怕是冒充穆桂英的丫头，也是个有喜剧色彩的人物，演员都不能草率马虎。不单话白重要，即使是演唱中一两句插话、一两个招式，都要严丝合缝，否则戏就瘟了，就索然无味，集体创造的群戏就无法达到很高的境界。曾经和我同台合作过的朱素云、程继仙、姜妙香（杨宗保），金秀山、李寿峰（孟良），李连仲、李寿山（焦赞），王凤卿（杨延昭），萧长华（穆瓜）等老先生，都是善于在这出戏里得心应手地把喜剧引到不瘟不火不俗的境地，他们全都是很杰出的演员，直到今天还值得后辈学习。我的武功，比起专以刀马见长的当然赶不上，但我体会到穆桂英应该更多地表现她的巾帼英雄的气派，刻画她聪明大胆又带有少女娇羞妩媚的性格，否则武功再好，也不过是一个武艺精通的女将，而不是在人民心目中欣慕称赞的女英雄。

今天在各条战线上出现了不少的穆桂英，我觉得戏曲舞台上不仅要演宋代的穆桂英来鼓舞观众，而且剧作家应该写出比《穆柯寨》更好的喜剧，来歌颂今天无数的穆桂英式女英雄、女模范，演员们应该在舞台上演出更美的女英雄、女模范，来教育鼓舞今天新时代的观众。

那一次，大家在讨论时，梅先生提出从《穆柯寨》到《辕门斩子》都是最好的喜剧。言简老说："不但是喜剧，而且是群戏，编剧手法相当高明，每个人都有戏，但不能过火，变成闹剧就糟了。您所说的许多老前辈，我都看过，的确是珠联璧合，不瘟不火，他们都能找到俏头，但又不搅别人的戏。"

谈梅派艺术

许源来

梅兰芳先生的表演艺术风行了几十年，成为广大观众最熟悉、最喜爱的流派。像他那种具有综合性的卓越艺术，不是几句话就能说得完的，我只是择要地谈一些它的特点。

梅先生的歌唱，行腔婉转自如，韵味无穷，吐字清楚有力，合乎音韵规律。他根据传统的唱法，加以新的发展。老戏里的“南梆子”，一向是花旦唱的，青衣、闺门旦也唱“南梆子”，是梅先生编演第一出新戏《嫦娥奔月》时创始的，后来大家纷纷仿效了。还有，旦脚唱“反西皮”，也是他开的头。他虽然编制了不少新腔，然而他一直抱着既尊重传统又发扬传统的宗旨。歌唱里以抒情为重，不以炫奇为能，特别是他有一条刚柔相济的好嗓子，能高能低，又宽又亮，因此，他清脆圆润的歌声，使人听后历久弥甘。

他的面部表情，主要是能用眼神传达出剧中人的思想感情，目的性非常准确，可以说是箭无虚发，他看到哪里，观众就能了解他的意图。例如，《霸王别姬》里项羽战败回营，虞姬急忙出迎，双手扶着项羽，用眼睛上下打量她的丈夫是否受伤，这种神情真切地表达了虞姬当时的心情。《白蛇传》的《断桥》里，白娘子的善良、多情的性格和对许仙又恨又爱的内心活动，也都从他眼睛里告诉了观众。

他身上的动作，恰如其分地和音乐紧密结合，给人一种极其舒适的节奏感。

特别是手的姿势，早已脍炙人口。1952年冬，苏联芭蕾舞表演艺术家乌兰诺娃访问中国时，看了梅先生的《贵妃醉酒》后说："他刚才和我们谈话，还是一位将近六旬高龄的、毫无倦容、毫无忧郁的美男子，忽然一瞬间，我们在舞台上看见一位年轻艳丽的女人，她等候她的主人，感到万分寂寞，以酒浇愁。我们从她的两手动作，从她的眼光，从她的台步上，都看出了那种情节。可是主要的还是他的两手，当梅兰芳演完这一场以后，我忍不住请他把手伸给我看看，想借此获得他那运用两手表情的力量的'秘诀'。当然，这是很难看穿的，因为这些微妙的动作和姿势，是高度劳动和创造天才的结晶，也就是民族戏剧遗产的精华的集中表现。"

他扮演神女、天女时，当他缓慢地走到台口，一只手用"兰花指"式扶另一只手举着的拂尘，这一刹那静止的形象和在极快的节奏中作出的观音合掌、龙女抱瓶、仙鸟飞翔等优美姿势，都会使观众联想到云冈、龙门的古代雕塑，所以人们都说他扮演的神女、天女有仙气、有诗意。

一个穿着带水袖的"帔"的家庭妇女，她手里却要捧着黄布包的方形的印匣，作出各种身段，这是不可想象的。梅先生在排演最后一个新戏《穆桂英挂帅》里，碰到了这个课题，他以丰富的舞台经验，创造了抱印、捧印、托印各种富有雕塑美的姿势，并且从这些姿势中表达了穆桂英对这颗帅印的亲切热爱，同时也体现了这位女英雄忠诚爱国的精神。

中央戏剧学院院长欧阳予倩称梅先生为"真正的演员——美的创造者"。的确，他的表演艺术已达到真、美、善的境界。我来举三个例子：一、梅先生演《贵妃醉酒》里的杨玉环，三次进酒后，她将要走出百花亭，扶着桌子有呕吐、失足等身段，使人相信她是醉了，但却从醉眼蒙眬中显示出"醉态的美"。二、他演《宇宙锋》的赵艳容，在她父亲面前装疯，揪着父亲的胡子不放，从睁大的一双眼睛里，已经看出她是个疯子了，但观众还可以领略"疯态的美"。三、他演《游园惊梦》的杜丽娘，当她入梦时，一手托腮，闭上眼睛，按说这是无戏可做的了，但梅先生脸上仍然流露杜丽娘正在做一个好梦，使观众欣赏到"睡态的美"。

他不但善于继承传统，而且勇于革新。他早年就从流传很久的神话故事和名著《红楼梦》中选取题材，创造了载歌载舞的古装戏。这种服装大都取材于古代绘画、雕刻、塑像等美术品上的妇女装束，因为要适合舞台上的表演条件，还做了恰当的剪裁。它比传统的以明代为基础的戏曲服装的时代要早得多，人们因而称之为“古装”，现在已被各剧种普遍采用了。他在舞蹈方面的创新，都是有生活依据的。他看到古画中天女身上有两条风带，象征她御风而行，他就利用这两条风带编制了《天女散花》的绸舞。我们不是有一句“长袖善舞”的古话吗？他就运用了旦脚的各种水袖身段，汇合而成为《麻姑献寿》的袖舞。他学过“太极剑”，就在排演《霸王别姬》时，把京剧中原有的舞剑身段加以提炼变化，和中国武术中的剑法混合起来，给虞姬编了一段剑舞。此外，他还有扑萤舞、花镰舞、拂尘舞、扇舞、盘舞、羽舞等优美舞蹈。

音乐方面，旦脚增加二胡伴奏，是从他开始的。在净化舞台面上，他也有不少的贡献：乐队隐蔽在纱幕内；检场人的工作服整齐，非必要时不出现在台上；革新了演员跪拜时扔垫子的老习惯；他还以身作则地不在台上“饮场”。

以上所说都是梅派艺术的一些优点，它影响之广，不限于京剧，其他如昆剧、汉剧、川剧、秦剧、豫剧、赣剧、湘剧、粤剧、越剧、评剧等剧种，也全向这一园地采花酿蜜，提高本身的质量。

凡是成功的艺术家，必然要广泛地向各方面吸取营养来丰富自己。梅先生一生喜爱美术，审美力很强，他对绘画下过功夫，每逢看到一幅名画或是一件精致的雕塑品，总要再三把玩，舍不得离开。他还爱养花，常从一种开得五色缤纷、鲜艳夺目的牵牛盆花身上，对色彩复杂的戏曲服装如何配合，研究出浓淡相宜的多样图案。围绕梅先生身旁的老朋友，有文学家、考据家、剧作家、书画家、雕刻家，在相互切磋下，对他的帮助也是很大的。

1962 年 8 月 8—11 日，北京市文化局、北京市文联举办了“梅兰芳逝世一周年纪念演出”，由梅派传人张君秋、杜近芳、梅葆玖、杨秋玲、李玉芙等演出了梅先生经常演的《宇宙锋》、《霸王别姬》、《贵妃醉酒》、《大登殿》、《天女散花》、《二堂舍子》等 10 多个剧目，从前陪梅先生演过戏的姜妙香、马连良、谭富英、袁世海、梅葆玥等也参加了演出。售票前一天，人民剧场票房门口就排成很长的队伍。范经理对我说："这种盛况就和一九五五年梅先生在这里开幕演出时一样。"每个剧目演毕，观众掌声不绝，"叫帘"多次。我还听见观众这样说："看了今天的戏，好像梅兰芳还活着，梅派艺术留下来了。"梅先生桃李满天下，那次上海、南京、武汉、昆明、兰州各大城市都举行了纪念演出。我相信，梅先生的艺术光彩将永远照耀着后一代。

中央文化部在梅先生生前给他拍摄了几部彩色的舞台纪录片。梅先生逝世后，又举办了多项纪念活动，如拍摄传记电影《梅兰芳》，举办"梅兰芳艺术生活展览"，发行纪念邮票，复制《梅兰芳唱片选集》，刊印《梅兰芳文集》等。政府对这位大艺术家的隆重纪念，更增加了人们对他的怀想。今后，大家还要在艺术实践中不断地从梅派艺术吸收营养，对梅派艺术的特点做有系统的整理、记录工作，让这一流派得到更大的发展！

（原载《人民画报》1962年10月号）

梅兰芳对戏曲艺术的探索与革新

许姬传　邹慧兰

梅先生为人谦虚谨慎，平易近人。他对艺术创造的途程，是在深厚的传统基础上勇于革新。他的第一个教师朱先生教他《二进宫》里四句老腔，教了多时，还不能上口。朱老师认为他不是戏料，就说“祖师爷没赏你饭吃”，赌气不教了。梅先生常说：“若不挨这顿骂，还不懂得发奋苦学哩！”事实说明他的成就并非偶然，更证实了天才出于勤奋，若聪明人不肯苦干，终无所建树的道理。

梅先生的嗓音甜润清脆，扮相秀美。得良师吴菱仙严格传艺，要求出字、收音、气口合格，还有唱时“口形”要美。所以梅先生的唱法讲究，不但字正腔圆，而且吐字清楚，段落分明，唱时没有摇头、咧嘴、跑眉毛的“艺病”，看来启蒙老师关系到演员的一生。又从秦稚芬、胡二庚学花旦戏，坚持练功，甚至踩跻在冰上打“把子”锻炼腰腿。虽然不唱花旦戏，但演青衣却改变旧观，不再是传统抱肚子的演法，并为演闺门旦、刀马旦打下了基础。

17 岁那年，在梅雨田的胡琴伴奏下，一出《玉堂春》得到观众的好评。这是他一生的转折点，鼓舞了他对事业的积极性。于是向王瑶卿学《汾河湾》、《虹霓关》，向路三宝学《贵妃醉酒》，请钱金福教把子，向乔蕙兰、丁兰荪学昆曲，并请陈德霖教《昭君出塞》、《游园惊梦》、《断桥》的身段。

在“喜连成”搭班练戏时期，养成了边演、边看、边学的习惯，取得博采众长、蒸蒸日上的效果。

在辛亥革命浪潮的影响下，他积极从事戏剧改革，编演了针对社会现象的时装戏如《一缕麻》等反对包办婚姻、破除迷信、揭露官场黑暗的不少剧目；大量演出昆曲，提高了表演艺术；还创造了几出舞台上从未出现过的古装戏。第一出是神话剧《嫦娥奔月》，紧接着搬演《红楼梦》故事《黛玉葬花》和佛教故事《天女散花》，红遍京、津、沪，争相仿效，蔚为风气。同时，第一次出国到日本演出《天花散花》，是演出次数最多的剧目，以后，日本戏剧界仿效，称为“梅舞”。

上海的弧形新型舞台以及明亮的灯光吸引了梅先生。1913 年，他从上海载誉回京后，改进了舞台美术，加强了灯光照明；面部化妆也起了变化，浓妆淡抹，眉眼部分，加重黑彩描画，配合吊额涂唇，人物更加精神了。同时，常与诗人、画家聚会，开始学习绘画，钻研历史人物。他与杨小楼合组“崇林社”，编演了历史剧《霸王别姬》。他根据司马迁的《史记·项羽本纪》，参考明代传奇《千金记》、小说《西汉演义》，在朋友的帮助下，把连演两天的戏缩短为一天演完。他俩合演的《霸王别姬》，博得观众的盛誉。梅先生认为，虞姬不宜唱“慢板”，因当时被困垓下，霸王出战未归，军情紧急，她的心绪不宁，因而改唱“摇板”：“自从我随大王东征西战……”更适合剧本的规定情景。

头饰、服装，力求符合历史面貌。梅先生根据《无双谱》虞姬画像，头上戴如意冠，头场穿浅黄色绣团凤帔，系百褶绣花裙，换装后，身披绣花斗篷，内穿改良宫装，腰佩宝剑。演过一个时期，又做了修改，在团凤浅黄帔上缀“卍”字图案玫红小广片。绚丽多彩的服饰，在强烈的灯光照射下，【小开门】曲牌中登场亮相，雍容华贵，而又肃穆庄严。他还用鱼鳞甲代替了改良宫装。这种别出心裁的服装设计，与霸王扎靠的扮相，十分融洽；半戎装打扮的虞姬，英姿飒爽，庄重典雅，显示她长期过着军营生活，体现了“生长深闺、幼娴书剑”的精神面貌。

虞姬的性格温柔善良，机智沉着，梅先生以含蓄的眼神，微笑的姿态来表演这个人物。她强作欢笑，宽慰丈夫，他背转身面对观众时则眉头微蹙，摊手摇头，表明她内心的悲观情绪。《巡营》一场，选了抒情的“南梆子”曲调，有一句唱腔：“我只得出帐外且散愁情”，用高亢的唱腔，同时，转一个身扯着斗篷底襟亮相（这个身段是抗战胜利后，重登舞台时修改的）。每逢演到此处，必有掌声。这里突出一个“愁”字，大声疾呼地把压在心底的愁思抒发出来，所以得到观众的共鸣。

《虞姬舞剑》这场戏，采用了浪漫主义与现实主义相结合的创作方法。如果没有这段穿插，观众就会感到低沉枯燥。通过这些表演手段，绘声绘色地反映了英雄与美人生离死别的情景。当霸王预料大势去矣，掷杯不饮，念诗起舞时，虞姬提出歌舞一回以解烦闷，并向前施礼念“妾妃献丑了”，这里的“了”字尾音拖长颤动，带着凄凉的微笑；她站起身来，眼睛紧盯住霸王，向前走三步，霸王身不由已地往后退三步，随后，霸王逼视前行三步，虞姬往后闪身，他们四目相视，随着打击乐“长锤”的节奏来回进退。这时，虞姬面部表情深刻，如悲似喜，复杂交织。她用的是打手势的潜台词：我去换装，你喝酒吧！勉强一笑，转身掩面暗泣而下。霸王背向观众，他盔头上的绒球颤动着，显示英雄末路，满怀悲怆的心情。

虞姬脱去斗篷，抱剑登场。她的情绪低落，慢“长锤”结合沉重的心情，稍一停顿的亮相，表现了无精打采。然后继续前行，无限深情地偷觑坐着的霸王，“圆场”起“夺头”唱“二六”，开始边唱边舞。由堂鼓、撞钟、九音锣、弦乐伴奏【夜深沉】曲牌，配合舞剑。音乐是为梅兰芳胡琴伴奏的茹莱卿设计的。梅派剑舞的艺术构思，大半是符合音乐形象而创造的。

梅先生创造的剑舞，吸取了武术太极剑里的东西，只取其形，不取其劲。因为练太极剑要气沉丹田，心无杂念，动作保持缓慢节奏，目的是养生防身。戏曲里的剑舞，根据人物性格，动作的迟疾顿挫，要与唱腔、曲牌互相配合，身段要刚柔相济，进退有度，目的是美化舞蹈，“亮相”要准确，有线条美。

1957 年春，梅先生教华慧麟、邹慧兰《霸王别姬》。华慧麟是王瑶卿的学生，又是梅门弟子，当时在中国戏曲学校任教，每晚到护国寺街 1 号学剑。梅先生说：“霸王知道救兵不到，大势去矣，虞姬准备一死以报知己。在顷刻即将永别时舞剑，神情要严肃，亮相时眼神坚定。”说着站起来做示范动作。他说：“腰与腿的功底很重要，必须锻炼腰部灵活柔软；掌握两腿的虚实，能够调节重心，是做身段最关键的一环。脚底下也很重要，要步法经济。”他一边哼着“嬴秦无道把江山破”说：“这句的身段，我自已觉得满意，它能够表达秦王无道，兵戈四起，‘把江山破’了的意境。”他边说边比划着。唱到“把江”，同时双剑搭上十字，踏步、拧腰、侧转身子，从身左朝前一刺，立即往回一收，用软鹞子翻身的劲儿旋转身子，把双剑从身右扎出去，再往回收；然后横迈一步，接唱“山破”，重复一遍以上的身段。再把剑向前一刺的时候，用严峻的眼神顺着剑尖往前方刷地一瞥，刺四下，看四眼，从“小边”横步走到“大边”（上场门是“小边”，下场门是“大边”），动作简练而有层次，有变化，又具备线条美。从眼神和“刺”的动作来说明群雄并起，反抗暴君。

还有，“成败兴亡一刹那”唱腔里的动作是左右“跨虎”两个“亮相”，起“云手”转身，以及蜻蜓点水般地轻盈“一亮”，动作要脆、美，它寓意着地覆天翻，成败兴亡的一瞬间。

梅先生说：“这句台词经过修改，原词是‘富贵穷通一刹那’。一九五五年拍摄电影时，导演吴祖光认为，楚、汉相争的局面，已经不是富贵穷通的个人得失所能概括，他主张改为‘成败兴亡一刹那’，我立刻同意他的修改，口里哼了几遍，找准读音，以后在录音时就这样唱了。”

梅先生坐在沙发里说：“你们舞剑时，部位还不太准确。记住了，以舞台为中心，画一个四方块的‘米’字，划分左右、前后四个犄角，就能够把这套剑舞得快而不乱，慢而不坠地顺序进行，曲折迂回不出圈儿，台上亮相也有准地方了。”

《霸王别姬》是梅先生所编历史剧中，最接近历史原貌的一出。他选了项羽垓下被围，乌江自刎一节故事，表现霸王的有勇无谋，刚愎自用，不能知人，专恃武力，导致国破身亡的惨痛教训，意在引起后来者的警戒。同时，塑造了洞察时局，颇有远见的虞姬形象。以一首历代传诵的名歌“力拔山兮气盖世”作结，突出表现了英雄、美人、名马，把观众带到两千年前古战场的诗情画意中，既丰富了历史知识，又得到艺术的享受。此剧历久不衰，为观众喜爱的另一原因，是经过杨小楼、梅兰芳两位大师精心设计、不断修改，在舞台上塑造了令人可信的历史人物的典型形象。编历史剧必须实事求是，精雕细刻才能站住脚，粗制滥造，掉以轻心，结果是“可怜无益费功夫”。

梅兰芳对戏剧改革的方法，是在继承优秀传统的基础上，去芜存菁，不断改进的。在创造《嫦娥奔月》时，他和周围的朋友，绞尽脑汁，想尽量搞得完美无缺，与《天女散花》比较，在服装、化妆、舞蹈方面，都有很大的提高。又如《别姬》的【夜深沉】曲牌和剑舞有两套，起初重复繁琐，以后逐渐改革，由多到少，由粗到精，成为定型。这是艺术创造的规律，由之生活中，饭要一口一口吃，路要一步一步走，盲目跳跃是必定跌跤的。

我们从他以后创造的大型历史歌舞剧《西施》、诗剧《洛神》、悲剧《生死恨》以及喜剧《凤还巢》等，在唱腔、音乐、表演、服装、舞台美术各个方面，都给人以清新瑰丽的感觉，就证实了他的创作方法是步步升华，光景常新的。他在祖国和世界艺术领域里作出了贡献。写此文的目的，一是纪念梅先生逝世 20 周年；二是对戏曲工作者贡一得之愚，希望从他走过的里程上得到启发，创造出为人民喜爱而能润泽心灵的艺术形象。

（原载《北京艺术》1981 年第 5 期）

梅兰芳创造的喜剧《凤还巢》

邹慧兰　许姬传

京剧以擅长表演历史题材著称，如全部连台三国剧以及以伍子胥为中心人物的《鼎峙春秋》……其中悲剧比重较多，喜剧较少，有一些讽刺、滑稽以三小（小生、小旦、小丑）应工的玩笑剧，都带有喜剧色彩，例如《一匹布》、《荷珠配》等都是喜剧，而闺门旦应工的喜剧不多。

梅兰芳先生编演的《凤还巢》，数十年来一向为观众喜闻乐见，津津乐道。这出戏的结构是喜剧，出场人物，并没有令人十分痛恨的反面人物，特别是朱千岁的处理最有喜剧性。剧本描写一个封建社会里纨绔子弟的典型形象，他从出场到终场，始终是炫耀他自己有财有势，自作聪明（萧长华先生演得最深刻），冒名顶替，结果弄巧成拙，受骗上当。例如，路遇穆居易，送银赠马，是炫耀他有钱。穆居易下场后，朱千岁独白："真是个书呆子。那位程小姐，我是亲眼瞧见过的，长得如花似玉，他怎么倒要避婚逃走呢！嗯！这也是他无福承受，也是有之。……等到四月初二那天，假冒穆居易的名字，前去娶亲，将程小姐娶过我家来，……嗯！主意已定。——小子们！带路回府！"

这一段独白，可以看出朱千岁赠送银马时并没有别的用意，但忽然异想天开地打算冒名顶替娶程雪娥。《丑洞房》傧相的念白："两家成婚配，夫唱要妇随；洞房花烛夜，才知谁是谁。"以及十三场，朱千岁上场念："冒名娶得程家女，谁知也是冒名人。"末场，朱千岁指着程雪娥说："那天我看见的是她。"

程雪雁指着穆居易说："那天晚上我看见的可是他呀。"这些都是构成喜剧的警句。还有"俊洞房"，穆居易（姜妙香）、程浦（王少亭）、周公公（刘连荣）、洪功（李春林）互相问答，来回传话，波澜迭起，妙趣横生。剧本写得非常成功，它采用了对口相声卸包袱的手法，紧紧抓住观众。我看有百十次，从无"起堂"、"抽签"的现象，可见好戏是百看不厌，光景常新的。梅先生创造的程雪娥，既保持了旧社会里大家闺秀的典型，又突出了她敢与恶势力斗争的机智性格，同时完成了喜剧的角色任务。

1958 年，京剧演员邹慧兰看过梅先生演《凤还巢》的第三天，到护国寺街向梅先生学习程雪娥的表演，现在她把那次的讲话记录、整理出来，邹慧兰对梅先生说："我从 1931 年起就在上海看您这出戏，当时的表演场子，和现在有不少精简、修改的痕迹，最早还有开打，请您谈一谈各方面的情况。"

梅先生端着茶杯喝了一口，沉思了一会儿，就谈起了初演这个剧的情况，他说："那是我赴美演出前排的一个剧。1928 年春旧历闰二月'承华社'首演于中和园，那时的角色配搭是姜六爷（妙香）的穆居易，凤二爷（王凤卿）的程浦，李七先生（寿山）的刘鲁七，萧老（长华）的朱千岁，慈先生（瑞泉）的丑小姐，尚老将（尚和玉）的洪功，侯先生（喜瑞）的周公公。开打场面是为尚老将而设，场子相当火爆。以后，尚老将离开'承华社'，这个角色由李八爷（春林）接榜，就减少开打。解放后，根本取消了武打场子。这出戏从初演到如今，至少精简了半小时以上，剧总是越唱越短，最后就定型了。后期的修改是我和姬老、源来二位商量的。"

"您演程雪娥，既保持了闺门旦的身份，又那么活泼可爱，您是怎么琢磨出来的？"

梅先生郑重地说："你刚才问我闺门旦为主的喜剧创造，这场戏的表演就是构成喜剧的要素。"接着又说："《偷觑》一场虽是一个高潮，但其他场子也很重要，要在忽悲忽喜复杂而多变的环境中，使感情衔接，步步深入，才能把剧演好。例如，送雪雁上轿时，要表达她的内心痛苦，又不能过于露骨，这在旧社会的家长制是无法抗拒的。"

“老旦下场时念：‘老爷啊老爷，女儿之事，看是由你还是由我，哈哈可趁了我的心愿了’。这句不作为‘背供’，是让雪娥听见，以泄她的私愤。下面程雪娥的一段独白，要用低沉的情绪来念：‘爹爹不在家中，无人替我作主，思想起来，唉，好不烦闷人也。’我在这里安了四句‘南梆子’唱腔，来诉说她的抑郁苦闷。我与徐大爷（兰沅）、王大少（少卿）共同反复推敲设计，我认为是符合程雪娥当时的心情的。”

梅先生一口气说了两个钟头，我怕他累着，又给他倒了杯茶，请他歇息。他喝了口茶，抽了支烟卷，接着又说：“下面丫环三报，有警句，也是经过大家多次修改才定稿的。”这时梅先生从沙发里站起来，连念带比划：“那日朱千岁前来拜寿，也曾见过一次，那相貌长得十分丑陋，与我姐姐么，真可称得是一对女貌郎才。有那边冒名前来迎娶，就有这边顶替前去出嫁，怎么这样的凑巧哇！大娘呀，大娘，如今你是枉用心机了。”

“这段独白，吐出她胸中不平之气。这里面部表情和手势，都要紧密配合，与老旦下场时的念白，成为鲜明对比。我念到这里感到十分痛快。第三报，听到穆郎不辞而别，又由欢喜转为忧虑，但与前面的悲观绝望情绪不同，所以只唱几句‘散板’就进场了。”

邹慧兰说：“您在和老旦对唱的‘本应当随母亲……’的‘原板’转‘流水’当年灌过唱片，几乎人人都会唱这一段，听了非常舒服。”梅先生说：“这段唱腔是程雪娥正面与大娘反抗，必须用‘原板’、‘流水’，要唱得干脆利落，斩钉截铁，才能制造气氛。”说到这里，大师傅喊开饭，我们就跟了梅先生走进东厢房饭厅，才结束了这次教学。

上面梅先生素身示范说剧，邹慧兰的记录，现在发表出来，可供专业和爱好京剧的人士参考。

（原载《大公报》1981 年 8 月 8—10 日）

梅兰芳与杜丽娘

许姬传

1955年，梅兰芳、周信芳舞台生活50年纪念会上，欧阳予倩先生以《真正的演员、美的创造者——梅兰芳》为题，介绍了梅先生的艺术成就。

梅先生一生创造了无数令人难忘的妇女形象，今天着重谈谈他表演《牡丹亭》传奇《游园惊梦》。一是因为他从青年到老年都演杜丽娘，在大家的脑海里留下了富有诗意的典型形象。二是谈谈汤显祖惨淡经营地描写一位受封建礼教束缚的大家闺秀向往自由的抑郁心情。《红楼梦》作者曹雪芹在书里屡屡引用《游园惊梦》的原文，表示他的欣赏和钦佩。这是明代传奇的名著，汤显祖和莎士比亚是同时代的杰出文学家。

梅先生从老艺人乔蕙兰、陈德霖那里学到了《游园惊梦》的表演，又和昆曲名家俞振飞、许伯遒钻研昆腔的出字、收音、行腔、用气的方法，他在数十年的舞台实践中不断升华，达到去芜存菁、炉火纯青的境界。

剧情是杜丽娘游春伤感，与柳梦梅梦中相会，众花神烘托出“好景艳阳天，万紫千红齐开遍”的绚烂景象。

昆曲有一套载歌载舞的表演程式，演员必须连唱带做地抒发剧中人的思想感情。梅先生披了斗篷上场，这里表现了古代少女的早晨生活。于是脱斗篷、梳头、照镜子的身段就把观众带到400年前的香闺绣房里去了。

这里的表情是平静而款式的，梅先生用眼神和缓慢的动作来表示“袅晴丝吹来闲庭院”暮春天气的环境。

进了花园，身段比闺房放大了，剧本描写了南安府后花园的景象。杜丽娘是知府杜宝的女儿，她带了丫头春香游园，这支曲子是描写杜丽娘看见的光景。第一句“原来姹紫嫣红开遍”，她看到园中百花盛开，第二句紧接着“似这般都付与断井颓垣”是看到花园建筑荒凉失修，这里点明了做官的人是无心欣赏烟波画舫和鸟语花香的，所以辜负了良辰美景，而引起了杜丽娘的伤感。

入梦前的伤春表演是最难处理的，我记得梅先生和我曾把古本《牡丹亭》和舞台演出本做了核对，发现古本有杜丽娘大段独白，而舞台演出本只用下面几句话：“蓦地游春转，小试宜春面，春吓春，得和你两流连，春去如何遣，（这里杜丽娘轻轻地叹了口气）咳，恁般天气，好困人也。”

梅先生认为这一改动非常紧凑，他还说：“这里有高人出了主意，既简炼，又含蓄，可能是内行与文人共同研究的。”他的话是经验之谈，因为他的每一个戏都是和文人商量着如何改进提高的。

下面惊梦的主曲【山坡羊】，头两句：“没乱里春情难遣，蓦地里怀人幽怨。”这支曲子的传统身段刻画杜丽娘怀春情绪是比较露骨的。下面有一句“和春光难流转”，有围着桌子三次蹲下起来的动作，我早年看梅先生这出戏就是这样演的，可是，新中国成立后，梅先生对这些身段做了修改。怎么改的呢？不是更换身段，而是逐渐冲淡了，同时，加重了内心表演，这样既符合剧本的规定情景，又增加了寂寞空虚的表情。《梦会》一场的表演是高潮，剧本从柳梦梅的唱词来形容杜丽娘的“如花美眷，似水流年”，也是《红楼梦》里吸引林黛玉的名句。这场戏，杜丽娘没有整段的唱，用两人追逐来描写他们初恋的情景，这是历代演员的创造，剧本留出空白，使演员能够发挥他们的才能。

梅先生在《舞台生活四十年》第一集里细致地介绍了他对杜丽娘性格的理解，在不违背历史条件下，步步深入地逐渐冲淡了思春的身段。这一节的文字是我的弟弟许源来和梅先生反复推敲后，由梅先生做出身段，源来做了原始记录。然后不断修改，做到浅显易懂。从这出戏以后，我们就取得了用文字记录身段部位，分析人物性格的初步经验。

梅先生还曾这样告诉过我，他从《红楼梦》“潇湘馆春困发幽情”和“牡丹亭艳曲警芳心”两回书里得到启发，因为从曹雪芹描写的林黛玉中可以看出受汤显祖的影响是很深的，而梅先生演了《黛玉葬花》后，对于杜丽娘的表演有所借鉴。这和他结交樊樊山、罗瘿公、李释戡、陈师曾等诗人，从而受了他们的影响，在气质上发生了变化，为后来排演《洛神》奠定了基础。《洛神》是一出诗剧，曾得到印度诗人泰戈尔的赞美，还作过一首诗赠给梅先生。梅先生并不是诗人，但他所塑造的古典美人却充满了诗意，把中国戏曲推向高潮，博得国际上的声誉。

梅先生从1950年起与俞振飞、姜妙香两位名小生合演《游园惊梦》，春香是十几岁的梅葆玖世兄扮演，他是昆曲老艺人朱传茗的学生。春香与杜丽娘有许多“合扇”的身段，在排戏时，梅先生对葆玖说：“这些对做的身段，要严丝合缝才好看，朱先生教你的身段和我略有出入，你初次登台，我可以凑合你，你放大胆，不要紧张。”他还告诉说：“春香是十四岁的女孩子，和你的年纪差不多，所以她的念白、身段都要比杜丽娘快，你要记住。”另外我还顺便提一下，梅先生的女儿梅葆玥是唱老生的，她曾经打算改演旦脚，得到梅先生的支持。1957年，她和言慧珠、叶盛兰合演《游园惊梦》，她演春香是昆曲老艺人张传芳教的，当然也同时得到她父亲的指点，所以演得很成功。昆曲里，杜丽娘是五旦，春香是六旦，我看过梅先生的《春香闹学》，非常活泼可爱。梅先生对下一代总是循循善诱，因材施教，同台配演的人，出了错儿，尽量掩盖和帮助，至今为同行所称道。

我记得北方昆曲剧院建院时，梅兰芳、韩世昌、白云生三位合演《游园惊梦》，梅演杜丽娘，韩演春香，白演柳梦梅，事先韩先生到护国寺街梅宅对戏，两位大师仔细排练。韩先生的身段、表情、节奏是标准的贴旦——六旦，与梅先生的闺门旦——五旦，可以说是旗鼓相当，功力悉敌。正式演出那天，周总理亲自登台向大家祝贺，还拍照留念。

1959年冬，在夏衍同志的倡议下，梅兰芳、俞振飞、言慧珠三位合拍了《游园惊梦》彩色电影。许伯遒、朱传茗吹笛伴奏，梅先生在电影实景中创造了新的身段，使观众耳目一新。转过年来春节时，电台播送了影片的曲子，振飞兄写信给我说："先父常说度曲的最高意境是'静'字，最近听了梅先生的《游园惊梦》得到'静'字诀。"

当时，我谈过一下不成熟的想法，我觉得汤显祖的曲文，魏良辅的唱法和梅兰芳的表演可称"三绝"，这是几位艺术大师千锤百炼的成果，大家不久也许可以从彩色影片《游园惊梦》里得到证实。

我去年曾为上海梅派艺术研究小组作过一首小诗，登在《梅讯》上，现在吟诵一遍作为结束。

一纪声名振寰宇，
人亡业显不凋梅。
留音录影皆模楷，
著述等身继往开。

这首诗的意思："一纪声名振寰宇"是说梅先生的表演艺术在20世纪震动了亚洲、美洲、欧洲。"人亡业显不凋梅"是说人虽然逝世了，但他的事业却蓬勃发展，并没有凋零。"留音录影皆模楷"指他留下的资料、唱片、电影可以供后来的人学习模仿。第四句"著述等身继往开"是说他写了《舞台生活四十年》、《我的电影生活》、《梅兰芳文集》……许多著作，总结了他学习传统的心得，继往开来地创造了东方有影响的学派。上面几句诗并不能概括梅兰芳先生博大精深的艺术，聊表我与他相处30年的交谊而已。

（1981年8月8日在中央广播电台讲稿）

抗战八年中的梅兰芳

许源来

梅兰芳先生在抗日战争期间，为了坚持民族气节，曾息影八年，蓄须明志。这段事实已为人所共仰。但这艰巨而漫长的岁月，究竟他是怎样走过来的，他的胡子又是在什么时候、什么地点、什么环境中留起来的？这些却还没有过详细的记载。现在就我亲身所见，进行回忆，想从个人的角度，尽可能地反映出这段斗争的过程，当然不够全面，只不过对于理解这位卓越的表演艺术家的道德品质、精神面貌，多少有点帮助。

跳出了樊笼

1937 年 8 月 13 日，淞沪抗日战争揭开了序幕。梅先生当时家住在上海，神圣的抗战给这位爱国艺人带来了无比的激动。三个月之后，淞沪失守，政府仓皇撤退到内地去了。这时，黑暗弥漫了大地，伪组织在南京成立，上海租界里的地痞流氓，想借着日本侵略者的恶势力，横行霸道，蠢蠢欲动。像梅先生这样的艺术家，在反动统治者眼里本是无足轻重的，但这时候在日本帝国主义者看来却又十分可贵，大可利用他来帮助收拾人心、点缀升平；照汉奸、流氓的想法，更是可以做向主子邀功请赏的工具。果然，有一天，上海的“特殊人物”向梅先生间接地提出了“某方”的要求，说是希望他能在电台上播一次音。所谓“某方”是哪一方，电台是什么电台，都是用不着寻根究底，确然可知的。梅先生用不久要到香港和内地演出，不能在上海电台播音的理由拒绝了他。这是梅先生第一次对敌斗争。

自从“九一八”事变发生以来，日本军阀在东北穷凶极恶，无所不为。梅先生眼看着日军侵占我疆土，屠杀我人民，当时政府始终抱着不抵抗主义，滋长敌人的野心，他感到万分愤慨，不愿再待在北京。1932 年的冬天就把全家搬到上海。这次发生了要求播音事件，梅先生认为上海租界绝不是什么安全的桃源，敌伪方面目前虽然还不会直接下手，但却完全可以利用流氓、坏蛋来进行间接的迫害，暗杀和绑架都是他们的拿手好戏。看情况不走是不行的了，要走也只能到香港，借此机会先跳出樊笼，再做道理。首先由他的老朋友冯耿光先生到港预为布置。那时我正任职交通银行，也在香港，接受了梅先生的委托，替他向利舞台联系，并为演出做好准备。一切安排就绪，梅先生就在 1938 年春末率领剧团到了香港。事先在乾德道租下一所房子，演出完毕，剧团北返，他本人就寄居在那里，一住就有四年之久。

在梅先生演出期间，有过这样一桩意外的事，可以说明上海流氓的恶势力已经蔓延到了香港。冯先生当时住在浅水湾饭店，利舞台在跑马池，他每晚必来看戏，散了戏，照例要到后台和梅先生闲谈一会儿，才回饭店。有一天夜里，冯先生走了不久，梅先生一边卸装一边和我说话。这时，忽然听到“砰”的一声，化妆室的房门被人一脚踢开。梅先生是背着房门坐的，从镜子里看见闯进来一个人，满脸是血，连香港衫上也沾染了两大块，转过身来仔细辨认，才看清楚这个血人就是冯先生。我们都大吃一惊，梅先生赶紧站起来扶着他问：“您怎么啦?”冯先生挺着腰杆大声说：“让人打了。”我们一面打电话请医生，一面问他出事经过。他说：“刚才我离开剧场走不多远，后面突然有人用棍子向我头部狠狠地猛击一下，我受伤躺在地上，路人上来营救，凶手看见人多，就扔下凶器逃跑了。”说完话医生来了，检查之下，确实头部受了重伤，马上给他敷药包扎。这时凶器也由路人送来，是根圆的铁棍，外面裹着旧报纸。当晚由我们护送冯先生到一位至熟的朋友潘述庵家中暂住。在潘氏夫妇的悉心调护之下，将养半月才恢复了健康。事后经过调查，知道这是名叫芮庆荣（外号“小阿荣”）干的事。芮在上海曾屡次来找梅先生，想包办这次香港演出，没有能达到目的，怀恨在心，他又疑心是冯先生从中作梗，所以下此毒手。据医生说：“幸亏这棍子是圆的，要是换个有棱角的铁器，这一下就可以致命。”通过这一件事情，梅先生更认清这些黑暗社会的渣滓，要是再被日伪所利用，他们什么坏事都能做出来，足见他走得对，而且以后更要处处小心防范。

在香港的生活

梅先生生平没有什么不好的嗜好，就连旧社会里最普通的凑四个人打几圈麻将的消遣，他也从不参预。但他的个人业余生活却绝不枯燥，而是丰富多彩的。从幼年起，他就喜欢种花、养鸟，在《舞台生活四十年》里已经介绍过种牵牛花、养鸽子的故事。学画以后，对于美术的兴趣更浓，遇到一张名画、一件优美的雕塑或各式各样的艺术品，都要仔细观摩，一再欣赏，绝不肯轻易放过。他学画是从花鸟、人物入手的，在北京时期，名画家如齐白石、陈半丁、姚茫父、陈师曾、王梦白等，都是缀玉轩中的常客。梅先生见到他们，总是虚心请益，他们也都乐于指点。这里面王梦白是他的开蒙老师，每天必来教画，前后有好几年。迁居上海以后，汤定之是他的后期专任老师，教的时间也不短。梅先生虽然不是科学家，而对于科学方面的常识也懂得不少，常把报道世界知识一类刊物上的新鲜事物介绍给我们听，说得头头是道。他自己是个旦脚演员，因此对于妇女的性格、形态，观察得十分细致深刻，他能在舞台上创造出繁复而鲜明生动的人物形象，中间是有着深厚的现实依据的。

上面所说是他在北京、上海时平居生活情况的大致轮廓。到了香港，环境不同了，就深居简出，请了一位英国老太太在家补习英文，还学过世界语，课余常以绘画消遣。有一次，一位朋友的夫人偶然拿了一张照片请他着色，这本来是一时兴到游戏之作，可是他着笔细腻，敷色淡雅，绝不是一般喜用大红大绿、专事色彩堆砌的俗手所能企及的。看见的人都说：“这哪儿是照片，简直成了一幅绝妙的仕女图了。”此后就有好多朋友拿照片请他着色，画了差不多有二三十张。

在一个偶然的聚会里，遇到一位打羽毛球的好手，自动地常来找梅先生打球。梅先生当然打不过他，这位朋友却不怕麻烦，乐意给他进行指导。半年以后，梅先生的球艺居然大进，对此道的兴趣也随之增高，每星期至少要打两三回，变成一种常课了。

过去缀玉轩座上不断有诗人文士，梅先生一直喜欢参加他们的谈艺论文活动，他的历史、文学方面的知识，大半是得力于这些朋友的濡染启发的。到了香港，仍然保持着这种习惯，爱听人家谈掌故，但这时却更着重于世界形势的研究讨论。卧室里的一架收音机，成了他客中最亲密的伴侣，随你把指针拨到哪里，他都能很快地告诉你这是什么地方电台的播音，真称得上得心应手、熟极而流。每天除了密切地注意战事消息以外，戏曲、音乐也是经常收听的。

自从剧团离开以后，梅先生就没有用胡琴吊过嗓子，对人谈起，总说自己的嗓子已经退化，不可能再演出了，而实际上他念念不忘的是等待着有一天胜利的到来，重登舞台。他又生怕时间一久，嗓子真的会起变化，因此，每隔一两个月，就叫我带了笛子去给他偷偷地吊几段昆曲。他住在公寓房子的二楼，上下左右都有人家，为了不使歌声传出，引起旁人的注意，他事前总是要把门窗紧闭，窗帘拉下，一切都准备好了，这才开始吊嗓子。碰到唱得痛快的一天，他就十分安慰。记得有两次给他吊《刺虎》，唱到“有个女佳人”的“佳”字，工尺相当高，而且腔要拖得很长，他唱不上去，或者上去了不够饱满，他就很感慨地对我说：“老话说‘曲不离口’，一点不错，老不唱怕嗓子就要回去了。”言下大有髀肉复生之感。

当时，梅先生还有时和一些电影界的朋友们接触，见面的时候，他们经常在一起研究古典戏曲搬上银幕的问题，我也参加讨论过几次。梅先生对朋友们说过这样的话：“天总要亮的，到那时候我一定要拍一部古典戏曲的片子。我有这个信心！”果然，梅先生的愿望没有落空，到了抗日战争胜利以后，他就在上海拍摄了中国第一部彩色片《生死恨》，是吴性裁出资、费穆导演的。

梅先生本来是个电影爱好者，他常从银幕上吸取有益的滋养，来丰富他的舞台艺术。在港期间，当地的皇后、娱乐等几家大影院，他是经常去的。外国片固然要看，国产也不放过。我记得那时中国的古装片还在萌芽时期，只要有这类新片到港，他总打电话约我陪他去看，看了回来，还总要谈谈艺术处理方面的问题，指出这里面的服装、动作和背景的配合，哪些地方是调和的，哪些地方就显得生硬。他这种关心和研究，也都是为将来可以拍片时的参考。

我们在港同看电影的次数很多，其中有一部卓别林主演的名片《大独裁者》，梅先生是特别欣赏的。这部影片里，除了影射希特勒的大独裁者以外，还安排了一个貌似希特勒的理发师。这位编、导、演“一把抓”的电影艺术大师，扮演了这两个角色，用双关的手法，无情地揭露了法西斯主义者的反动本质，深刻地讽刺了他的狂妄自大、愚昧无知，说明他终于要走上灭亡的道路。这里面有大独裁者玩弄一只大气球的镜头，球上画着世界地图，放在木架上面。卓别林先生一出场，先走向这架气球做的地球仪，用贪婪的目光在球上四面寻找他的猎物，然后从架上拿过气球捧在手里，用柔媚的姿态，轻盈的步伐，随着音乐节奏，忽慢忽快地曼舞起来，舞到得意忘形的时候，一脚蹬上桌子，正在高兴，“啪”的一声气球破了。这场戏里，他用了四种表情——冷酷、快乐、疯狂、颓丧，层次分明地把大独裁者的心理变化，描绘得淋漓尽致。梅先生看了，非常痛快，他感到，不但法西斯独裁者的结局是这样，就是所谓轴心国家里他的那位伙伴——日本军国主义者也必然是这个下场。所以他看过一次还想再看，一连看了七次之多。

迁居桂林的计划

梅先生寄居香港，重庆方面头两年对他抱着不闻不问的态度。到了 1941 年秋天，杜月笙从重庆飞回香港，约梅先生去谈话。杜说，重庆方面让他来邀请梅先生去演出。梅先生回答说："我的剧团远在北京，要他们大队人马冲破敌人的重重关卡，恐怕是难以想象的，再说，千里迢迢的路程，万一中途死了几个人，我担不起这个责任。如果剧团不来，我一个人到重庆，也唱不了戏。请您把目前的困难情形转达过去，等演出有了条件再实行吧。"回家以后，他就告诉冯先生说："重庆要我去演出，我已经把困难说给杜听。这些掌权人物，国难当头，还是闹得这样乌烟瘴气，真让人看不下去，我不愿意再给他们去凑热闹。可能他们会有这样的想法，说我梅兰芳贪图享受，赖在香港舍不得走。香港本来不是久居之地，我早就想离开，您看到哪里去好？"冯先生说："你既不愿意去重庆，我们何不搬到桂林去住？那里是个风景区，气候也还不错。你如果同意，我可以写信托中国银行给我们找房子。"梅先生说："好吧！先去了再说。"不久，冯先生就接到桂林中国银行经理陈隽人的回信，知道已经租定了一所房子，租金每月200元，一切应用家具也在着手准备。梅、冯两位计划过了年就走。那时我在交通银行经管运输事务，和当地两家航空公司都很熟识，梅先生一再向我说："我们内迁时行李不会少，飞机票要你早点给我们联系。"我说："你放心吧！包在我的身上。"谁知道当年12月8日就发生了"珍珠港事件"，香港当天就受到日军的轰炸，形势突变，上面的计划也变成泡影了。

胡子是这样留起来的

1941年12月8日的清晨，我们忽然听到了猛烈的高射炮声，大家都摸不清是怎么回事，起初还以为是演习。梅先生从电话里对我说："看样子不象演习，我从窗口已经看到对岸飞机场有火光，好象受到了轰炸。"后来确知日军已经向香港展开全面进攻，我就去见梅先生，他皱着眉说："糟啦！早走一步就好了。香港是个孤岛，我瞧是守不住的，早晚要被日本人占领。我一向离着他们远远的，这回可难免要碰上了。"

日军围攻香港18天，每天炮声隆隆，日机也常来“光顾”。我和梅先生都住在半山，山上没有防空设备，只能躲在楼房的地下室里，算是临时的防空洞。那几天他总是默默地不大说话。

梅先生素来爱好整洁，在这种紧张的气氛里，照样还要刮脸，可是我们发现与过去不同的是，胡子就不剃了。我和冯先生问他：“莫非你有留须之意?”他严肃地指着上唇回答我们：“别瞧这一小撮胡子，不久的将来，可能会有用处。日本人假定蛮不讲理，硬要我出来唱戏，那末，坐牢、杀头，也只好由他。如果他们还懂得一点礼貌，这块挡箭牌，就多少能起点作用。”

梅先生是个旦脚演员，年轻时为了怕胡子太浓，常用镊子拔须，现在要用着它了，可又总是稀稀朗朗的几根，老长不密。直等回到上海，时隔半年，胡子才留得有个样子。

闯过第一关

日军进入香港以后，猖狂残酷的行为，如同野兽一般，到处向人要“花姑娘”，不给就把人打得半死，深夜闯入人家，奸淫妇女，甚至孕妇也不免遭殃。梅先生不断听到这种暴行消息，愤怒已极。所有港地居民，全都惴惴不安。

第三天的上午10时左右，梅家突然来了一个陌生人，要见梅兰芳先生。梅先生刚跨进客厅，那人抢过来握住他的手说：“您真把我找苦了，我们进入香港，上级就指派我要找到您，找了一天没有头绪，有人说您已经不在香港，可是据我们的情报，您没有去重庆，8号夜里重庆派来接人的两架飞机里面没有您，肯定仍在香港，但是不知道您的住址，叫我干着急，直到昨天晚上才有了线索，现在，我真高兴能够见到您。”来的是个日本人，名叫黑木，说着一口流利的带着东北口音的中国话。黑木又说：“酒井司令想见您，您哪一天有空，我来陪您去。”梅先生说：“现在就可去。”说完就进来拿帽子。冯先生问他：“你拿帽子上哪儿去?”梅先生说：“来的那个日本人要我去见他的司令。”冯先生很着急地说："你一个人去行吗？"他却很镇静地回答："到了这个地步，生死早就置之度外，怕有什么用处！"说完话出去对黑木说："我们走吧！"他们刚走出客厅，梅家住着的一位姓周的朋友，就自告奋勇地抢过去对梅先生说："我陪您去。"冯先生从阳台上目送他们跨进黑木的汽车，弯弯曲曲地下山去了。

下午4点钟我到梅家，他还没有回来。冯先生坐立不安，焦急万分地对我说："这一下畹华真完了！我深悔不该让他去。"我心里也在着急，但表面上还要安慰他。我们左等不来，右等不来，天已经黑下来了。大家站在阳台上瞪着眼冲外看，全部路灯都没有了，住家的也不露出灯光，在朦胧的月色下，连个人影也找不到，整座山阴森森地充满着凄凉恐怖的气象。好不容易从远处传来汽车喇叭的声音，这辆汽车一直开到家门口停住，果然是梅先生和姓周的朋友回来了。他刚一进门，我们就赶快围上去问他："你怎么到这会儿才回来？"他微笑着说："别忙，等我放下帽子，擦把脸，再细细讲给你们听。"他说："酒井的司令部设在九龙的半岛饭店，我走进他的办公室，他正在隔壁房间开会。黑木出去绕了一下进来说：'司令马上就来，请您稍候。'不一会儿，酒井进来跟我握手说：'二十年没有见面了，您还认得我吗？我在北京日本使馆当过武官，又在天津做过驻防军司令。看过您的戏，跟您见过面。'他一面说话一面盯着我嘴上的胡子看，用惊讶的口气说：'您怎么留须了？像您这样一位大艺术家，怎好退出舞台？'我说：'我是个唱旦脚的，年纪老了，扮相不好看了，嗓子也坏了，已经失去了舞台条件，唱了快40年的戏，本来也应该退休了。'他听了，沉吟一下就让黑木给我一张特别通行证，又对我说：'有甚么需要，可以告诉黑木，让他给您解决。'谈完话出来，正想回家，黑木一把拉住不放，坚邀我到他家吃饭。吃完饭时间已经不早，我料想家里一定很着急，但黑木还缠着我大谈其戏，又留我吃了点心，才陪我过海，上了岸，仍派汽车送我回家。今天总算让我闯过去了，你们别以为他们不难为我有什么好意。我看酒井这家伙够厉害的，准是想利用我。让他去做梦吧！"

梅先生早年曾两次到日本演出，都受到日本文艺界和观众们的热烈欢迎。他常说："我对日本的人民本来没有什么恶感，我所极端痛恨的就是这班狼子野心成天要来侵略我国的军阀们，他们越是对我表示殷勤，我心里对他们的仇恨越深。”后来的事实告诉我们，这群想利用梅先生的恶魔，果然始终是在那里做梦。

发生了三件事

自日军占领香港到梅先生离港之前，这中间曾经遭到三次不同程度的胁迫，都被梅先生挡了回去。经过是这样的：

日军某部队为了开一个占领香港的“庆祝会”，函请梅先生参加，表演一出京戏。这时正好梅先生患牙疼，就请医生写了一张证明，附在回信里说明不能参加的理由。这件事就这样对付了过去。

没有多久，日本军部又派人来说，为了繁荣战后的香港市面，想请梅先生出来演几天戏。梅先生对他说：“我的剧团不在此地，一个人无法演出。”就这么搪塞了过去，以后也没有再提过这事。

第三次情况就比较严重了。南京汪伪政府要庆祝“还都”，日本的特务机构“梅机关”（日本在中国当时有梅、兰、竹、菊四个特务机关）派专人来港，邀请梅先生参加，准备用飞机送去。梅先生当然是不会去的，而来人却一定要请他走一趟，不肯空着手回去复命。经过多次的谈话，费了无数的唇舌，最后梅先生坚持着有心脏病不能坐飞机的理由，这才把来人打发走了。

梅先生那时的处境，真好比笼中之鸟，但是这只鸟一直在盼望展翅高飞。他唯一的寄托是偷听短波。每天晚上在卧室里把门窗关紧，放下窗帘，熄灭电灯，用两条棉被包住收音机，只露出一小块，声音开得很低，把耳朵紧紧地贴在上面。等我到他家，他常常把偷听的一些重要消息告诉我。他住的这所公寓，楼上楼下都住有日本军官，偷听短波是件非常危险的事，但他一直冒着险坚持到离开香港为止。

离开香港

当时，有好些人都轻装简从悄悄地从广州湾偷渡到内地。梅先生决定先把两个在香港上学的儿子葆琛、葆珍设法送走，就托付两位熟朋友，分两次把他们带走去念书。走的前两天，在家里举行了一个告别宴，我也被邀参加。饭后梅先生踌躇着说："万一路上被他们发现是梅兰芳的儿子，可能就给拦回来。这两个孩子的名字从学校里是都查得出来的，非改不可，可是改了又得让他们容易记得住，盘问的时候才不会露出马脚。你们看我这个主意对不对?"冯先生在旁沉思了一会儿说："这样吧，他们的小名不是叫'小四'、'小五'吗？何妨谐着音改作'绍斯'、'绍武'，有人盘问，我想容易答得上来。"梅先生同意了这个办法。他们先后出发的日子，梅先生每次都送到门口，凄然握别，看着孩子下山，走远了还向他们一再招手。

几个月以后，梅先生的熟朋友都已纷纷离港。我们对他的"出处"问题，也研究过几次。有人主张化装偷渡进去，多数人却不同意这个办法，认为别人化装还可以混过关，梅兰芳的面孔认得的人太多，如果让日本人抓了回来，以后的事情就不好办了。大家认为目下香港、上海都是日寇的势力范围，没有什么两样，熟朋友慢慢走光了，一个人留在香港太不妥当，不如回到上海去。梅先生接受了大多数的意见，就在 1942 年的夏天，取道广州飞回了上海。

他走进马斯南路旧居，大家看见梅先生又瘦又黑，比去的时候憔悴得多，嘴上也留了胡子，样子变了。梅夫人一把抓住他，含着眼泪说："上海传遍了你的凶信，说你从香港坐船回来，半路上船被打沉了，今天我们还能见面，真不容易！你怎么这样瘦?"梅先生回答说："你放心吧，别瞧我瘦，我的气儿足，什么都不怕，养几天就能恢复的。"

双重压迫

梅先生这次回到上海，真好比“丁令威化鹤归来”，城郭犹是，局面全非。人民正在日伪铁蹄之下痛苦呻吟，百年来帝国主义在这个城市深深扎根的恶势力为日本军国主义者所独占。经过几年的时间，日本侵略者利用汉奸、特务、流氓、地痞组成的统治机器，活动得更为深入而恶毒。梅先生在这种恶劣的环境里，不能不加倍小心，既要争取生存，更重要的是要坚持凛然的民族大义。他平日杜门不出，敌人找上门来，就虚与委蛇，相机应付。可是有一个绝对不可动摇的原则，如果要他演出、播音，以至参加集会或任何形式的社会活动，不管他们说得怎样天花乱坠，总是打定主意，坚决拒绝。当时南京的伪政府遇到“庆祝典礼”，曾经几次派人来请他出席。后来干脆只说是请他去观光“新都”气象，绝无其他要求。梅先生也一直推托说身体不好，坚拒不去。日伪对这样一位表面安详沉静而骨子里饱含着敌意的艺术家，真是无可如何，头痛之极。

看起来梅先生好像是在孤军奋战，而日本侵略者对这位“不驯”的艺术家，竟自奈何不得，似乎是不可思议的事。其实仔细分析一下，梅先生并不是孤立的，在他后面，有着千千万万爱戴、同情他的人民在，而且这个伟大的力量还是超越了国界的。这是使日伪有所顾忌，不敢过分威胁他的原因。

可以举一个鲜明而生动的例子：

当时马斯南路梅家曾经来过一位苏联塔斯社的驻沪记者。他对梅先生说：“我找您没有别的事。总社来电报说，梅兰芳有在沪遇害的传闻，十分关心您的安全，让我调查报告。我今天看到了您本人，任务已经完成，不再打搅您了。”说完话拿起帽子就要走。梅先生紧紧地握住记者的手说：“请您转告总社，我现在还活着，衷心感谢贵国人民对我的关心！”

这件小事说明了不少的问题。亲如手足的中苏人民之间的情谊，从塔斯社对这位伟大艺术家的关怀完全表现出来了。也正是这种力量鼓舞了梅先生，而且成为他艰苦斗争的最有力的后盾。

政治上的压迫，总算一关一关地闯了过去，而个人的经济问题，却一天一天地严重起来。几年来不曾演戏，当然断绝了经济来源，而港、沪两地的开支又相当大，早把历年的积蓄用得一干二净。梅先生一生自奉甚俭而待人甚厚，那时候的梅家，还住着有好几十口，这里面除了家属以外，有剧团的工作者，有家里的雇用人，都是跟随他多年的老人。梅先生几十年来的习惯，不管在任何情况之下，对所有帮助自己工作的人，从来没有辞退过一个，因此这方面的人数只有增而无减。此外，他家里还住着一些衣食无着的穷亲戚，自己处境虽然如此拮据，也绝不肯请他们离开。

梅先生还经常有一些意外的支出，譬如有人向他告贷，他是有求必应，向不推辞的。《舞台生活四十年》里记述他的祖父梅巧玲先生用银票当作槟榔周济同行的故事。他在这一方面也大有祖风，喜欢在暗地里帮别人的忙，事后从不向任何人提起。我们所知道的一些动人的故事，大半是从受惠者嘴里传出来的，没有发现的还不晓得有多少呢！像他这样庞大的开支，靠着朋友的个人力量，根本无法解决。那末，他究竟是怎样来维持生活的呢？这里面大部分是依靠银行透支。通过朋友关系，上海新华银行答应给他立个信用透支户，透支满额，就一次一次地往上增加。梅先生向来不肯白用人家的钱，有一次，为了买米又要开支票了，他摇着头对我说："真是笑话！我在银行里没有存款，支票倒一张一张地开出去，算个什么名堂？这种钱用得实在叫人难过。"所以梅先生尽可能地少用银行款子，把历年收集并不太多的古玩以及可以变卖的东西，都拿出来换钱。我和哥哥（姬传）就都经手替他卖过古墨、旧扇、书画、瓷器。日子一久，左支右借，困难就更深了。

我不干

正在这经济极度恐慌的时候，上海中国大戏院的负责人来约梅先生唱营业戏，他说："我们听到您的经济情况都很关心。上海的观众等了您好几年，您为什么不出来演一期营业戏？剧团的开支您不用管，个人的报酬，请您吩咐，我们一定照办。唱一期下来，好维持个一年半载，何必卖这卖那地自己受苦呢？"梅先生想，这固然是剧场老板看准了机会，要做一笔生意，可是多少也在想替他解决一些困难。当时他就这样答复："承你们关心，我很感激。至于演出一层，让我考虑好了明天再给你回音。"那人走后，天已经快黑了，我陪梅先生到了冯家。他把刚才的情况告诉了冯先生，接着问："您看怎么回复好？"冯先生沉思了好一会儿说："今天的问题不简单，我得先听听你自己的主张。"梅先生一声不响。接着大家吃完晚饭，他就离开了房间，我们久等不来。有人说他在楼下客厅里。我们一起下楼，推门进去，果然看见他靠在沙发上，眼睛盯住天花板，嘴里不住地喷着香烟。我们也不去打扰他，三个人静悄悄地坐着。这样，约莫过了 5 分钟，冯先生憋不住了，开口问他："你准备怎样答复中国大戏院？"梅先生坚决地大声说："我不干！一个人活到 100 岁总是要死的，饿死就饿死，没有什么大不了！"这位一向安详沉静的艺术家发出这样的怒吼，我们还是不常见到的。接着，他又指着嘴上的胡子说："如果我拿掉了这块挡箭牌，以后的事情就多了，南京要我去演戏，怎么办？万一东京要我去演出，又怎么办？明天我准回绝他们。"这几句话给我们的震动大极了，当时的情景，至今如在目前。他对敌人迫害的一切可能性都做了充分的估计。他看问题看得清，看得远，看得透。当机立断，义无反顾。他能走完这一段艰险崎岖的道路，真不是偶然的。

开画展

戏是决定不唱了，东西也变卖得差不多了，银行透支又不愿意多用，经济情况真到了百孔千疮的地步。他想来想去想出了一个主意，卖画收点润笔过日子。可是零零碎碎一张一张地卖画，拿的钱都派不了正用。大家提议要他开一展览会，可以有一整笔的收入。他马上接受了这个意见。白天家里往来的亲友多，要到夜深人静时才能开始作画，一直画到天亮停笔。

1959 年在北京我们替他记录这段回忆时，他还指着右手大拇指上的疤痕笑着说："你们瞧，这就是我当年画画的成绩，你们还记得吗？那时已经接近胜利，日本鬼子怕轰炸，实行灯火管制，晚上还常常停电。为了赶活儿，我买了一盏汽油灯。有一天正在打气，一不小心，火冒出来把手烧着了，至今还留着个疤，幸亏伤痕不大，要是烧得厉害，那就上不了台了。"

梅先生喜欢画人物、花卉、翎毛，虽然赶不上名画家的功力，可是自有他独具的神韵，特别是他画的佛像，妙相庄严，丰姿清隽，给不少行家留下深刻的印象。

到了画展开幕那一天，参观者挤满了会场，一半是为了欣赏他的作品，一半也深知他是为贫而画，所以定件的人非常踊跃，有的画甚至复定了许多张。就这样东拼西凑地又维持了一段时期。

日本强盗完蛋了！

1945 年 8 月 15 日，日本投降的消息从播音里获得证实，梅先生高兴得流下泪来，笑着对梅夫人说："天亮了，这群日本强盗可真完蛋了！"这一天梅家坐满了亲友，大家兴高采烈地相互道喜，同时发现梅先生脸上刮得干干净净，胡子已经不见了。

从那时起，梅先生每天一早起来就在院子里练功，下午吊嗓子，晚上看剧本，又亲自到地下室里仔细检查戏箱。当时他的心情，就好比退隐多年的老将，一旦又要重上战场，当然压不住内心的兴奋；同时又想到解甲八年之久，武艺生疏，是否能够胜任愉快，也是值得考虑的事。所以他早晚忙碌，积极地为演出做着一切必要的准备。1959 年，他在《穆桂英挂帅》里《抱印》一场创造了一段哑剧式的精彩表演，给后面闻鼓声而奋发的气氛造成有利条件。梅先生对他的学生李玉茹说过："穆桂英是重上战场，我是再登舞台，我们同样歇手多年，从我自己的体会，知道她的思想过程中必然会有由决定出征而联系到责任重大、如何作战的事前考虑。所以我就大胆地采用了武戏里'揉肚子'的身段来尝试一下。"根据他本人的谈话，可见他之所以能够有这段新的创造，就是因为他在思想感情上和这位爱国女英雄起了共鸣的缘故。

在日本投降两个月后，梅先生参加了抗战胜利的庆祝会，在兰心剧场（现在的艺术剧场）演出《刺虎》。演出那天，梅家来了好多中外新闻记者，盯着他问长问短，梅先生没有住过嘴。马斯南路寓所的客厅里，放满了水银灯，有的记者给他拍照，有的拍新闻片，从早忙到晚，一直没有休息，他匆匆吃点东西就赶到剧场。化好了妆，他问我们："你们看我扮出来像不像？敢情搁了多少年，手里简直没有谱了。"我们嘴上鼓励他说扮得不错，其实早就看出不够当年的标准。等他快上场，我站在乐队后头，看他在掌声雷动中漫步出场，一开口嗓子就不够理想，部位感到生疏，身段也不自然。我当时在想：头一支短短的"散板"曲子，已经这样吃力，下面的戏怎么唱呢？真替他捏着一把汗，等演了半出戏，才比较熟练一点，到底幼功结实，总算把这出戏对付下来了。梅先生的表演，向来只用八分力量，总给观众留下一种有余不尽的印象，观众用不着替他担心。说句老实话，我看了他几十年的戏，也就着急过这一回。

散戏回家，梅先生对我们说："今天的戏演得太不像样。嗓子、表情、动作和台上的部位都显得生硬，这固然因为我忙了一天没睡晌觉，最要紧的还是 8 年不唱的缘故。这次得到一个经验，像我这样的老演员，久不上场，一下子出去也会摸不着门，可见得演员是不能离开舞台的。"他虽然对于这次演出做了上面的自我批评，可是在吃宵夜的时候，跟大家说说笑笑，吃得比往常多，还破例喝了一杯酒，颊上泛出了轻红，处处流露着兴会淋漓的神态。

愉快地和广大观众见了面

兰心的一场戏是庆祝的性质，跟着各界也纷纷要求演出，观众迫不及待地要看梅先生的戏，梅先生也急于想和广大观众见面。可是剧团全体人员远在北京，南北交通尚未恢复，他们不来怎能上演呢？有人提出这样一个办法：姜妙香、俞振飞和传字辈的几位演员以及昆曲场面都在上海，京戏唱不成，何妨改唱昆曲？梅先生同意了这个办法，就在美琪电影院演了一期昆曲，共演《断桥》、《思凡》等五个剧目。他一边台上唱，一边家里练，双管齐下，不但把过去的老本事找了回来，而且表演上也起了变化，观众为了要瞻仰一下久不登台的梅兰芳，不管他演什么戏，每场都挤得水泄不通，这里面还有很多是从外埠赶来看戏的。那几天我们在街头巷尾、茶坊酒肆等公共场所，到处都能听到人们在谈论梅兰芳，说他 8 年来情愿吃苦不肯唱戏，今天重登舞台，还是精神抖擞，一点不显老，这真是一件不容易的事情。从广大群众的口里，分明是已经给他的息影八年、蓄须明志，作出了最好的评价。

抗战八年以来，梅先生以坚定不移、威武不屈的精神度过了悠长艰苦的岁月，表现了中国人民的凛然正气，经历了种种的威胁和困苦，他的明辨是非、坚持真理的性格，他的向恶势力决不低头的勇气，是他忠于祖国、忠于人民的表现。正是以他这样的优秀的品质，在新中国成立后，能够很快地自觉地接受了党的教育，提高自己的觉悟，终于走进了无产阶级先锋队的行列。

（原载《戏剧报》1961 年第 21 ~22 期）

梅兰芳看影片《大独裁者》

许源来

抗日战争爆发后，上海沦陷，梅兰芳先生带着剧团到了香港。演出结束以后，剧团北返，他自己留下来，一住四年之久。

可是，梅先生却并没有放弃一切学习的机会，随时注意提高自己。他一直不曾放弃一个演员的锻炼工夫。他注意时局，学习英文，打网球，和朋友们探讨文史方面的问题。就其中给我印象最深的是他对电影的爱好。

梅先生一直喜欢电影艺术。他自己很早就拍过短纪录片，他一直关心着古装电影的成就与问题。对他来说，电影是一种可资借鉴而且可以从中吸取有益滋养的新的艺术形式。在香港的几年中间，每逢遇到好影片，他总要打电话找我去看。看完以后还要议论一些艺术处理方面的问题。给我印象最深刻的是日寇侵占香港以前放映的一部卓别林的新作——《大独裁者》。这部电影，我们前后一起看过七次之多，每看一次必然有新的发现，梅先生对卓别林的这部反法西斯的名作是特别欣赏的。

我们越看越有劲，还把每次的新发现一条条地记下来，前后积累了二三十条之多。

现在举几个例子：

（一）当影片中希特勒在广场里演说完毕，散会之顷，他和戈林相背而立，都在跟人周旋。戈林在欠身握手的当儿，肥臀一撅，正好碰在这位大独裁者身上，使他从高台上一直滚到地下。梅先生说："这是作者在说：就是他手下最亲信的人也靠不住的，时机一到，就能把他赶下台去。"

（二）希特勒本是炮兵出身，片中有貌似希特勒的那位店员在放大炮的镜头。炮弹出了炮口，落在附近地上，突然又向后转了。追着他转了两个圈，最后就在他身旁爆炸了。梅先生说："这说明玩火者的结局，只能是使自己陷于毁灭。"

（三）还有一个影射墨索里尼访问希特勒的镜头。专车到站，许多人抬着一条大地毯，想铺在车门口让墨索里尼踏着地毯下来，表示对贵宾的敬意。谁知道车还没有停稳，还在忽前忽后地移动，抬地毯的也跟着乱跑一气。等到墨索里尼下了车，要和希特勒握手了，希却使用了高举右手的法西斯式见面礼，墨赶快也跟着举起手来，不料这时希却又放下手臂想和墨握手，两人的动作都很快，一上一下交错了好几回。梅先生看到这里，笑着对我说："你知道这两点是什么意思？这都是在说他们之间的步伐也并不协调，貌合神离，终究是凑不到一起的。"

（四）还有这么一场戏。希、墨二人坐在理发椅子上谈话，希发现自己的个子矮小，比不过墨，他就边谈边用手摇椅旁的扶柄，椅子于是慢慢上升，高出了墨半个头，墨发现了这情况，他也不动声色地摇起扶柄来，上升到比希高半个头，两个人就这样扶摇直上比赛高低。这时电影画面里很滑稽地显示出孤零零两根长长的铁棍，支撑着两个战争狂人，在半空中对坐交谈，令人看了实在可笑。最后"啪哒"一声，连人带椅都摔下来了。这说明他们都想出人头地，各不相下，结果免不掉同归于尽。

（五）希、墨二人在会谈一件事，桌上只摆着一个半身石膏像。墨要吸烟，掏出火柴就在石膏像的头上擦着点火。梅先生说："这个石膏像必然是希特勒最崇拜的人，墨索里尼毫无礼貌地就在他的脑袋上划火，说明墨并不把希放在眼里，这点是很容易理解的。那个石膏像究竟是谁？银幕上却看不清楚，遇到看过这部片子的朋友，问个明白。"我们问了不少人，也没有一个答得上来，直到去年夏天，偶然谈起此事，梅先生还说："我们当年对于这个《大独裁者》倒费过一番心血，可惜记录都毁了，石膏像的问题，过了二十年还是悬案，看上去只有请卓别林先生来揭开这个谜底了。”

以上所谈是属于剧本方面的探讨。的确，这部精心结撰的片子中间，包含着极丰富的资料，可是没有一个细节是漫无目的的，都有着深刻的意义，不仔细揣摩，准会忽略过去。这部电影在当时上映是有极鲜明的反法西斯的战斗意义的。梅先生对这部影片发生如此浓厚的兴趣，也绝不是单纯从艺术角度着眼的。记得他每次看过影片，精神上总是十分痛快。他完全同意影片的结论，法西斯的结局一定是毁灭自己，特别是轴心国家的那个东方伙伴——日本帝国主义者，也一定会走上同样的下场。

（原载《文汇报》1961年11月26日）

《大独裁者》和火柴夹子

许姬传

熟悉梅兰芳先生的人大都知道他在生活中有很多爱好，他喜欢养猫、养鸽子，喜欢种牵牛花，喜欢书画等等，但很少有人知道他还是一个火柴盒的收藏者。早在1935年，他第一次访问苏联、游历欧洲的时候，就开始收存外国火柴盒。新中国成立以后，他每次出国，无论在日本、在苏联、在朝鲜、在维也纳，只要有机会，他还是继续收存火柴盒，多少年来，居然积藏了不少。

1961年7月中旬，有一天，他忽然把历年来收存的许多外国火柴盒从柜子里找出来，反复挑选，最后挑了一些色彩鲜明、图案精致的扎成了一大包。当时我在一旁看了，很觉奇怪，就问他做什么。梅先生告诉我："前几天（按：大概是7月10日庆祝蒙古人民革命胜利40周年纪念日）在蒙古人民共和国大使馆的一个宴会上，我偶然看见马彦祥同志在和一位蒙古外宾交换火柴盒，我问彦祥同志，才知道原来他是一个火柴盒的搜集者。我不是也积存了一些外国火柴盒么？我想把它送给他。"我问："在您收藏的火柴盒里，有没有比较名贵的？"他说："有。"就从包里拿出一个小纸包，举着说："这就是件珍品。"我打开小纸包一看，原来是一个火柴夹子，封面上印着卓别林扮演《大独裁者》希特勒在片中化名兴格尔玩弄地球仪的镜头。揭开封面，里面每一根连在夹子上的火柴，都做成炸弹的形状。

梅先生说："1941年，卓别林的《大独裁者》即将问世，那时我正困居香港。香港利舞台的经理托我打电报给卓别林，利舞台愿意争取《大独裁者》在香港的首演权。卓别林很快就给了我回电，表示同意，说已电告他的代理人照办。我一连看了7次《大独裁者》影片，这个火柴夹子就是当时放映影片的广告赠品。卓别林摄制的影片，除了自编、自导、自演外，就连广告宣传画，也都是自己设计的。他用火柴、炸弹、地球仪来象征这个大独裁者的好战、玩火，终于自焚其身。就从这个小小的火柴夹子里，也可以看出卓别林的艺术匠心来。”

梅先生接着还说：“现在法西斯余孽又在蠢蠢欲动，有些人还正踏着希特勒的前车覆辙，往更大更深的火坑里跳。这个小小的火柴夹子，今天看来，还有它的现实意义。把它送给彦祥同志，他一定会喜欢的。”

说过这话没有几天，梅先生就进了医院，一病不起。梅先生逝世后，梅夫人拣出他亲手扎好的一包火柴盒和卓别林《大独裁者》的火柴夹子，交由我转送给马彦祥同志，作为纪念。

当马彦祥同志意外地收到梅先生留下的这份有意义的礼物时，十分感动，最后说：“遗憾的是，连一句感谢的话都没有机会向他表达了。”

（原载《大公报》1962年10月17日）

空巷人民看艺王

许姬传

1949年6月下旬，梅兰芳先生应邀参加在北京举行的第一届全国文代会。梅氏夫妇带了葆玥、葆玖、化妆师顾宝森、管箱郭岐山、演员王少亭等从上海乘专车北上。离沪前，熊佛西先生对我说："周而复同志托我转告梅先生要带行头，准备在大会招待演出。"所以我们一行有16人之多。

我们路过南京，当地的军政首长设宴招待，地点就在国民党的原"励志社"旧址。刘伯承将军还对全体代表——作家、诗人、戏剧和电影演员、导演、书画家、雕刻家等致欢迎词。

当时，美蒋飞机还不时来轰炸，所以我们先在"励志社"休息，要到下午4点以后才乘轮渡渡江到浦口上车。沿途停车时，经常有群众聚在车站上高声欢呼："请梅兰芳先生跟大家见见面！"梅先生拉了周信芳先生一同下车，大家拍手欢迎，直到深夜还有人在车站等候。为了满足群众的愿望，梅先生在车上一直和衣而卧地等候着。

上午8时，车抵蚌埠，代表们全体下车，因为当时淮河大桥被炸，南北交通阻梗，要坐卡车过木桥渡淮河，再换乘北路列车赴京。蚌埠车站月台上就有200多位解放军围拢到梅先生身边，大家都拿出笔记本请梅先生签字留念。大约5分钟后，有一位军官大声说："天气这么热，不要签名了。请梅先生抬起头来，让我们看一看吧！"

代表们分乘卡车，到蚌埠市区一条街上吃饭。车上有很多电影和戏剧演员，因此卡车队被群众夹道围观，只剩下一条很窄的通道，行驶非常缓慢。当大家发现有梅兰芳时都围到车边，短短的路程竟足足走了40分钟，最后才在一家饭馆门口停住。我们从人群里挤了出来上了饭馆的小楼，群众也往饭馆里挤。一位代表团的干部对大家说："梅先生路上很辛苦，请大家原谅，不要往里挤。"有一位群众提出要求说："请梅先生唱一段给我们听一下，我们立刻就散。"代表团干部征得梅先生同意，还居然从代表团中临时找到一位会拉胡琴的同志。梅先生唱了一段《女起解》的"流水板"："苏三离了洪洞县……"大家才拍手叫好而散。代表团中的作家李青崖先生当时即兴口占一绝：

桥断长淮觅渡忙，
撑天火伞焰方张。
心情解放终难锁，
空巷人民看艺王。

梅兰芳心向着观众

许姬传

梅兰芳先生历来都非常关心他的观众。他排演的新戏不断修改，一则为了去芜存菁、精益求精；二来也为了节省观众的时间。他说：“现在的观众工作忙，忙里偷闲来看戏，借此调节身心，要珍惜他们的时间。”所以梅先生演戏常把不必要的过场删掉，唱、做、念、打，尽量集中简练。例如《霸王别姬》初演时，长达四个钟头，那是因为杨小楼先生饰霸王，将昆曲《千金记》中《十面》的武打套子照搬过来，占了很长时间。以后听取观众和同台演员的意见，梅与杨边演边改，将过多的武打场子和冗长的台词、唱段都删掉了。虞姬还唱大段的“西皮慢板”，后来感到与她的性情不甚协调，就删改为四句“摇板”。梅先生认为虞姬的性格是刚中有柔，她爱霸王，但对他的好战有隐忧，所以他选用“南梆子”、“摇板”等唱腔，展示云敛晴空、冰轮乍涌、四面楚歌、野营凄冷的特定环境，于是司马迁笔下描写的英雄、美人、名马，就立体地呈现在舞台上了。

梅、杨分开以后，梅先生根据情况又大刀阔斧地删去武打及其他表演枝蔓，剪裁为两个多小时。他曾对我说：“戏总是越唱越短，最后就定型了。”

记得两年前的春节，剧协在新侨饭店茶话联欢，邓颖超同志来向大家祝贺新年。那次她对新排的戏提了意见，她说：“常常有剧团送票来请我看戏，但我都不能去，非常抱歉，因为戏太长，像我的岁数要坐三个钟头，体力不支，只能在家里看电视。我建议是否剧本和表演都搞得精练一点，我们要爱惜观众和演员的时间和精力。”

梅先生的戏千锤百炼，越唱越短，节约时间，高度浓缩，保留精粹，他的心始终是向着观众的。

1981 年 8 月 15 日

《抗金兵》与“镇江水军”砖

许姬传

1953年夏，梅兰芳先生在上海思南路寓所接到扬州市文物风景管理委员会一位同志来信，赠送南宋“镇江水军”砖拓本一纸。手拓甚精，还有赠者跋语：

一九五一年春，扬州市拆城筑路。以旧城始因抗金兵而筑，曾于办事处中设有文物保管组，田鉴兼司其事。搜得文物及宋砖极夥。砖文中颇具丰富史料，足补《宋史》职官志、兵志及地理志之缺。远达江西、湖北亦送砖来筑扬城。镇江砖凡得七十余种，韩世忠麾下镇江前、后、左、右、中、水各军则占多数。前以赴沪参加中华医史学会之便，得观梅院长《抗金兵》一剧，归检该故事当时之实物“镇江水军”砖，拓以奉赠，并求审定。

癸巳初夏鉴庭耿鼐沣识于扬州

梅先生和许源来研究了跋语，知道扬州旧城是因抗金而筑的。为了筑城，江西、湖北那么远的地区亦送砖来支援；在镇江方面，韩世忠军队送来的占了多数。这说明了全国各地人民抗金的高涨情绪和韩世忠抗金的坚强决心，“镇江水军”砖做了历史的见证者。

梅先生《抗金兵》一剧就是写韩世忠在黄天荡围困金兵的故事。韩世忠和金兵接战，夫人梁红玉亲执桴鼓，在黄天荡以8000人包围金兀术率领的10万大军达48天之久。后来，金兀术绝江逃走，从此不敢再渡江南了。这个剧本的演出，对抗日战争起了振奋民心、鼓舞士气的积极作用。

梅先生把这张有珍贵史料价值的拓本送给许源来，并说：“你喜欢研究历史，请你保存起来，闲暇时写一篇文章交给《文物》杂志。”

源来多次谈起要写这篇文章，但因忙里难以偷闲，终于不成。今年2月，源来弟病逝，我到上海检点遗物，看到拓本，他的未竟之事只得由我来完成了。

（原载《人民日报》1979年8月8日）

《桃花扇》·四公子·梅兰芳

许姬传

清朝孔尚任写了《桃花扇》传奇，著名戏剧家欧阳予倩改编为话剧，梅阡、孙敬同志根据原著和话剧本改编成电影《桃花扇》。剧情大意是：清兵入关，马士英、阮大铖在南京扶立福王朱由崧。阮大铖为排演他的《燕子笺》剧本，把已与侯方域（朝宗）相爱定情的歌妓李香君抓去，要她担任主角。李香君在《燕子笺》一折中，就原腔韵，自制新词，借题发挥，列数罪状，当筵痛骂马士英、阮大铖。阮大铖大怒，囚禁李香君。清兵破扬州，南京陷落，李香君逃至栖霞山葆贞庵避难。以后，李香君、侯朝宗不期而遇。李香君见侯朝宗已是清朝打扮，就严词痛斥，撕破定情的“桃花扇”，表示决绝。

这个剧本里，侯方域是明末四公子之一。四公子是陈贞慧（定生）、冒辟疆、方以智（密之）和侯方域。侯方域变节降清。方以智在李闯王退出北京后，南下至金陵。马士英、阮大铖要杀害他，他只得流离岭表。桂王朱由榔在广东肇庆建立抗清政权，年号永历。方以智拥戴有功，永历帝欲授方为内阁大学士兼礼部尚书，被方以病为由辞谢。明亡后，方以智削发为僧，法号弘智，自号药地和尚。

冒辟疆，号巢民，如皋人。少年才高气盛，曾在南京桃叶渡置酒高会，酒喝得高兴的时候，大骂阮大铖。那时，阮大铖为了讨好冒辟疆这些名士，曾让自己的歌女舞伎到冒辟疆寓所为他们表演，可是冒辟疆他们边听边骂。阮大铖恨极了，趁自己在南京得势的当儿，要置冒辟疆于死地。冒辟疆事先得到消息，没有遭到毒手。明亡后，冒辟疆回到故乡，隐居水绘园，虽有荐举，都婉言谢绝了。

陈贞慧，字定生，宜兴人。他曾和吴应箕写《留都防乱公揭》反对阮大铖，被关进牢狱，受到残酷的摧残。国亡后，逃避山中，十几年不进城市，和方密之、冒辟疆一样，保持了民族的气节。

我的弟弟许源来购得冒辟疆工笔墨梅小幅，后来又以重金买到陈定生兰花条幅，就裱成对幅，悬之天泉阁。抗日战争时期，梅兰芳蓄须辍演，鬻画为生。一天，到我家来，看到冒梅、陈兰二幅，爱不忍释，便和源来推敲画面的意境，斟酌题词的含义。梅兰芳说："冒巢民的梅花傲然恃立，真是风虐雪欺，不改其操；陈定生的兰花，一丛长在盆里，一丛躺着，毫无遮拦，也没有一点根须，我看大有深意，不是和郑所南画兰不画根相似吗？至于陈画的题词，请你解释一下。"源来说："你讲得对。陈定生的题词是：'古来画从不画形，文人墨戏厌丹青。依今别有写生诀，只读《离骚》一卷经。定生画并题于栖霞山之逃崖。'所谓画不画形，是说画画不求形似，只是为了表达作者思想，也不要那纷红骇绿的色彩外表。现在我掌握了和别人不同的写生诀窍，那就是和屈原写《离骚》的手法一样。诗里所表达的家国痛、民族恨的感情跃然纸上。'逃崖'二字也可以鲜明地看出陈定生誓不帝清的节操。"梅兰芳点了点头说："屈原就是不从俗浮沉，宁愿自投汨罗的。"源来指着这两幅画对梅兰芳说："你现在以画糊口，处境和冒、陈极为相似，把它送给你再合适没有，将来可成一段艺林佳话。"梅兰芳郑重而坚决地回答说："这两幅画是天泉阁珍品，我不能夺人所爱，我要看，就到你家来看。"

1945 年抗日战争胜利。冬天，先叔松如先生在冒辟疆墨梅条幅的诗旁题上"仙寿长绵"四字小篆，虽然是扣着辟疆画题（题云：百寿先春，群仙献瑞，题祝春翁先生九十初度），但也含着具有民族气节的人是永存的意思。

1961 年 8 月 8 日，梅兰芳同志以心疾辞世。癸卯（1963 年）冬，吾弟源来在冒辟疆梅花小幅的下方作了跋语："余既得冒辟疆画梅小幅，越岁又获陈定生兰花长幅，梅之秀挺，兰之飘逸，迥非寻常画工所能梦见。定生手迹流传甚渺，况又作于栖霞山中之逃崖，题句有‘古来画从不画形，文人墨戏厌丹青。依今别有写生诀，只读《离骚》一卷经。’殆寄美人香草之思耳。甲申年（1944）秋，梅公畹华迫于生计，鬻画糊口，偶过余斋，见斯二幅，叹为双绝。因举而贻之，畹老坚以不能割爱为辞。流光荏苒，屈指垂二十年矣。今夕冷雨敲窗，寒灯坐对，壁间梅兰掩映成趣，回首前尘，不禁人琴之痛也。癸卯冬海昌许源来识于天泉阁。”

1979 年 2 月 23 日，源来以肠癌病逝。这几天，我夜宿天泉阁，凝眸注视源来的遗像、灵灰，细读壁上悬挂之冒辟疆、陈定生画幅上的题跋手迹，悲从中来，不能入睡，枕上成诗一首，以志吾痛：

离家匆匆廿三载，
劫后归来满目悲。
寂寞天泉悬手迹，
纵横老泪对灵帷。
行装早备北冀路，
宿愿竟辜东府期。
此去彩衣亲故集，
凝眸差以慰萦思。

1979 年 3 月于上海

（原载《戏剧界》1980 年 5 月）

张学良·大“梅”字·《宇宙锋》

许姬传

1979年春季，舍弟源来在上海病逝，我从北京南下奔丧，检点他的遗物，发现一张照片，引起我对50年前一段往事的回忆。

20世纪20年代初期，梅兰芳和他的好友齐如山、冯幼伟、李释戡、萧紫亭等在北京香山静宜园山巅合影留念。李释戡用扫帚蘸白粉写了个大“梅”字，特别醒目。“梅”字下面还有题记，也是李的手笔。冯幼伟的侄儿冯武越并不是当时的同游者，这张照片是他后来前去留影作为纪念的。

冯武越是法国留学生，回国后担任过张学良的法文秘书。20世纪20年代，他在天津编过《北洋画报》，我当时家住天津，冯武越约我撰稿，因此有了往来。他告诉我，张学良在经济上很支持《北洋画报》，是该报的主要经济来源。当时有些人认为它是张学良的机关报，其实《北洋画报》很少谈政治，只不过偶尔发表一些带有讽刺性的政界花絮而已。当时京、津著名的文艺界人士如陈师曾、袁寒云、方地山（大方）、颜伯龙等等，都经常在《北洋画报》发表诗文和书法、绘画，在精印的古文物如青铜器、陶瓷、古代名画之类当中，有些就是张学良收藏的精品。

冯武越和张学良还有一段姻亲关系。当时北洋政府沪宁铁路局局长赵燧山，把大女儿赵绛雪嫁给冯武越；现在台湾省的张学良夫人赵四小姐就是赵燧山的第四个女儿。张学铭的夫人是赵四小姐少年时代在天津的同学。她最近和我谈起："赵四小姐很聪明，名号很多，我只记得她叫'一荻'，是把她的英文名字译成汉文的，她在英国住过一年，英语流利。冯武越的夫人赵大小姐和赵一荻同父异母。一荻今年 68 岁，比张学良小 11 岁。"

我与冯武越的接触中，才知道张学良是我国古文物的鉴赏家，也是收藏家。当时在京津名噪一时的谭派票友、古文物鉴赏家韩慎先，别号"夏山楼主"，有一年春节期间，我们结伴到北京琉璃厂厂甸玩。春节的厂甸犹如庙会，每逢这一季节，有各式各样的古董铺、旧书摊，还有北京风味的小吃，如海王村的艾窝窝，哈家烧饼铺平时卖烧饼，一到春节集市，就改卖式样繁多而又精工扎制的风筝，它的"瘦沙燕"最出名。当时戏曲界的人都爱放风筝，争奇斗胜。火神庙是旧书摊集中的地点，有时真能得到珍本书籍。我和韩慎先走进厂东门，到韵古斋看看有什么好的字画。店主人韩少慈和慎先是老朋友，当即亲切接待。慎先看到桌上有一个手卷，打开一看，是元朝一位名画师绘的花鸟，色泽鲜艳，用笔古雅。他反复欣赏，爱不释手，就问价钱。店主说："这件东西要送给少帅看。"（当时通称张学良为少帅）慎先就说："这是元朝的冷名头，少帅怎么会看得上它?"店主说："少帅对于古玩字画，是很有眼力的，他只要看对了，从不还价。象这个手卷，他会满意的。我们开价五千元，恐怕您出不了这个价。"慎先一听要价太高，就和我离开韵古斋，到大马神庙王瑶卿家里去。

我们边走边谈，慎先说："许多武人都喜欢附庸风雅，买些字画挂在墙上点缀，其实全靠幕僚掌眼，张学良是真有鉴赏眼光的，什么古玩字画，他都自己过目。他所收藏的确实都是好东西。我有一次看到一幅黄鹤山挂幅，比我所收藏的《夏山高隐图》要精，我想买下。韩少慈告诉我说，张学良已经看过这张画了，明天就得给他送去。"韩慎先一向以古文物鉴赏能力自负，他如此推重张学良，确实很不简单。新中国成立后，我曾向张学良的弟弟张学铭打听这幅名画的下落。他说，原来存放在天津一家外商银行的，经过多次动乱，也就不知去向了。张学铭还说，张学良过去在北京、上海、南京都有住宅的，室内挂着不少名家的字画。"九一八"事变后，他情绪不佳，有一次到南京，看到侍从人员正在室内张挂字画，他皱着眉头说："以后不要再搞这些东西了。"这句话很能说明他对国事的心情。

张学良对民族传统文化艺术的爱好有着多方面的兴趣。他也听戏。梅先生有一次谈到“九一八”事变那天晚上，他演出《宇宙锋》，就看到张学良坐在包厢里观看演出。事后，国内盛传那天晚上张学良在六国饭店和某电影明星通宵达旦地跳舞，有的报纸还登了这样的消息，并大肆渲染。这次我写这篇文章，联想起这件事。梅先生作古多年，无从核实，我就和梅夫人福芝芳讲起这段往事，梅夫人证实了梅先生的谈话。她说，“九一八”事变那天晚上，我在长安街平安电影院看完了一场电影，接着就赶到煤市街中和戏院去，因为梅先生那天晚上演出全部《宇宙锋》，我看到张学良和四小姐坐在包厢里看戏。不大一会儿，来了个人附在张学良的耳边讲了几句话，张学良立刻起身离座，直到散戏也没有再回来。

最近我和张学良的弟弟张学铭谈起这件事，他说：“那时我哥哥患伤寒症住院刚好，九月十八日晚上，他从医院到中和戏院看梅先生的《宇宙锋》。他一向就爱听梅的戏。那天晚上他定了三个包厢，随行人员有护士、警卫等。当戏演到赵女在金殿装疯时，他的秘书来通知他沈阳事变的情况，我哥哥就匆匆离开戏院。陪他同去看戏的人也都走了。戏院的包厢里突然走掉二、三十人，观众是特别注意的。”

震惊世界的“九一八”事变和“西安事变”这两大历史事件，张学良都属于事件的中心，梅夫人和张学铭先生讲的这段故事很有史料价值。“九一八”事变距今将近半个世纪，最初传说张学良在事变之夜沉湎舞场的不实之词，也应该勾销，还它本来历史面目了吧。

（原载《文汇增刊》1982年2月）

关于京剧发声与口形问题的研究

许姬传

《张学良·大“梅”字·〈宇宙锋〉》一文是根据冯武越赠我的一张照片写的，发表在1980年第2期《文汇增刊》。同年5月11日《北京日报》刊载许家骏同志写的《香山寻梅》，则是亲临石壁下，详细记述了摩崖石刻的题字，文曰：

“壬戌三月二十四日，肃紫亭、齐如山、梅兰芳、王幼卿、李释戡同来，兰芳写梅，释戡题记。香山游者虽多，未必遂登此石，亦足以自豪矣。”中间刻着“齐如山监刻”，最后刻着梅兰芳自题“梅”字，高达一点九米五，宽为一点九米。在“梅”字木旁下方又刻有兰芳二字，每字高二十公分，宽十五公分。

这位与我同姓的许先生可谓有心人，冒雪寻梅，弄清楚大“梅”字的地点、题字、尺寸，成为文艺界的一桩史料是非常可感的。

我现在作一点补充，梅先生曾对我说：“冯六爷（幼伟）在香山盖了几间平房，我们那次去题字刻石，就住在他的房子里。”

据我考证，第一个人名“肃紫亭”有误，应作“萧紫亭”，可能是字迹模糊，看不清楚。萧紫亭的年纪比齐如山大，梅先生称他为“萧伯伯”，我曾在梅家见过一面。

王幼卿是王二先生（凤卿）的儿子，人都称他为“三少”，我曾和他研究京剧发声和口形问题，现在写出来供大家参考。

幼卿初学老生是家传汪派（桂芬），因瑶卿先生无子，过继给大伯父，改青衣，曾与马连良合作，我看过他与连良合演《苏武牧羊》等戏，后因困于阿芙蓉，嗓音不振，离开舞台。梅先生夫妇请他到上海教葆玖唱青衣。他的唱法是瑶老嫡传，出字收音，行腔用气，非常讲究。有一次，我看见他给葆玖吊《二进宫》，唱道：“子子孙孙爵禄高”，我觉得唱得很准确，可是幼卿把胡琴停下来对学生说：“你的口形不好，不许龇牙咧嘴，将来成了习惯，到台上可难看哪。”他对我说：“老生有髯口遮住嘴，旦脚则毫无遮掩，当初大老爷子（瑶卿）教我时，就常常纠正我的口形，还有眉毛乱动，摇晃脑袋，都是毛病。”我说：“老生也要注意口形，我记得谭派票友罗亮生说：‘民国初年在上海听老谭的戏，从正厅看面部肌肉没有什么活动。有一次到台上看老谭演《乌盆记》，大段反二黄都是站在台口固定地位唱，只见他后腮和脖梗方面的肌肉运动得非常频繁。’”陈十二爷（彦衡）曾对我说：“给鑫培在大外廊营吊嗓，唱《鱼藏剑》：‘一事无成两鬓斑……’的‘西皮’，那天嗓子痛快，调门六半调，震耳朵，还有后腮帮子的肉，动得厉害，老谭还对我说：‘搭三庆班时，唱武生，大老板（程长庚，据不少人说谭背后对程是这样称呼，从不叫他的艺名）说我的嘴长得不好，要戴上髯口就遮住了。所以我中年后就改唱老生。’”

我还在朋友家里听幼卿教《文昭关》、《取成都》，嘴里非常讲究。他说：“唱汪派必须用脑后音，程大老板的脑后音最好，只有汪桂芬学得象。”他又说：“内行试嗓，一般用噫、啊二字，噫是并嘴音，啊是张嘴音。”

那天在座的有一位西医说：“声带发高音时要并得很紧、脑后使劲，所以科学上称为‘头声’。”

我曾问梅先生：“你看过汪桂芬，究竟凤卿与他比起来如何？”

“凤卿的噫字音——脑后音很象汪，但张嘴音就不如汪桂芬响堂。所以我排《西施》、《太真外传》，他演范蠡、唐明皇时，如果戏词是‘发花’、‘怀来’

等张嘴音，他有时改成‘医欺’、‘人辰’的并嘴音。他有文化，改得还是很通顺的。”梅先生还告诉我：“有一次在天津演出，得了感冒，中医给我开方子，有发散药，凤卿说：‘吃了发散药，声带松了，高音使不上劲，可是我已经吃下去了，那天幸而是《霸王别姬》，唱到‘南梆子’：‘且散愁情’时，觉得费劲。以后，就尽量不让自己着凉，如果感冒，关照医生处方下药时，注意这一点。”

新中国成立后，梅剧团到各地巡回演出时，多半借江苏京剧团的人协助演出，老生是王琴生，他是谭小培的学生，常和谭富英研究谭派唱腔。我们谈起富英某年在天津唱《探母》，叫小番的嘎调上不去，又贴《探母》，座儿比头次更盛，小培很担忧，在旅馆里给祖师爷磕头烧香，连戏院门口的巡警都关心这件事，散戏时，问看戏的人：“上去啦没有？”答话的人以兴奋的口吻说：“上去啦！”

琴生问我：“有时上去，有时上不去，这究竟是什么缘故？”我曾问过陈彦衡先生，他说：“唱嘎调，用假嗓，不许用本嗓，主要是靠丹田气，富英用本嗓，所以有时凉调。鑫培的嘎调，喷口好，有炸音。《探母》是王帽戏，当年学奎派的人，‘叫小番’并不一定使嘎调，谭用嘎调，表示他听铁镜公主答应盗令可以出关见娘的高兴神情，是非常恰当的。”我还对琴生说：“老谭用嘎调，都是配合剧情，制造气氛的，例如《捉放曹》吕伯奢被杀后，‘陈宫一见咽喉哑’的‘宫’字是说明陈宫的愤怒悲哀；《南阳关》：‘南阳关杀一个浪里蛟’的‘关’字，则表达伍云召将与劲敌宇文成都交战的紧张心情；《辕门斩子》：‘将父擒下马，这笑啊，笑坏众美豪’的‘啊’字是表示杨延昭的懊恼心情。我认为嘎调可以表达喜、怒、哀、乐各种情绪，不仅要唱准字音，还必须符合剧中的规定情景。”琴生同意我的分析，但他认为关于嘎调用本嗓，如已成习惯，需要付出较长时间的锻炼，才能扭转的。

在沈阳首演《宇宙锋》回忆"九一八"

许姬传

按：此文1951年冬作于沈阳，回京后，曾请阿英同志过目。他认为，有生活，有内容，但他主张寻访一位亲身经历"九一八"事变的人，真实地反映当时的情况，以满足广大读者的愿望。当时事务纷繁，没有进行调查研究，此稿亦因而搁置未发。1980年2月，我在上海《文汇增刊》发表了《张学良·大"梅"字·〈宇宙锋〉》后，又找到了这篇底稿，就专诚访问了张学铭的内兄朱海北。他是"东北讲武堂"学员，述说了耳闻目睹的实况，弥补了此文的空白，附录在本文结尾。

爱护公物，君子自重

1951年11月21日，梅剧团在沈阳首次公演全本《宇宙锋》。前一天晚上演毕《西施》，梅剧团的舞台监督李春林对梅先生说："明儿戏大，七点来钟就得上场。"梅先生向他点点头说："我误不了。"

沈阳的习惯是下午6点钟开锣，10点散戏，为的是照顾干部、职工同志们，不致影响他们第二天的工作，市内交通工具都到10点为止。有时因观众要求梅先生换了便服再到台上和大家见面，这样，要延长15分钟到20分钟散场。常看到戏院附近的马路上停着几辆公共汽车、电车，专等散了戏，载送观众回家。

21 日这一天，梅先生起床比往常早，10 点来钟就听见他在盥洗室里试嗓子。梅先生晚年在演出期间，不经常吊嗓，只是在起床后喊几个音试试嗓子，他说："我要集中精力到台上发挥，不能浪费自己的精力。"

在吃午饭的时候，梅先生对我说："今天戏累，本想多睡一会儿，但早晨醒得很早，再想睡就睡不着了，因为今晚是全本《宇宙锋》，多少年未唱，我就在枕头上背词儿，回头要找补一个午觉。"

这时，交际处的女同志端过一盘爆羊肉，梅先生对她说："请你告诉炊事员同志，五点钟吃晚饭，今天我的戏上得早。"她答应："晓得了。"梅先生接着说："我们住在这里，黑天白日添了你们许多麻烦。"她笑着说："我们的任务就是照顾每个来宾的生活，您有什么事，请不客气地告诉我们。"

梅先生回过头来向招待我们的金良模秘书（他是沈阳著名评剧老艺人金开芳的儿子）说："前天托你每天买几张票，轮流请这里的同志们听戏，他（她）们从来没有看过我的戏。"金秘书说："每天都买了票，您不必惦记着。"

梅先生午睡后，5 点钟吃完饭，穿好衣服走到我们住的每一个房间，先到浴室内把冷热水龙头开关试着拧一拧，因为有一间房里龙头年久漏水，他怕我们一时粗心大意，没有关紧，漫出水来。检查毕，顺手又把房内的电灯关闭，才从电梯下楼上车。

在汽车里，梅先生对我们说："在公共场所，必须具备各种常识，注意清洁卫生，养成爱护公物，精简节约的习惯。"接着举例："我有一次在欧洲旅行住在旅馆，隔壁一位旅客，在外面喝醉了酒，半夜里回到旅馆，开了洗脸盆的热水龙头，想要洗脸，可巧没有热水，他一时大意没有关上龙头，就和衣倒在床上睡着了。到天亮时，热水来了，从洗脸盆里流出来，又从门缝底下流到门外，被侍应生看见，推门进去，只见满地是水，拖鞋也漂了起来，赶快把龙头关闭，同时，唤醒醉汉，他醒来看见自己闯了祸，非常惭愧，再三认错道歉，当然要赔偿损失。"

梅先生郑重地对我说："以后你可能要跟我出国，必须要入国问俗，随时留意，如果粗枝大叶，掉以轻心，势必贻笑外人，有损国体。”

“九一八”事变的回忆

6点钟，梅先生走进了东北京剧院剧场的后台，李春林坐在后台的衣箱上，手里拿着旱烟袋锅，悠闲地抽着本地的“老关东叶”，回头看见梅先生进来了，他站起身迎上来，伸出大拇指说：“好公事。”梅先生对他笑笑就走到场面后边站着，看台上徐元珊演的《蜈蚣岭》武松“走边”一场，他对葆玖说：“你看，这出短打戏，脚下可穿着厚底靴，没有幼工是演不好的。”说完绕到“守旧”（绣花幕）背后，跟一位东北京剧院的演员说了一会儿话。李春林说：“差不多是时候了，您可以慢慢地扮起来。”梅先生答应着“唉”，就走进扮戏房，除下帽子，脱了衣服，照例先换上彩裤，将一件旧丝棉袍披在身上，坐下来，面对镜子，脸上露出愉快的笑容。

“您今天怎么特别高兴？”我问。梅先生说：“我今天在沈阳首次上演这个戏，我感到愉快之中引起一个沉痛的回忆。”回过头来对坐在板床上的姚玉芙说：“你总该记得‘九一八’事变那天晚上，我正在北京中和园演《宇宙锋》时的深刻印象，你把当时的情况讲一讲。”姚玉芙说：“我怎么不记得，那天包厢里的看客有张学良等军政界要人，听到一半，有人来找他们，就都走了。那天演的也是全本《宇宙锋》，《修本·金殿》还没有唱，正要演到全剧最精彩的场子，他们走了。前后台的人都纷纷揣测，准是有重要的事，否则不会不听完就走的。第二天看报，大字标题：‘日本向我进兵矣！’才晓得日本关东军突然袭击沈阳北大营的消息。”

梅先生说：“从那时起，我的心上压着一块石头，同时感到北京城上面笼罩着一片阴暗的黑云，我就决心离开北京，移家上海，跟着，卢沟桥‘七七事变’、‘八一三’抗战，我心上压着的石头愈加沉重。这片黑云也愈来愈大，笼罩着全中国，大部分的人民，都遭受着残杀、奴役，但是全国人民在这种水深火热的环境中，万众一心，不屈不挠地和敌人作艰苦斗争，终于打败了敌人，这就证明真理战胜了侵略。”

梅先生一边化妆，一边讲话，讲到这里感情显得激动，声音比往常提高了一点。李春林走进来说：“场上的戏快完了，紧着点扮吧！”我们正听得出神，被李春林打断了话头，就退到外间，让梅先生穿服装。

这里的化妆室是一间房用木板隔成内外两小间，每间都搭着板床，管箱的工作人员夜间住在房里，外间还摆着行头箱，圆笼。梅先生在里间扮戏，大家在外间坐在板床、衣箱上聊天，我看见外间挤满了人，就转到前台听戏。

台前争看梅兰芳

梅先生将要出场时，全场观众神情贯注，当刘连荣扮演的赵高念：“有请小姐出堂。”跟着梅先生扮的赵艳容在小锣伴奏中出场了。全场掀起了一阵掌声。我旁边坐了一位本地口音的少年，向另一位中年人说：“我从来没有看过梅兰芳，今天居然见到了，心里有说不出的痛快。”中年人说：“听说他在抗日战争时期，留起胡子不唱戏，全国解放后，他选上了政协代表，这次到沈阳是东北人民政府邀请来的。”

这时，台上演到《洞房》一场，梅先生穿着红帔、红裙，头上点翠头面，加几朵红花，是新娘子的扮相，出场后唱一段“西皮慢板”，第一句：“被嫁匡门心好惨”，刚唱完，在胡琴过门里，有一位观众从后排座位上，转到戏台跟前下场门一面，对着台上的赵女注意地看，边看边走，慢慢地从台前绕到上场门一边的人行道上，退回原座。后排的观众接二连三地都跟着这个人的路线，络绎不绝绕到前台。

这个戏院的构造是长形的，后排的观众距离戏台比较远，看不清楚，所以想出这个方法，好看个仔细，我听见一位观众说：“这一下我可看清楚了，60岁的人一点不老。”

这样此去彼来，走马灯似的在台前转来转去，妨碍了观众的视线，场内维持秩序的同志立在两面人行道的口上，向观众婉言劝告，才中止了这种“环行注目”。

那天，梅先生的《宇宙锋》演得分外精彩，直到进场时的两句“摇板”里面的一个翻高的唱腔，还是沉住气，唱得非常饱满。观众的情绪虽然热烈高昂，但大段唱腔进行，或大段念白的时候，台下肃静无声，像是在细细欣赏这成熟的艺术。

全本《宇宙锋》的修改

这出戏里表现两个宰相——赵高与匡洪不和。王少亭扮匡洪，姜妙香扮匡扶。当匡赵结亲后，匡扶向他父亲称述赵女的好处，匡洪对儿子提出警告：“妇女之言，不可深信。”那天念到此处，台下起了一阵含有讽刺性的轻微笑声。这种反应过去是没有的。第二天，梅先生在后台对王少亭说：“老本子这两句话不太妥当，下次再演，修改一下吧！”

全本《宇宙锋》在东北各地演出的时候，又陆续经过一些局部的修改，装疯之前，赵女对赵高的唱词原本是：“自古道嫁夫随夫转，又道是嫁叟随叟眠。”我改为：“想当初嫁儿身已从父愿，到如今还教儿列屋争妍。”

进场时，老词为：“自幼儿在闺中穿针引线，到如今只落得受此熬煎。”梅先生认为这两句词儿似乎表达赵女的斗争意志不够坚强，也不能说明她装疯的目的，所以改为：“此一番在金殿装疯弄险，但不知何日里夫妻重圆。”

舞台形象方面，也有小的变动。在齐齐哈尔演出时，文教厅高衡同志对秦二世的扮相提了意见，他说：“有人认为秦二世应该扮成小花脸，我并不完全同意，我觉得把他扮得面黄肌瘦，反倒能表达这个庸愚好色、无道昏君的性格。”梅先生同意他的看法。就通知扮演秦二世的小生李玉泰，叫他在化妆时，在秦二世鼻子上抹几点白粉，勾几笔黑线，线条要细，最好在若有若无之间。我们重返沈阳，在东北京剧院剧场演出《宇宙锋》，秦二世改了扮相。第二天，东北剧院的一位同志对我说："秦二世的鼻子起了变化。"我问他："改得如何？"他说："很深刻，是春秋之笔。"

附录

“九一八”事变的现场情况

1980 年年底，我到东四八条访问了张学铭的内兄朱海北，请他谈“九一八”日本关东军突然袭击北大营的情况，他说：“1931 年我正在沈阳‘东北讲武堂’入学，9 月 18 日晚 10 时许，忽听北大营爆炸声，从睡梦中惊醒，接着听到密集的枪炮声，全体学员操场紧急集合，见西北方面，火光冲天。拂晓时，看见从北大营溃退的散兵、伤员，陆续经过讲武堂，往铁岭方向退去。”

“讲学堂总队长指派骑兵队十余人到北大营侦察情况，其中包括我。到北大营要通过南满铁路，遥望道口有日军把守，并从碉堡内用机枪向我方射击。我们就退回学校，途中遇到原驻北大营第七旅（即张学良的卫队）第二步兵队官兵，其中有我认识的步兵第二大队纪队长，他说：‘奉命不能抵抗，只得放下武器，徒手撤退，但日军仍向我官兵开枪射击，伤亡惨重，我们只能重新拿起武器突围。’”

“紧接着，校方传达东北边防司令长官公署参谋长荣臻命令：‘奉谕，不抵抗，撤退。’这时，已经上午 11 点，我们集合，由张总队长率领全体教官、学员，沿第七旅撤退的方向经铁岭、开原，到山城镇，整休十余日。过了中秋节，绕道法库到锦州，后来到了北京。当时，第七旅旅长王以哲正在沈阳城内开会，随后赶来，在开原才回部队。”

“究竟日军是怎样挑衅的？”我问。

朱先生说：“据第七旅的人讲，日军强迫南满路中国工人穿军衣，自炸‘柳条沟’南满铁路道口，然后将工人枪杀，借口是北大营士兵自己炸死的。这是日本军阀侵略中国惯用的阴谋。”

从身历其境的朱先生口述的现场实况，使我们了解到“九一八”事实的真相，现在中日两国人民结成兄弟般的友情，这段不愉快的历史已经过去了。

一水存知己， 苏芳传友情

——市川猿之助的感谢信

许姬传

1956年夏，梅兰芳以中国访日京剧代表团总团长的名义第三次访日，受到日本人民的热烈欢迎和戏剧界的大力支持。1957年春，梅先生接到日本歌舞伎艺术大师市川猿之助来信，由于他排演一本新戏，需要染料苏芳制作服装，请代购寄去应用。当时，我向颜料店询问，均无此种染料。后来，梅先生在一次集会中，和北京市副市长乐松生谈起此事，松生说："有一种苏木是特殊的染料，但这种东西市面上不好找，您写信问他需要多少，我给想办法买一点。"经过几次与乐市长通讯，乐市长终于给买到了10斤苏木。它体质很轻，为紫色。由我们交运输公司寄给市川猿之助先生。1957年6月13日接到他的感谢信：

敬爱的梅兰芳先生：

本日接到了我迫切期望的苏芳10公斤，这次承蒙您的协助，不胜感谢。

据专家说，这苏芳是完全合乎我们要求的最好染料，有此染料，就能染成美丽的服装。

如前函所述，这套服装，将由美术专家田青郁先生和工艺专家松田椎先生完成后，在今年十一月的"艺术祭"舞台上，由我创作的舞踊剧《黑塚》的主角要穿的。

由于您的亲切协助，能够很快的得到这宝贵的苏芳染料，才能制成这套衣裳，是在中日两国艺术交流上值得特写的纪念。

关于这件事的一切记录，该和这套服装一起永远留在日本歌舞伎历史上，流芳于世。

不顾百忙之中，给我马上答应了冒失的请求，赐以宝贵的染料，不知如何表达谢意才好。

谨此衷心表示谢意。

最后，祝您的身体健康、艺术更加发扬。

特此呈笺布谢。

市川猿之助

1957年6月13日

第一次看梅兰芳

许姬传

我生在苏州，8 岁时，母亲把我送到杭州，从外祖徐子静（致靖）先生读书。他是戊戌政变维新派的首脑人物之一，由于保举谭嗣同、康有为、梁启超而被捕，初判死刑，当时有人在慈禧前说了一句“徐致靖爱唱昆曲，是个书呆子”，缓和了慈禧的怒气，改判“绞监候”（即缓刑）。庚子年八国联军占领北京，慈禧带了光绪帝逃往西安，外国人把刑部监狱里的囚犯全部放了出来，外祖也就从海路到了杭州落户。

外祖白天教我读书，晚饭后还教我唱昆曲，初唱老生，又唱官生，“倒仓”（变嗓）时，还要逼紧喉咙唱旦脚。当时，京剧已经占领了舞台，我曾在上海看过几次谭鑫培的戏，以后又听到百代公司发行的谭鑫培的唱片《洪羊洞》、《卖马》等，甚感兴趣，对昆曲有点腻烦了。母亲看出我的这种意向，有一天对我说：“你别看昆腔现在不时行啦，你外祖的性命还是靠昆腔保住的呢！”

至于耳闻梅兰芳的大名，最初还是得自于表兄徐肖研的渲染。1913 年，他由杭州到上海“恒生祥”土布店收取股息，一去竟然耽搁了十来天。回家后告诉我：“被梅兰芳拖住脚了。”接着他就绘影绘声地讲了他在上海丹桂第一台连看几天梅兰芳的情景，我们都听得出了神。肖研表兄还对我说：“可惜你没有跟我去，以后有机会，梅兰芳不可不看。”

1916 年，梅兰芳又到上海，《申报》、《新闻报》专辟的戏院广告栏，以特大铅字逐日刊登了梅兰芳、王凤卿在天蟾舞台演出的剧目，《申报副刊》的《自由谈》还经常报道有关梅兰芳的酬酢花絮，还有他和上海的诗人、书画家如陈散原、吴昌硕、沈寐叟、狄平子等交往的消息，十分有趣。当时，沪杭甬铁路已经通车，杭州可以看到当天的上海报纸，所以霎时之间，杭州城也嚷嚷起来，说梅兰芳也要到杭州来演出了。可不是，到 11 月下旬，梅兰芳、王凤卿果然在杭州第一台同观众见面了。我有肖研表兄的先入之言，觉得机会难再，自然是想看的，伯遒弟、源来胞弟也都想看，但我们都是十几岁的孩子，身上没有钱。第一台的票价：月楼二元，特别正厅一元二角。友皋二叔（伯遒的父亲）每天定了四个特别正厅的长座，这一下被我们缠住了。他说："看戏可以，但你们要一早到戏馆里看座。"原来杭州戏院的习惯和上海差不多，也是案目制。平常是定了座，案目把戏单摊在椅背小桌上，看客入场由案目领到座位上，跟着送上一筐水果，有的熟主顾当天不收钱，随后来收。那次梅兰芳来，轰动了杭州，头一天就因定座打架。我家的熟案目阿坤对二叔说："现在定座不保险，你们必须派人从早晨十点钟就坐在位子上。"二叔就对我们弟兄三人说："每天要有两人去把牢位子，你们三个人轮流看戏。"从早晨到散戏要坐一整天，我的身体不好顶不住，多半由伯遒、源来看坐，伯遒最有力气，一个人能看四个位子。

我第一次看的是《黛玉葬花》。我已读过《红楼梦》四遍，对曹雪芹笔下的林黛玉，十分同情，今天居然在戏台上看到了林黛玉，心里有一种说不出来的滋味。梅兰芳先生出场的盛况，脚灯齐放，彩声雷动。我对这位化身为林黛玉的名演员是并不陌生的，在照片、刊物以及搪瓷面盆的彩画上都看见过，现在看到了真的人，淡雅新颖的发饰、化妆、服装，打"引子"时的清脆嗓音，美妙的姿态仿佛林黛玉复活了。念完"定场诗"后，叫出紫鹃，预备葬花的花帚、花锄和花囊，出门后唱"导板"和几句"慢板"，当时没有说明书，要听懂是很不容易的，幸而剧本用了葬花词，我连听带猜地听出了两句："花谢花飞飞满天，红消香断有谁怜。"下面一段是报刊宣传过的"花锄舞"，唱的是"二六"，也只听清了后面几句："一抔静土把风流掩，莫教飘泊似红颜……荷锄归去把重门掩，冷雨敲窗梦难全。”这也是根据葬花词改编的，由于我熟读《红楼梦》，才听懂了这几句。下面看《西厢记》一节，基本上全照《红楼梦》原句。曹雪芹对这回书是着力描写的，梅先生却把林黛玉阅读佳文时内心钦佩的意态表达出来了。

《梨香院听曲》一场，觉得最过瘾，因为帘内唱的昆曲《游园惊梦》是汤显祖的警句：“良辰美景奈何天，赏心乐事谁家院……则为你如花美眷，似水流年……是答儿闲寻遍，在幽闺自怜。”这两出戏，我们兄弟三人不但会唱，而且会吹。戏里是林黛玉听一遍，照念一遍，最吸引我的是“听”的身段和面部神情，简直把我带到“大观园”里去了。

林黛玉听完曲子，坐在台口，用“想我黛玉呵”叫起板来唱六句“反二黄”。唱词是根据《红楼梦》十二支曲子的第三支【枉凝眉】改编的。我曾听外祖父仅叟先生（这是他在庚子年出狱后起的别号，意思是六君子被害，仅留下他一人）说：“曹雪芹诗、文、词、曲都不错，但曲子的功夫最深，因为他祖父曹楝亭（寅）就精于此道。曾做过一套【续琵琶】，所以是家学渊源。红楼曲的牌子是曹雪芹切合每个人的身世定名的，等于一篇简传，而且含有褒贬的意思。”

那天，我的座位在三排，梅先生的咬字眼很清楚，大部分都听懂了。戏词是这样的：“若说是没奇缘偏偏遇他，说有缘这心事又成虚话；我这里枉嗟呀空劳牵挂，他那里水中月镜里昙花；想眼中哪能有多少泪珠儿，怎经得秋流到冬，春流到夏。”当时，身上没有纸笔，只能强记，伯道、源来也帮我记。

第二天一早我把唱词抄出来给外祖看，他说：“编得不错，后面两句更妙，因原词就是警句，他们只加了一个衬字。”接着他说：“听说梅兰芳是梅巧玲的孙子。”他想了一下说：“梅巧玲昆曲有功夫，三十年前，我们曾同席吃饭，主人对我说：‘您是昆曲大家，巧玲也精于此道，两位何妨合唱《小宴》?’梅巧玲问我：‘您唱唐明皇，还是杨贵妃?’我对他说：‘你那么胖，当然是你唱杨贵妃。’”外祖又说：“你们弟兄都会这出《惊变》，杨贵妃搀下时唱的一支曲子【扑灯蛾】‘态恹恹轻云软四肢’是形容杨贵妃醉后的神态，那天虽是清唱，梅巧玲却把这种沉醉搀下的意境唱出来了。听说梅兰芳也能唱昆曲，你们可以听听，我想错不了。”

这天我到二叔家里，碰到堂兄伯明，他是护送梅先生来杭的。我把外祖的话讲给他听，伯明说：“后天是《佳期、拷红》，看完戏我带你们到后台去看梅兰芳。”我记得三个月前看过冯子和的这出戏，由于他身体发胖，嗓音也不能振作，但《拷红》一场的念白，侃侃而谈地说服老夫人的口齿、神气都很好。那天看梅先生的《拷红》，觉得路子略有不同，可说各有千秋。《佳期》的【十二红】唱、做都十分细腻，如“露滴牡丹开”等，身段和面部表情含蓄地表达一个少女的娇羞而并不过火。另外，他演的红娘是一个有正义感而机智聪明，非常可爱的小姑娘，和王实甫精心描写的这一人物是符合的。在历数老夫人的背信弃义的神情是观众彩声最多的地方，这个角色切不可滑到说媒拉纤的路上。我们还听出唱腔没有什么变动，而身段却有了新的东西，这出戏是贴旦的重头戏，【十二红】这支长曲不是“瘟”，就是“荡”，能够恰到好处地抓住观众是要有火候的。这时冯子和已沦为班底，只在倒第三四唱一出类如《堂楼详梦》等歇工戏，我非常感慨。那天戏毕，伯明大哥到前台找到我们弟兄三个，同到化妆室向梅先生介绍说：“这是三个堂弟——姬传、伯遒、源来，他们多会唱昆曲，吹笛子。”梅先生和我们一一握手，含笑说：“昆曲出在南方，你们听哪句腔唱得不准，哪个字念得不合适，请你们告诉我。”当我们未见面前，以为名震一时的梅兰芳，一定是有架子的，想不到他的态度那么和蔼，说话那么谦逊。我们结结巴巴地挤出一句：“唱得好，做得好。”接着问我们看过几回戏？我们答：“看过《葬花》、《穆柯寨》、《佳期、拷红》，可惜已经贴出临别纪念，你们就要走了。”当我们向他鞠躬告辞时，他说：“我住在城站旅馆，明后天请你大哥带你们来玩。”那一次看戏的印象非常深刻，隔了60多年，犹历历在目。

最后，我想根据这张戏单，介绍几位南方名演员的经历，也许是读者感到兴趣的。

冯子和，早岁艺名小子和，是南方著名旦脚，他号春航，有文化，能自编自导自演。1906年曾到苏州阊门外一个戏园演出，那时我才6岁，没有听过他的戏，据我的四叔父松如先生说："小子和扮相艳丽，京昆并擅，做工细腻，可与后来的梅兰芳媲美。"

著名花旦于连泉（筱翠花）少年时到上海演出，曾向冯子和学戏。1960年，我看到于先生给他的学生邹慧兰辅导昆曲《借茶》。这是一出着重表情身段戏。张文远以借茶为名勾引阎惜娇，阎对张若即若离，欲擒故纵。当阎惜娇进门取茶时念"茗饮蔗浆携所有"，转过身来对张说："你站在这里不许动呀。"张答："个末阿敢动介。"阎接念："磁罂无借玉为缸。"这里老身段有退步，闪腰是阎惜娇对张文远卖俏的暗示。于先生改为"云手"转身，闪腰，回眸一笑向张"啐"了一声，疾步下场，这就和在门外的张文远献殷勤，双手做扶持的身段有了联系。

于先生说："这个身段是我在南方跟冯子和先生学的，我还向他学过昆曲《春香闹学》、《佳期、拷红》，是一位有本领的演员。"

20世纪30年代，周信芳先生约我在"倚虹楼"西餐馆吃饭，同席有冯子和先生。那时，他已离开舞台，在铁路上当职员。我觉得他谈吐不凡，是个有文学修养的知识分子。

小孟七，原名孟鸿茂，是孟七的第三个儿子。搭班时，演武生、武净，改名小孟七，因为孟七是演武生、武净的，可说是家学渊源。他的弟弟孟鸿群，我曾看过他勾脸的戏，《铁笼山》、《收关胜》、《芦花荡》……功底扎实，神气威猛，据说是孟七亲授。孟鸿群的女儿孟小冬是著名女老生，她是仇月祥的徒弟，早年在无锡、上海演出。大约在1926年左右，陈十二爷（彦衡）请我在天津"大罗天"剧场池座包厢（每厢六个座位，每座八角）里看孟小冬的《空城计》，陈老还对我说："这出戏是我给她说的。"她的"云遮月"嗓音和不带脂粉气的扮相，使我感到满意。那天为孟小冬操琴的是名琴师孙老元（佐臣），终场后，他拿着胡琴，走到台口对陈十二爷说："打鼓佬怯场，要是我没有道行，就被他拉下海啦。"

以后，孟小冬拜余叔岩为师，是叔岩的得意弟子。当时，叔岩的便血症日见严重，预感到自己的舞台生活即将结束，就拖着病身子为她说戏，希望能继承下来，这样就引起叔岩的妻子的不满。

据叔岩的内弟——弟子陈少霖（老艺人陈德霖的儿子）对我说：“我姊姊死后，叔岩又续娶了一位，是医生的女儿。我姊夫病逝后，这位续娶的夫人，脾气非常古怪，她怕徒弟们向她要资料，就把两箱珍贵的剧本和叔岩听谭老板（鑫培）戏的笔记本（这里面唱腔、身段、表情记得非常细致），当着余门弟子在灵前焚化，引起公愤。”

陈少霖说：“她的这种粗暴行为，主要是针对孟小冬的，可是造成了京剧界无可补偿的损失。”

李桂芳，是南方名小生，女老生张少泉的丈夫，电影明星李丽华的父亲。

我少年时，爱看上海“丹桂茶园”的“髦儿戏”（全班都是女演员），票价银币一角。我和堂弟伯逌、胞弟源来都捧旦脚张文艳，多半是张少泉和她合演对儿戏，如《武家坡》、《探母回令》、《梅龙镇》……

我祖父狷叟先生八十寿辰，在杭州皮市巷住宅唱堂会戏，张文艳与张少泉合演《梅龙镇》、《武家坡》双出。我们还组织表兄弟叫好助威，散场后，我们到化妆室向她们道乏。张少泉说：“小弟弟们真卖力气，谢谢！”

1980年，李丽华、葛兰、贾丽尼到北京吊奠梅夫人福芝芳，我在缀玉轩里见到她们，问起张少泉，李丽华说：“我母亲晚年病逝香港，享寿八十几岁。”

最近李万春兄告诉我：“在抗战前，李桂芳中过一次‘航空奖券’，得了一万元，成为梨园行的新闻。李桂芳就拿这笔钱培养李丽华当电影明星。李丽华有两个姊姊，长得都跟水葱儿似的漂亮。”万春还说：“李桂芳困于阿芙蓉，五十几岁就故世了。”

小活猴，戏单里的小活猴，就是南方专演猴戏的郑法祥，盖叫天先生曾向他请益，他后来改行在上海开了专卖北京酸梅汤的“郑福斋”，我在店里和他聊过天，但不愿谈戏，其实他的猴戏是得到真传的。

金碧艳，在《黛玉葬花》里有一个扮丫环的金景萍，当时是底包，后来到北京拜王瑶卿先生为师，改名金碧艳。1927年，金碧艳、杨宝忠到天津“东天仙”（在河东）演出，金碧艳是头牌，杨宝忠二牌老生，王瑶老还请夏山楼主

（韩慎先，谭派票友，灌过唱片，后担任天津博物馆馆长，1962 年病逝于北京）带口信，叫我和源来捧场，唱得虽很讲究，但底气不足，上座并不理想。新中国成立后，我在北京见到金碧艳，已离开舞台，教戏为生。先到武汉，后到齐齐哈尔戏校任教，1954 年病故。

赵松樵，这张戏单里硕果仅存的是老艺人赵松樵，他家住天津，1979 年 4 月还在天津演出《徐策跑城》、《华容道》、《刀劈三关》。

他的父亲赵鹏飞是“喜连成”（后改“富连成”）的武戏教师。赵松樵 9 岁时以“九龄童”艺名登台，10 岁（民国元年）随父亲在“喜连成”搭班学艺。赵松樵的师傅苏廷奎演老生、花脸，所以他也演这两工。

赵老说：“我十一岁那年，曾在‘三庆园’陪谭老板（鑫培）演《桑园寄子》的小孩。他唱‘手攀藤带娇儿忙登山界’的身段，我清楚地看到谭老板摔髯口，作出登山很吃力的样子。因为邓伯道是万贯家财的员外，他在生活里没有劳动的经验。由于黑水国造反、被迫离家逃难，还要照顾小孩，所以感到体力不支。谭老板的身段是从人物、剧情琢磨出来的，场面上的鼓点子紧密地配合着精彩身段，可以说是严丝合缝，锦上添花。”

按：为谭鑫培打鼓的前有李五（奎林），后有刘顺，都是杰出的鼓师。谭氏所灌唱片《卖马》、《洪羊洞》三面，是梅雨田操琴，李五打鼓，当时称为三绝。

赵老接着说：“台下的彩声，也是有节奏地掀起强烈的舞台气氛。当年听戏的很内行，什么地方叫好，非常恰当。这种台上台下打成一片的热烈情景，令人难忘。”

“那次的演出，给我上了重要的一课。”赵老强调说：“我虽不是谭派，但舞台上的唱、做、念、打如何贯穿起来，表达剧中人的思想感情，只有一个真理，就是装龙象龙，装虎象虎。有些人洒狗血，啃台阑干，追求廉价的舞台效果，结果离开人物剧情，走到邪魔歪道，最后被看戏的抛弃。”

有人告诉我，看过赵松樵的《斩颜良》，非常精彩。他是向苏廷奎学的，起初扎大靠，勾三块瓦，以后改为扎软靠，显得凶猛，身段也有所发展。

随着年龄的增长，赵松樵开始演关戏，取法王洪寿（老三麻子）和程永龙老师，还吸取林树森、夏月润的精华部分。我想起1916年冬看梅先生演出的前三个月，在杭州第一舞台看过老三麻子的《水淹七军》、《单刀会》，动作凝重，神态威严，名不虚传。《单刀会》先唱几句昆腔，后改吹腔，是徽班的传统。还看过《扫松》，这是老徽班的做工戏，周信芳先生就是学他的。最后一次是王洪寿与冯子和公演的《梅龙镇》，在舞台形象方面，不太理想，王洪寿是瘦长个子，冯子和已经发胖，可是动作表情，细腻熨帖，旗鼓相当。限于我当时听戏的水平，还停留在扮相、嗓音为主的阶段，所以兴趣不大。

话扯远了，回到本题，我还知道赵老家藏秘本很多，“富连成”排演的《宦海潮》就是赵家的传本，而梅先生也演过《宦海潮》，可能是一个源流。《盗银壶》也是赵家传出来的。

我在上海看过唐韵笙演的《云罗山》也是赵家的本子，李少春也演过《云罗山》。这是一出唱做并重，能够叫座的戏。我记得有一天到天蟾舞台看唐韵笙的《云罗山》，终场后，到后台化妆室，唐韵笙刚卸完妆。看见他拿墨笔在墙上画一道直杠，我问他什么意思？他笑着说：“我唱一场画一道。”我数了数，唱过12场了。可惜在十年浩劫中，赵家秘本付之一炬。

赵老在南方和东北一带，排演连台本戏，都是自编自导自演，是一位全能演员。

赵老还指出：“《宋江吃屎》是从浔阳楼题诗到劫法场，戏名是上海戏馆老板的噱头。我和李兰亭轮流扮林冲、花荣，陈嘉璘扮刑部大堂，他是梅先生的表叔。武旦刘莲香扮扈三娘，老生于振庭扮戴宗。是一出很能叫座的小本戏。”

当时，赵老16岁，与我同年，屈指算来，都是八十以上的老人了。赵老比我健旺，最近（1981年）还和李万春合演《斩颜良》，真是老当益壮也。

《洛神》的一个镜头

许姬传

京剧《洛神》是梅兰芳先生根据曹子建所著《洛神赋》，同时参考明代汪南溟所著《洛水悲》杂剧以及宋人所摹晋代大画家顾恺之的《洛神赋图》编演的。

曹子建名植，是曹操的第三个儿子，生于公元 192 年，死于 232 年，是一个天才的文学家。

据各种记载，曹操俘虏的袁绍的儿媳甄氏，是三国时著名的才貌双全的女子。曹操的儿子曹丕和曹植都爱慕甄氏，终于为曹丕所得，他即位后立甄氏为后，把曹子建封为雍丘王，那是离京城洛阳很远的地方。后来，曹丕听信谗言，将甄后赐死。

隔了多年，曹植到洛阳朝觐，曹丕赐他甄后遗物“玉镂金带枕”。曹子建离京归途中，路过洛川驿，悼念甄后，假托神仙，写了《感甄赋》，甄后的儿子曹睿——魏明帝把它改名为《洛神赋》。这便是故事的起源。

梅先生在北京无量大人胡同——缀玉轩里邀请剧作家、诗人、画家共同创作了诗剧《洛神》。台词吸取《洛神赋》编写，服装参考《洛神赋图》，唱腔由梅先生和琴师徐兰沅、王少卿共同研究创作。1923 年 11 月 21 日首演于东华门大街真光剧院（即现在的中国儿童剧场）。

戏的高潮是《川上相会》一场。为了突出表演区，设计在舞台上搭出一个象征仙岛高低三层的高台，洛神在这个高台上载歌载舞，有独舞，也有与汉滨游女、湘水神妃、云童、仙女的群舞，演区的每个角落都要走到的。罗袂轻纱、彩旄挂旗、神光离合，翩若惊鸿。既是一场景色绮丽的歌舞，又是一首哀感顽艳的好诗。

1924年4月，印度诗人泰戈尔来京，我国文学家梁任公（启超）等邀请他观赏了新编的梅剧《洛神》，泰翁作了一首孟加拉文诗，又自己把它译成英文，用中国毛笔写在纨扇上赠给梅先生。林长民根据英文译成中文，写在扇上。新中国成立后，梅先生为文纪念泰戈尔时，还请石真同志从孟加拉文译成中国诗。

那次，泰翁在宴会上赞赏了梅先生的演技，还提了意见，他说："在《川上相会》一场，布景要用红、紫、蓝、金、银等重色，还可以创造一些人间没有的奇花异树，这样更能增加神话剧的光彩。"

1955年，梅先生拍摄《梅兰芳舞台艺术》上下集。导演吴祖光与梅先生协商，采用一部分电影手法与技巧，做了一些修改。这些修改，有的为了适应电影艺术的要求，有的为了使剧情更加合理，删去某些人物不必要的过场。唱腔则变动较少，云童、仙女手持的宫灯、笙、笛、旗、旄等道具则参考古画制作，但表演力求保持舞台风貌。

为了表现洛神在云雾弥漫中若隐若现、凌空翱翔的姿态，就得掌握干冰（固态的二氧化碳）的特技。

此外，馆驿、仙岛、坡路、树石等实景，都要绘图制作。负责美工设计的是著名电影美术家韩尚义同志（新从云南调来，专为梅剧影片工作），绘图的胡若思同志（胡是张大千的学生，所作大幅国画，工细生动）付出的劳动是相当大的。而副导演岑范同志负责具体工作，更是能者多劳。

《洛神》是一出悲剧，《洛神赋》原词有"悼良会之永绝"，舞台本也以"你我言尽于此，后会无期"作为结尾。我们觉得全剧的情绪过于悲惨，所以第三场洛神的原词是："云髻罢梳慵对镜，罗袂轻扬出殿门。众位仙真把路来引，一派清光不见人。"我把它改为："红日初升景色新，罗袂轻扬乘彩云。遥望洛川伊人近，喜得相逢诉衷情。"身段表情，梅先生根据新词重新安排。

这样处理，多少能表现一些他们会见时的轻松愉快心情，以调剂前后惆怅哀怨的气氛。所以决定精简了汉滨游女、湘女神妃的过场，只洛神一人自云端下降，与曹子建相会。

现在发表的照片，就是这个镜头，上面的题字是我弟弟许源来根据新词写的。1979 年，我从源来遗物中见此帧，已由照片成为一幅国画，即写此文以纪念梅先生。

（原载《影剧美术》1980 年第 2 期）

贾洪林·谭鑫培·梅兰芳

许姬传

异代两“鬼才”

唐代诗人李贺7岁能诗，韩愈、皇甫湜去访问他，贺赋《高轩过》七古为赠，传诵一时，可惜27岁就死了。“玉楼赴召”的典故，就是李商隐的《李长吉小传》里述说的一段神话故事，当时有人称李贺为“鬼才”①。

晚清时，文武昆乱不挡的京剧演员贾洪林，我认为可以称作京剧界的“鬼才”。贾洪林是名教师贾丽川的侄儿，“小鸿奎”科班坐科。出台后就“挑帘红”，几乎与谭鑫培争席。他是谭鑫培的得意门生。由于生活不检点，嗓音不振，就搭谭鑫培的“同庆班”，陪谭演配角。有时，谭不能登台，贾洪林代他唱《空城计》、《碰碑》……观众表示欢迎，并无异议。

贾洪林曾接替周长山饰《四进士》的宋士杰，谭鑫培饰毛朋。宋士杰是着

① 李商隐作《李长吉小传》（李贺号长吉）说，长吉将死时，忽见穿红衣的人拿一块板，上写“当召长吉”。长吉突然下榻磕头，对红衣人说：“母老且病，贺不愿去。”红衣人笑着说：“帝成白玉楼，立召君为记……”长吉哭泣，他住室的窗中有烟气，还听见行车吹箫的声音，李贺的母亲叫大家不要哭，待“如炊五斗黍许时”李贺才断气。

重做工的衰派老生，其性质与昆曲里“外”角相似。孙菊仙、周信芳、马连良都演过宋士杰，周、马宗贾洪林而又有发展。

民国初年，有一次大规模的三天赈灾义务戏。第一天大轴谭鑫培的《桑园寄子》，老艺人正工青衣陈德霖因事不能参加，当时戏曲教育家王瑶卿的嗓音只能唱“西皮”，而《桑园寄子》是“二黄”。于是谭老指名要不满20岁的青年演员梅兰芳演金氏。梅先生周围的朋友很紧张，他们认为与久享盛名的“小叫天”[“叫天”是湖北一种鸣声动听的鸟，谭鑫培的父亲谭志道是湖北江夏人，搭“三庆班”与程大老板（长庚）合作唱老旦，嗓音高亮，大家称他为“叫天”，所以谭鑫培诨名“小叫天”] 合演，如果出点错儿就对前途有碍，那次演出是陈彦衡为谭、梅操琴，合作得很好，谭很满意。

20年后，梅先生曾对我谈过此事，他说：“当时我并不紧张，那时我正与贾洪林同搭一班，常合演对儿戏（老生、青衣合唱称‘对儿戏’），贾洪林的《桑园寄子》完全是谭派路子，所以那次唱得很舒服。当然，谭老的演技已达炉火纯青的境界，可谓更上一层楼。”

梅先生讲到这里，手里端着新沏的一杯茶，似乎在回忆青年时代美妙的舞台生活，他兴奋地接着说：“那次演出后，又与谭老多次合演《探母回令》、《汾河湾》，我的演技立竿见影地得到提高。因为谭老综合程长庚、余三胜、张二奎……的表演艺术，根据本身条件，融会贯通，取精用宏地发展成‘谭派’。‘谭派’的特点是把京剧主要手段——唱、做、念、打的程式，灵活运用到所扮演的人物，使观众感觉是看到一次古人的日常生活，而没有矫揉造作的痕迹。”

历尽沧桑的《桑园寄子》剧照

文化大革命的浩劫，在文艺界是从一出新编历史剧《海瑞罢官》作为靶子而开始的。剧作者吴晗同志，主演马连良先生首当其冲，受害最深。当年讨论剧本直到演出，梅先生和我曾参预其事，“四人帮”的阴谋，略知梗概。

吴晗同志的初稿剧名《海瑞》，在一次座谈会上，文化部的一位同志说：“这个戏只是海瑞因秉公判断徐阶的罪行而罢官，不能概括海瑞的一生，何妨改为《海瑞罢官》，使主题更贴切。”大家都表示同意。“四人帮”看“罢官”二字，大有文章可做，就含沙射影地把它和庐山会议罢彭德怀元帅联系起来，于是文痞摇笔，诡词耸听，蔽聪失明，奸谋得逞。

1966年冬，马连良先生被迫害而逝。1967年冬，梅兰芳夫人福芝芳邀请马连良夫人陈慧琏下榻西旧帘子胡同29号梅宅。有一天，马夫人对我说：“温如（连良兄号温如）的全部戏曲资料都扫掉了，只剩下一张他亲笔题字的戏照，送你代为保管。”我笑着说：“我的大半个身子还在牛棚里，也不保险，但我愿意保管到最后一分钟。”

“四人帮”粉碎后，我从箱缝里找出这张历尽沧桑的《桑园寄子》剧照。

我仔细看，正面是四个人，反面是马连良亲笔题字：

> 此戏是《桑园寄子》，此老生是贾洪林，青衣是陈德霖。温如得此照，爱如珍宝。邓芳——张永成，邓元——张荣奎。

贾洪林、陈德霖、张荣奎，我都能辨认，就是张永成不认识，问了几个人都认不出来。最近专诚拜访老艺人李洪春，那天谈了三小时梨园往事，有的记在本子里，下面摘录有关张永成的故事和贾洪林与谭鑫培合演《朱砂痣》的具体实况：

“我不知道张永成，从照片的面貌轮廓看，扮邓芳小孩的象张荣奎的哥哥张永安，可能是连良笔误。”李先生接着述说了张永安的经历：“张永安是‘福寿班’的徒弟，唱老生。出科后，拜‘福寿班’管事李春福为师，到南方傍周信芳改小花脸。一九三五年，周信芳来京在第一舞台演出，张永安随来，返沪后，分开搭散班，不久逝世。”

“您见过张永安吗？”我问。李先生说：“不但认识，我们还是把兄弟呢。”

他思索了一下说："那是五十年前的事，某年和程砚秋到汉口演出，有八个人拜把子换帖，以年龄排次序：1. 架子花脸李胜奎，2. 文武老生瑞德宝，3. 关云亭（果子行），4. 刘华堂（外行带徒弟），5. 张永安，6. 武生周瑞安，7. 李洪春，8. 程砚秋。"

我们的话锋转到张荣奎，李先生说："他也是'福寿班'的徒弟，曾向刘春喜学靠把老生戏《南阳关》、《战太平》、《下河东》……功底很扎实。"

我说："五十年前在天津见到张荣奎，那是我的老师陈十二爷（彦衡）介绍给票友叶庸方，教靠把老生。叶庸方给张先生接风的筵席上，我见到他。以后在上海名票王准臣家里又见到张荣奎，准臣兄对我说：'我的靠把戏都是张老师教的，我还跟他学过《翠屏山》的石秀，《杀山》时一套'六合刀'是谭派路子。'"

1979 年春，我回上海，戏校教师张文涓常到我家聊天，她谈起曾跟陈秀华、瑞德宝、张荣奎学戏，她认为张老师的教学方法严肃认真，获益匪浅。

我对李先生说："关于贾洪林演《朱砂痣》里吴大哥的事，先后听到梅先生、王大爷（瑶卿）、凤二爷（凤卿）、王少卿谈起他的精彩表演，今天请您仔细说一说。现在的青年都争牌位，这件事写成文字，颇有教育意义。"

李先生说："我亲眼得见，见之再见，那是贾洪林搭谭老板的'同庆班'时的一桩众口争传的佳话：病鬼吴惠泉（梨园行都这样说）上唱四句'散板'，归'里场椅'（坐在桌子后面），唱'小导板'：'耳边厢又听得门外响亮，听声音好似我姜氏妻房。强挣扎下病床将门开放'，这里的身段：出桌，开门，见姜氏，姜氏进门，吴惠泉作害怕的样子，往后退，丢拐棍（将棍立在桌边），甩髯口，右手靠桌边，浑身哆嗦唱：'你是人你是鬼快说端详。'每演到这里，必得一个满堂彩。

"有一次，贾洪林演病鬼吴惠全的彩声，盖过了谭老板。谭老在卸装时面带笑容地说：'狗子（贾洪林小名狗子）真可以，今天搅了我一出。'有人把这话学给管事冯蕙林听，冯蕙林以为是严重问题，就对贾洪林说：'今天你在台上闹得太过头，老板生气啦，下次派别人替你的活。'过几天，贴《打侄上坟》，冯蕙林在前面派贾洪林唱一出，另派扫边老生扮《打侄上坟》里家院陈芝。谭老板看见此人，一愣，就问：'谁叫你扮的？'那人答：'冯蕙林叫我扮的。'谭老生气地说：'这不是你的活，快叫狗子扮上。'这时，冯蕙林赶来，还想解释，谭老厉声说：'你怎么不告诉我，就随便换人。'冯蕙林吓得不得了，就和谭老的师兄弟冯金寿商量。冯金寿说：'那天谭老板说话时我在场，他是面带笑容说的，露出得意的神气，意思是：我的徒弟露脸。你错会了意，满拧，今天的火儿真不小。'冯蕙林听他这样说更害怕，因为谭老板并不常常发火骂人，这件事对他的管事职务不利，很有被撤换的可能。当时就向贾洪林道歉，请他扮陈芝。冯金寿从中打圆场，冯蕙林还请了客，才算对付过去。"

李先生还谈起当年"同庆班"上演《打侄上坟》，角色非常整齐。谭鑫培的陈伯愚，王楞仙的陈大官，张公道是名丑王长林，老旦是谢宝云。贾洪林的家院陈芝，只有几句念白，但脸上身上都有戏，衬托着这些名演员的表演，显得红花绿叶，分外精神。

最后，李先生说："早年学贾洪林的有高庆奎、周信芳、马连良和我，在京剧界影响是不小的。"

1977年春，谭富英同志逝世前，我到医院探病，富英告诉我："先祖带病为军阀陆荣廷演出《洪羊洞》，贾洪林的八贤王。不久，先祖病逝，在开吊时，贾洪林来祭奠，他对先父（谭小培）说：'那天老爷子的杨延昭，《病房》一场，"自那日朝罢归身染重病，三更时梦见了年迈爹尊……"一段"快三眼"，唱得非常悲凉，就同真事一样，我觉得毛骨悚然。'过了半年，贾洪林也病故了，先祖享年七十岁，贾洪林才四十四岁，真可惜。"

话要回到本题，我初看马连良的戏，嗓音低，才"扒字调"①，我的堂舅徐凌霄，表兄言简斋说他唱、念、做功都学贾狗子。王瑶卿先生对我说："连良出科后，嗓子不够调门，我劝他学贾洪林，渐渐红起来。"梅先生赴美那年，和连

---

① "扒字调"就是"凡"字调，再提高是"六"字调、"正工"调。"正工"调是当年舞台上的标准调门。还有，刘鸿声能唱"乙"字调。余叔岩在童年以"小小余三胜"、杨宝忠以"小小朵"为艺名时，也能唱"乙"字调，甚至有时能唱"上"字调。

良在上海合演了一期，连良的嗓音起来了，我听他的《探母回令》，已长到“正工”调。他题这张照片时，正是专心揣摩贾洪林的时期。

1959年，国庆10周年献礼，北京京剧团编演了《赵氏孤儿》，连良演程婴，当程婴正在画《雪冤图》时，孤儿赵武叫门，程婴离座，扶桌，甩髯口，哆嗦，唱：“叩门声吓得我胆战心惊”这段戏，唱、做异常精彩。连良对我说：“贾洪林这组身段，我早就学会，在许多新排的戏里都使不上。这次居然用上了，我感到痛快。”

连良的表演艺术，晚年已从绚烂归于苍劲，如果不遭“文革”的浩劫，至少还有10年舞台生活，还可以培养许多后起之秀。

贾洪林演时装戏的才能

本文一开头，我把唐代诗人李长吉和贾洪林并列为“鬼才”，可能有人认为比喻不伦，但我仍强调贾洪林是20世纪杰出的京剧表演艺术家，“鬼才”的称号是当之无愧的。下面再举京剧时装戏《一缕麻》为例。

梅兰芳先生在《舞台生活四十年》第一集第三章第三节“时装新戏《一缕麻》里，具体介绍了贾洪林创造林太守的精雕细刻、匠心独运的卓越才能。他在第三集《童女斩蛇》一章里，总结了京剧表现现代生活的甘苦得失。最后的结论是京剧表现现代生活，存在着内容与形式的矛盾，这种矛盾最突出的是京剧的夸张手法，在现代戏里受到限制。但《一缕麻》里，贾洪林的林太守，程继仙的傻公子，路三宝的姨太太都出色地完成了角色任务，成为观众津津乐道的典型形象。由此看来，我们在整理传统剧目之外，还必须演好表现工农兵生活的现代戏。而培养一批功底扎实、有才能的青年演员，就成为今天的重要课题之一了。

（原载《影剧美术》1980年第5期）

梅兰芳绘画记

许姬传

当梅兰芳先生逝世周年时，梅兰芳纪念活动委员会向报刊提供、发表了一批梅先生的绘画遗作，“梅兰芳艺术生活展览”会场中，也陈列有他的遗画，有些朋友向我打听梅先生学画的经过，向哪些画家学过画，哪些画是在北京画的，哪些是南迁以后的作品，尤其想要了解梅先生在抗日战争时期怎样卖画为生，以及举行画展的情况。现在就我记忆所及谈一谈，其中有我目击的，有些是梅先生日常谈到的，也有别人转述的。从这里可以看到梅先生的画是在极艰苦的环境里锻炼出来的。

一

梅先生学画是辛亥革命以后的事，1913 年、1914 年，他两度赴沪演出，载誉而归。在上海和老画家吴昌硕结为忘年交，吴昌老赠送梅先生的花卉画，引起他绘画的兴趣，回京后就开始他的绘画生活。

1920 年，梅先生又到上海天蟾舞台演出，演出结束，梅兰芳北归前向吴昌硕辞行，吴当场画了一幅墨梅图相赠，并题诗二首：

翻风舞袖翠云翘，
嘘气如兰堕碧霄。
寄语词仙听仔细，
导源乐府试吹箫。

画堂崔九依稀认，
宝树吴刚约略谙。
梅影一枝初写罢，
陪君禅语立香南。

梅得画大喜。昌老还刻了“清到梅花”的小图章，送给梅兰芳的元配王明华。诸贞壮有记事诗云：

缶翁近为写疏梅，
貌取清闲亦费才。
缀玉更题轩榜字，
谁呼白石老仙来。

昌老的儿子吴东迈画师曾对朋友谈起：“兰芳每来拜谒，执礼甚恭，有一次，父亲送他上车后，指着行驶着的汽车背影说：‘读书人里，象他这样文质彬彬的还不多见呢。’”

第二年，吴东迈到北京，梅先生画了一把花卉绶带鸟的扇子送给他。昌老在上面写了跋语：“客岁春夏间，畹华来沪，有过从之雅，尝作画奉贻，别去匆匆逾年矣。迈儿归自京师，出画扇，则畹华之贻画尤美妙。当设色写生时，必念及缶庐颓老，重可感也。迈能珍视之，沤尹（朱古微别号）曰：是亦善承缶旨也。辛酉大暑日书此一笑，时缶年七十八。”以后，朱古微、况夔笙还在上面题了【浣溪沙】留念。

1922年梅兰芳再次来沪演出时，专门宴请吴昌硕等海上名家欢聚一堂，饮酒作诗，游园绘画。吴当场与人合作了手卷《香南雅集图》，王国维、陈三立、沈曾植等纷纷在画上送诗作跋。

二

当梅先生找出祖父梅巧玲遗下来的画谱画具临窗学画时，罗瘿公建议请王梦白来教画。以后，王先生就按时到缀玉轩授课，他画宗新罗山人，花卉、翎毛、草虫、山水、人物都能画。梅先生认为花卉、翎毛、草虫对选择戏剧服装的图案、色彩有帮助，就一花一叶、一羽一爪地用心学习。王先生还告诉他，临摹古人范本，为的是打基础，同时，也要观察自然景色，生物动态，作为写生资料。

有一次，梅先生到王梦白家里，看见大笼子内装了各种小鸟，王老师抓起一块土疙瘩往笼里一打，趁着鸟一惊，去看它们起飞、回翔、并翅、张翼的姿态。梅先生还常常约他到香山的别墅里小住，王先生近观远眺，凝神领略山水树石的气韵，捉住螳螂、蝈蝈，反复端详。他对梅先生说，这些都是天然的画稿。

梅先生虽从过许多老师学画，但他们大半是不定时授课，也不受酬报的，只有在他们开画展时，选购作品，以表微意。据我知道，陈师曾先生逝世后，梅先生除厚送奠仪外，还购买了不少遗作。但对王梦白每月致送束脩30元。他说："我学皮黄是吴先生（菱仙）开蒙，昆曲是乔（蕙兰）先生，学画的开蒙老师是王先生，先入为主，他们对我的影响是不小的。"

梅先生画佛像是向陈师曾、姚茫父学习的，他画的《达摩面壁图》，就是根据姚先生摹金冬心的画本，所以梅先生常说，也是冬心先生的再传弟子。搬到上海后，书房里挂着金冬心隶书"梅花诗屋"斋额，有时还悬挂金冬心画的《扫饭僧》和《墨竹》。

梅先生画工笔佛像，以摹古为主，1921年（辛酉）的秋天，我的堂兄许伯明请梅先生画一张佛像送给他做生日礼。一天，梅先生把家藏明代丁南羽（云鹏）画的一幅罗汉作为参考，临窗作画。刚画了一半，陈师曾、罗瘿公、姚茫父、金拱北、汪蔼士等都来了。梅先生说："诸位来得正好，请来指点。"他凝神敛气画完了这张佛像。金拱北说："我要挑一个眼，这张画上的罗汉，应该穿草鞋。"梅先生说："您挑得对，但罗汉已经画成，无法修改，那可怎么办？"金先生说："我来替你补上草鞋。"他拿笔在罗汉身后添了一根禅杖、一双草鞋挂在禅杖上，还补了一束经卷。大家都说补得好，金先生还在画上写了几句跋语："畹华画佛，忘却草鞋，余为补之，并添经杖，免得方外诸君饶舌。"这幅画，后来曾被日本书画展览会借到东京展出。

1926年（丙寅），梅先生曾画了《普贤像》，送给冯幼伟先生祝寿，这张画是普贤菩萨骑在大象上，画笔工细，设色繁缛，这是他在演出频繁时，用两个月的时间完成的，上面有罗瘿公的弟弟罗敷庵写的小楷《普贤行愿品》。这时，梅先生的画学已前进了一步。

梅先生对陈师曾的北京风俗画最感兴趣，陈先生创作这些画时，曾和梅先生商榷过题材，有些就是在缀玉轩画的。以后，梅先生曾借原本选临过《跑旱船》、《鼓书》、《骡车进香》等几幅册页。

有一次，梅先生请齐白石先生到缀玉轩来教画。白石老人对他说："听说你近来习画很用功，我看见你画的佛像、花鸟进步了。"梅先生说："我是笨人，虽然有许多好老师，还是画不好，我喜欢您的草虫、游鱼、虾米就象活的一样，今天要您画给我看，我来替您磨墨。"白石老人笑着说："我给你画草虫，你回头唱一段给我听。"梅先生说："那现成，一会儿我的琴师就来啦。"

梅先生追忆当时的情景说："齐先生从笔筒里挑出画笔，在笔洗里轻轻一涮，蘸上墨，就画草虫，他的小虫画得那样细致生动，仿佛蠕蠕地要爬出纸外的样子。他下笔准确的程度和速度都是惊人的。还有一个特点，那天画了半日，笔洗里的水始终是清的。我记得另一次看他画一张重彩的花卉，当时他也受了吴昌老的影响，喜欢用西洋红，大红大绿布满了纸上，但画完后，洗子里的水还是不大浑浊的。”

那天，齐老先生落笔的时候，还把一些心得和窍门讲给梅先生听。事后，白石老人写了两首记事诗：

飞尘十丈暗燕京，
缀玉轩中气独清。
难得善才看作画，
殷勤磨就墨三升。
西风飕飕袅荒烟，
正是京华秋暮天。
今日相逢闻此曲，
他年君是李龟年。

另一天，某人家里唱堂会戏，梅先生看见白石先生坐在后面，没人理会他，就把他搀到前排坐下。大家觉得很诧异，梅兰芳为什么恭敬地招呼这个衣服朴素的老头子？有人问梅先生："这是谁?"梅先生故意提高了嗓子说："这是名画家齐白石先生，是我的老师。"白石老人为这件事作了一首诗：

曾见先朝享太平，
布衣蔬食动公卿。
而今沦落长安市，
幸有梅郎识姓名。

在北方的画家中，梅先生早于清末时就认识了半丁老人，但从他学画是在辛亥以后，梅先生还曾向陈老先生学刻印章。这次在故宫博物院武英殿举行的"梅兰芳艺术生活展览"，陈列着一方"梅畹华"阴文石章，就刻着"辛未冬日半丁篆、梅畹华刻"的边款。据徐兰沅先生说："畹华从美国回来后，1931 年曾在北京创办‘国剧学会’，地址就是现在的晋阳饭店，他除了按期给学员讲课外，每天下午到那里和文艺界的朋友聚会，大家一起作画、刻图章，还曾给我刻过一方图章。”

有一时期，梅先生画画入了迷，佛像、仕女、花卉、翎毛无所不画。他还打算把自己培植的牵牛花名种和心爱的鸽子，都为它们写照。有一位朋友提醒他说：“唱戏是你的本行，绘画就是票友了，如果这样废寝忘食地作画，恐怕影响本业。”梅先生听了悚然有悟，此后就适可而止。

三

“九一八”以后，梅先生举家迁沪，剧团仍留北京，每年只有一次在上海或外埠演出。他把有余的时间用来绘画、拍曲、补习英文。规定星期一、三、五下午两点至3点，请一位英国老太太教英文；4点钟，俞振飞、许伯遒带了笛子来拍曲、度曲；星期二、四、六，请画师汤定之教他画松、梅。

梅先生最爱汤老师画的傲骨嶙峋的苍松。有一天，他听到汤先生在家里画丈二匹的大松，就赶去看他作画，还帮着磨墨，因为画案小，只能把宣纸铺在地毯上画，汤老师一边画，一边传授心得。他说：“画大幅要结构紧凑，不能有松弛之感，画小幅要有寻丈之势，小中见大。”梅先生认为这个道理与戏曲表演相通，譬如《霸王别姬》的舞剑，在大台上要使观众不觉得空，小台上要放得开，使人不感到局促，但这都不是一朝一夕之功，需要长期锻炼，火候到家，才能得心应手，小大由之。

梅先生那时对工笔仕女画发生更大的兴趣，汤先生是不画仕女的，他就专心摹古。他的同庚兄吴湖帆［按当时有甲午同庚会，梅先生、周先生（信芳）都在会］送他一套宋人《捣练图》的照片（按：《捣练图》早已流出海外，国内只存照片和印本），梅先生又搜购了改七芗、费晓楼的墨迹和珂罗版画册。他认为宋元人画仕女，大都是胖女人，着色方面有额、鼻、下颏“三白”的画法，早年旦脚化妆也近乎“三白”，现在看起来就感到不合时宜。他只吸取古人勾勒衣纹、线条的笔力，开脸则参考清代改七芗、费晓楼的画法，根据自己的化妆经验，画出他心目中喜爱的美人。

1936 年（丙子）初夏，梅先生的老友冯幼伟的夫人施碧頎 40 岁生日，他画了一张仕女为她祝寿，冯夫人看了说：“那年您给六爷（冯幼伟行六）画的《普贤菩萨》，花了一两个月工夫，细致极了，这张道姑打扮手拿拂尘的画，恐怕一个黄昏就画出来了。”梅先生说：“这 10 年里，我的画长进了，我觉得比普贤像画得自然。”老友吴震修眼睛看着壁上挂的普贤像、仕女画，带笑说：“这两张画都是精品，但我更喜欢这张道姑，因为人比菩萨更有意思，你可以说她是《玉簪记》里的陈妙常，也可以当她是《红楼梦》里的妙玉。”去年梅先生逝世后，梅夫人福芝芳和我的弟弟许源来到上海向亲友征借遗墨，梅夫人亲自向冯夫人借来这张仕女，带回北京。阿英、孟超诸同志到护国寺街梅宅选画，准备在周年纪念时复制出版，大家认为这幅仕女神韵淡雅，笔墨简净，是梅先生中年的代表作，就选中了它。

四

1941 年 12 月香港沦陷后，梅先生回到上海，留起胡子，杜门谢客，以画自遣。当时他的经济情况渐入困境，北京的住宅已经卖掉，倚靠银行透支和变卖古玩来维持生计。有人劝他卖画为生，梅先生说：“我的画是玩票性质，现在要下海，就非下苦功不可。”他就在仕女、花卉方面用功夫，许多朋友把收藏的陈老莲、新罗山人、恽南田、方兰坻、余秋宝、改七芗、费晓楼的真迹借给梅先生临摹。梅先生作画的时间，大半在午夜以后，而那时候几乎每天有空袭警报，夜 10 点钟起停止供电。他买了一盏铁锚牌汽油灯，这种汽油灯当年专销农村，它可以挂在墙上，也可以摆在桌上。梅先生亲自把“梅花诗屋”的呢质窗帘拉严密，点上汽油灯，然后沏一壶香片茶，就研墨调色，伸纸落笔，常常留我住在书房，看他作画。当我一觉醒来，东方发白，他还在凝神挥毫作画，毫无倦容。他搁笔对我说："我当年演戏找到窍门后，戏瘾更大，现在学画有了些门径，就有小儿得饼之乐。"梅先生在那种环境里，轻易看不到他的笑容，只有在画兴淋漓时，才得到了安慰。

有一天，我看见他手上扎着纱布，问起原因，他说："昨晚画出了神，手指碰到汽油灯上，烫起一个泡，这一星期不能画了。"以后，手上有一个小疤，他常常伸出手指笑着说："这是我在艰难岁月里学画的纪念。"

1944 年（甲申）的端阳节边，汤定之、吴湖帆、李拔可、叶玉虎、陈陶遗诸位先生，不期而遇地都在"梅花诗屋"见了面，梅先生拿出他的画请大家指点，李拔可说："你的画大有进步，何妨开一个展览会。"梅先生问吴湖帆、汤定之两位老画师："我的画能卖钱吗？"汤定之说："行！不过开展览会，总得有 200 件画才像样，而展品又必须挑选比较精致的，你还要加工多画。"吴湖帆说："我给你出个主意，玉虎先生近来画竹的兴趣甚浓，你们如果合开一个展览会，就显得热闹。"叶玉虎说："我画竹，兴到为之，存画不多，只能参加一部分。"汤定之还建议，叶、梅二位可以合画梅竹，或者"岁寒图"。陈陶遗对梅先生说："可以挑出你画的精品，找人在画心上题词，以壮声势，我先报名。"在座的人都说："我们可以效劳。"当时，这些老朋友都知道梅先生的经济情况很不好，所以怂恿他开画展。梅先生得到了鼓励，在以后的八九个月里，积极作画。1945 年春天，借成都路中国银行的一所洋房里举行了画展。

画展中包括佛像、仕女、花卉、翎毛、松树、梅花，还有一部分是和叶玉虎合作的梅竹，以及与吴湖帆、叶玉虎合作的"岁寒三友图"。

摹改七芗的《双红豆图》上面吴湖帆题词说："玉壶双红豆图为蒋生沐所作，梅兄可谓摄神之作。"这幅画当场有人复定了五张。还有梅先生画的《天女散花图》也是复定的对象。另一幅《纨扇仕女图》，吴湖帆题："……近作已入六如、老莲门庭，骎骎度玉壶前矣，惊叹观止。"这幅画中人的眉眼神态，大家都说颇似作者的舞台形象。有人问梅先生是否把自己当作蓝本？他笑着说："有些画家不知不觉把自己的某种神情画了出来，但并非有意为之。譬如 1918

年（戊午），徐悲鸿先生替我画的《天女散花图》是拿我的照相作蓝本的，部位准确，面貌逼真，但一双眼睛，就像他自己。”

那次展出的一百七十几件展品中，售去十之七八，连照样复定的画件在内，可以说是全部出脱了。

最近，“梅兰芳艺术生活展览”陈列的遗作，大部分是梅先生在抗日战争时期寓意遣兴之作，藏之箧中，不轻示人的。他在一幅设色《牵牛花》上题道：“曩在旧京，庭中多植盆景牵牛，绚烂可观，他日漫卷诗书归去，重睹此花，快何如之。”当时日本尚未投降，梅先生已有漫卷诗书之想，足见其对抗战胜利，具有信心（这张画和前面谈到的仕女画由荣宝斋木刻套色水印同时出版）。

摹姚茫父的《达摩面壁图》梅先生前后画过七八张，但在乙酉年（1945）春画的那张上却题了语意双关的一偈：“穴居面壁，不畏魍魉。壁破飞去，一苇横江。”从这四句题词里，可以想象到梅先生在那样艰苦环境里，却充满着乐观情绪。

1944 年冬，一个风雪的寒夜，梅先生在卧室里听短波无线电，突然走到外间来，面带笑容地对我们说：“刚才无线电里报告好消息，日本又吃了一个败仗。”他拿出一瓶薄荷酒请大家喝，自己也喝了一杯，就提着汽油灯下楼，画了一幅梅花，题作“春消息”。

一张松树斗方，梅先生题了前人诗句“岂不罹霜雪，松柏有本性”，借以自励。当时，戏馆老板知道他手头窘迫，常来纠缠，要他演出。他们说：“您只要松松口说声‘唱’，‘条子’就来啦，何苦干耗着挨饿。”梅先生淡淡一笑说：“谢谢您的好意，我的嗓子真不成啦，唱砸啦，彼此都不好收场。”

新中国成立后，梅先生回到北京，与齐白石、陈半丁、汪蔼士三位老师见了面。白石老人在庆林春预备了丰盛的酒筵为他接风，半丁老人做了精致的家庖，欢然话旧。1955 年初夏，梅先生特约了齐、陈、汪三位老师畅游颐和园摄影留念。现在我们还可以从当时拍摄的影片里看到他和几位画家啜茗清谈的镜头。

梅先生作画，从南迁后，到了一个新阶段，特别是甲申、乙酉（1944—1945 年）两年间画得最多，可以说是他一生绘画的高潮。每当有些朋友夸他画得好，向他求画时，他却谦逊地说："我不过是个小学生，还早得很呢。"

梅先生的精神面貌，不仅从他留下的影片、唱片、著作中可见一斑，他的艺术思想和威武不屈的凛然节操，也可以从绘画里体现出来。

（原载《光明日报》1962 年 9 月 6 日）

缀玉轩忆语

许姬传

一

在40年前，梅兰芳先生的书斋“缀玉轩”里，是诗人、画师、金石家、戏剧家……聚会之所。他们谈艺论文，臧否人物，上下古今，无所不及，梅先生认为从这种漫谈中，可以增长不少知识。近年工作较忙，但还抓工夫找题目和朋友们进行这种谈话。

1961年春节期间，有一次，梅先生午睡起来，拿着一本《毛泽东选集》从卧室走到外间客厅里和我们聊天。他忽然问道：“对联打什么时候兴起来的？请你们查考一下。”

我到外院书房里找出一本谈对联的书念给他听。《蜀梼杌》上说：“蜀未归宋之前一年，岁除日令学士辛寅逊题桃符版于寝门，以其词非工，因命笔云：‘新年纳余庆，嘉节号长春。’”我说，这是五代时蜀主孟昶自题的对联，当时是贴在门上的，所以后人管对联叫“楹帖”。我们从古人的手迹里曾看到明末倪元璐、张瑞国……的对子，再往前，就多半是大字“中堂”割开来拼凑成对联的。大约在明末清初以后，才把楹帖用绫绢装潢悬挂，于是形式也就更多样化了。

梅先生说："还有一种，并不写成对联悬挂出来，而是嬉笑怒骂，褒贬人物，流传众口，称诵一时。像刚才我看到《毛泽东选集》第三卷《改造我们的学习》一文里，引了一副对子：'墙上芦苇，头重脚轻根底浅；山间竹笋，嘴尖皮厚腹中空。'我们虽不知道是哪个作的，但毛主席拿它来描绘主观主义者的嘴脸，却是十分深刻而形象的。当年报纸杂志尚未盛行之时，像这种对子，寥寥22个字，简直就是一篇辛辣简练的小品文。我从前常听到朋友们传诵这一类讽刺性的联语，今天大家不妨把记得的好对子谈一谈，一定很有意思。"

我说："我记得幼年听父亲谈过一副对子，是讽刺主考官的。那时，杭州城里有一些老秀才，每天在茶馆里听到了新鲜事，就作对子来挖苦。有一年浙江乡试，北京放来两个主考，正主考姓乌，肚里墨水有限；副主考姓恽，文才不错，可是有风声说他通关节，卖举人。一位姓杨的老秀才，抓住这个题目，就在茶馆里作成一联：乌不如人，只欠当中一点墨；军无斗志，都因偏了半边心。"

梅先生说："好！把这两个人的姓用拆字格嵌进去；同时又讽刺一个欠通，一个贪污，扣得很紧。"

接着，言老（简斋）说了一副对子，是听舅舅徐仁镜先生讲的，宋教仁被刺后，上海各界举行追悼会，徐先生在会场里看到一副别开生面的好挽联：

> 前年杀吴禄贞，去年杀张振武，今年杀宋教仁；
> 你说是洪述祖，他说是赵秉钧，我说是袁世凯。

这副对子没有上下款。徐先生问旁边一位熟人是哪个送的？那位朋友说，恐怕是章太炎。徐先生仔细研究了口气和笔力，认为的确像他的手笔。

言老还补充说："赵秉钧（那时候的国务总理兼内务部总长）是袁世凯手下的特务头子，他把暗杀宋教仁这一阴谋交给他的腿子洪述祖去办，洪述祖在上海收买了应桂馨，刺死了宋教仁。当年这件事曾经轰动全国，许多人都知道是赵秉钧指使洪述祖做的，但主谋却是袁世凯。上联说到辛亥年吴禄贞的被刺，张振武则是武昌起义中一位将领，因为反对袁世凯，一九一二年被杀于北京。当时章太炎就有挽张振武一联：‘英雄正自粗疏，犹将宥之十世；权首能无受咎，如可赎兮百身。’他对张振武被害是非常愤慨的，在这件事以后的半年，就是宋教仁被刺。这时候袁世凯正在笼络章太炎，发表他一个‘筹边使’的名义，还给他一个勋章，章太炎把勋章挂在团扇柄上，当扇坠使用。遇见朋友，就摇着扇子给他们看玩意儿。他这副挽联是有胆量、有魄力的。这副对子报纸上既没有发表，也没人敢于宣传。”

梅先生说：“这副仅仅 36 个字的对子可以抵得一篇讨袁檄文。上下联一连串用了六个人名，其余都是虚字。拿文章结构来说，也是一种创格，非大手笔不办。”

梅先生也谈了两副对子。他说：“1930 年七月（庚午闰六月）陈老夫子（德霖）逝世后，王瑶卿先生送的挽联，是集唐人李义山、白香山的诗句：‘平生风谊兼师友，一别音容两渺茫。’这副对子把前人成句用得很自然，王先生虽然向陈老夫子请益过，但并没有拜师，所以上联是非常贴切的。我送的挽联是：‘木坏山颓，十日迟归悭一诀；情深调合，廿年亲炙賸千哀。’我也没有正式拜师，但陈老夫子教我的戏不少，象《游园惊梦》、《奇双会》、《断桥》、《风筝误》都给我说过，所以我待以师礼。‘十日迟归……’是指我那年刚从美国回到上海，料理剧团事务，没有赶回北京送殓执绋。”

那天的谈话，如在目前，而梅先生音容已杳，执笔记此，不禁潸然！

（原载《文汇报》1962 年 4 月 1 日）

二

梅兰芳先生的老师中，陈师曾是诗、书、画、篆刻无所不能的。他善画北京风俗画，当年在报刊上陆续发表过不少，梅先生曾据原本选摹一部分。有张画是描绘逛庙归来的情景。题画诗：“有庙且随喜，不必有所图。看家小儿女，犒以糖葫芦。”没有指出节令和地点。据梅先生说：“陈先生画的可能是白云观庙会。因为北京的风俗，旧历正月初一到十九，白云观开放，烧香游览的人络绎于途。我早年就曾逛过，画中骡车上跨车沿的梳两把头的旗装妇女，还有两根很长的糖葫芦，印象非常之深。”

梅夫人福芝芳幼年也逛过白云观，她对我说：“白云观只有正月开放，有两天最热闹，初八‘顺心’，十八、十九‘会神仙’。元宵前后还挂出各式各样的灯。我还看见有个老道坐在桥下，烧香游览的人，都拿铜钱砸他，据说可以把自己的晦气打掉，其实老道的运气比谁都好，他整个身体埋在钱堆里，到晚来，要用筐箩扫钱。”

（原载《文汇报》1962 年 8 月 12 日）

附录

黄兴的一副挽联

毛居青

读 4 月 1 日《文汇报》“笔会”许姬传先生的《缀玉轩忆语》一文，谈到宋教仁被刺后，上海各界举行追悼会，徐仁镜看到一副别开生面的好挽联：“前年杀吴禄贞，去年杀张振武，今年杀宋教仁；你说是洪述祖，他说是赵秉钧，我说是袁世凯。”原文接着说：“这副对子没有上下款。徐先生问旁边一位熟人是哪个送的？那位朋友说，恐怕是章太炎。徐先生仔细研究了口气和笔力，认为的确象他的手笔。”

据我所知，这副挽联并非章太炎的手笔，而是黄兴挽宋教仁的。《黄克强先生荣哀录》中，曾载有这副挽联：

“前年杀吴禄贞，去年杀张振武，今年又杀宋教仁；你说是应桂馨，他说是洪述祖，我说确是袁世凯。”

这里，只有一个名字与许先生文中所记的不同，但上联多了一个“又”字，下联多了一个“确”字，就显得更有力了。据黄兴之子黄一欧先生说，这副挽联是黄先生的秘书陈凤光（号嘉会，湘阴人，后任国会议员）代笔的。宋案发生时，黄老先生尚在国外，没有亲见。

根据历史材料来看，这副挽联的确是黄兴送的，而不是章太炎。

首先，从被袁世凯所谋杀的对象看，吴禄贞是黄兴首创的华兴会会员。黄兴一九〇三年在长沙明德学堂办学时期，曾约吴来湘教体操，秘密进行革命运动，张振武于一九一一年武昌起义后任都督府军务部长，黄兴在汉阳前线督战时，张曾带军务部员及卫队学生军千余人渡江助战。一九一二年八月袁世凯在北京杀害张振武以后，黄兴首先通电谴责；宋教仁也是华兴会的成员，与黄兴交谊甚笃。这三个人都与黄兴关系密切，而与章太炎则无关系。

其次，在一九一三年三月宋教仁被刺后，章太炎被袁世凯拉过来，给他“勋二位”和没有衙门的大官——筹边使。章太炎一时受了诱惑，主张“袁黎合作，抵制孙黄”。到这年七月间，才被袁世凯派密探监视起来。上海各界追悼宋教仁的时候，章正往北京领受勋位，他不可能写这样的挽联。

（原载《文汇报》1962年4月1日）

梅花诗屋二三事

许姬传

一

“九一八”事变后，梅先生迁居上海，就和叶玉虎等几位老朋友合作编写《抗金兵》，意在激起群众抗战情绪，同时也讽刺当局的不抵抗主义。

上海的老观众总还记得在天蟾舞台初演《抗金兵》的盛况。梁红玉、韩世忠《巡营》一场：梅先生扮梁红玉，戎装佩剑，披红斗篷，在许多优美唱腔、身段和具有雕塑感的亮相中，使观众得到艺术上的享受；林树森扮韩世忠，身材魁梧，功架稳练，“抵燕云图恢复几时能够”一句，翻高唱“娃娃腔”，响遏行云，也博得满堂彩声。

这出戏相当长，当梁红玉擂鼓战金山的火炽场面过去后，已经午夜 1 点钟，观众有离座的。这时，金少山扮的牛皋，帘内唱“导板”：“一路上好威风旌旗飘荡”，就像深山中打了一个雷那么响亮，立刻把走到门口的观众都叫了回来。

新中国成立以后，梅先生对这个戏做了压缩精简，删去《牛皋解粮》等场子，因为金少山已死，牛皋一角原为他而演，所以就没有出场的必要了。

《生死恨》是根据明代传奇《易鞋记》改编为京剧的。传奇的故事是大团圆收场，梅先生把它改成悲剧，突出俘虏的痛苦生活来刺激观众。纺织夜诉以及韩玉娘临死时的呓语和深刻表情，他花了很大的心思来进行创作。我记得每当夜深客去时，他拿出《生死恨》的本子和我仔细推敲研究，一个字都不肯放过，往往搞到天明才就寝。白天还要与徐兰沅、王少卿二位琴师琢磨唱腔。当时，没有导演制度，但排戏时，梅先生对每个角色都做了分析，例如他对扮老尼姑的汪优游说："您扮的老尼姑虽是坏人，但不要专用出洋相、说怪话来形容这个角色，一则是这种千篇一律的演法并不高明，二来还会引起宗教界的不满。"（按：汪优游是话剧界前辈，后改演京剧，这时正在黄金大戏院搭班。）演出后，梅先生感到满意，他说："汪优游和扮胡公子的萧先生（长华）在《定计》一场的对白，工力悉敌，恰到好处，使人觉得这个贪财老尼的阴险恶毒是有深度的，而且是典型的。"

抗战前夕，梅先生带了剧团在南京、天津、济南等地巡回演出，《生死恨》受到各地观众欢迎。在南京演出时，观众排队争购这出戏的票，还挤碎了大华戏院售票处的玻璃。1948 年由费穆导演，拍成中国第一部彩色戏曲影片。

二

梅先生的英文，本来有点底子，到上海后，与国际朋友的来往更为频繁，就请了一位英国老太太补习英文。这位老师不但学问好，而且教学认真，风雨无阻地准时来授课。她还劝梅先生不要吸纸烟，以免影响嗓音。有时突然拉过梅先生的手来看着说："哈，你又抽过烟啦！"梅先生总是笑着说："只此一遭，下不为例。"

1935 年，梅先生访问苏联后，把剧团同人先送回国，自己到欧洲游历、看戏。他在英、法、德等国买了一批有关戏剧表演、舞台装置、音乐曲谱之类的书籍，加上历年外国朋友送的著作，数量不少。英文老师自告奋勇，替他编号，贴"藏书简"，排列插架，井井有条。梅先生常说："我从这位老师不但学英文，还学到她守时间，办事有条理的好习惯。”

梅先生从少年时起就爱好昆曲，1922 年曾应张季直之约，到南通演出，在那里见到昆曲大家俞粟庐先生，梅先生听俞老的唱法，吞吐开合，异常讲究。俞老听了梅先生唱的《思凡》，也说他嗓音宽厚，可以唱昆曲的正旦，并劝他唱《琵琶记》的《南浦》,《慈悲愿》的《认子》。所以南迁后，就请粟庐先生的儿子俞振飞和我的弟弟许伯遒拍曲，研究俞派唱法。

抗日战争时期，梅先生杜门谢客，只能以绘画拍曲为遣，《认子》一折，就是那时加工拍熟的。故事内容是唐三藏的母亲与失散十八年的江流儿见面后，找到陷害她丈夫陈光蕊的强盗刘洪报了仇。曲子是一套【北集贤宾】，唱腔优美动人，富有感情。当香港陷落后，梅先生曾冒险把大儿子葆琛送到重庆，二儿子绍武送到贵阳读书，此后就信息不通。梅先生关起门来低声拍曲的时候，就常常想到自己的儿子。日本投降后，他才与两个儿子见了面。以后因事忙，没有时间再唱《认子》了，可是俞振飞同志为他手抄的《认子》曲本，却保存在箱子里，作为纪念。

（原载《新民晚报》1962 年 9 月 5 日、6 日）

劫余捡拾的一张珍贵戏单

许姬传

1979 年 2 月，我飞沪料理源来丧事，检点退回一部分遗物，从乱纸堆中，发现一张珍贵戏单照片，背面有源来题字："民国十一年从五月初三唱起，中途赴南通归来，再唱到闰五月中旬。"

这张戏单是许少卿最后一次邀请梅兰芳、杨小楼双头牌在上海天蟾舞台演出，阵容之强，演期之长，营业之盛，为历次北京名角赴沪演出的顶峰。

那年，我们兄弟因事由津南归，躬逢其盛。这是 1922 年 6 月 11 日——农历壬戌年五月十六日的戏单。

大轴《天女散花》，由梅兰芳扮天女，姚玉芙扮花奴，姜妙香扮文殊师利菩萨，李寿山扮如来佛，张春彦扮维摩诘，马富禄扮小沙弥。那时，梅先生正当盛年——28 岁，扮相的庄严美妙，绸舞的身手矫健，曾为名武生盖叫天叹服。30 年后，有一次在上海盖老与梅先生同席，我亦叨陪末座。盖老对梅先生说："你民国初年第一次到上海，一炮而红，但我并不佩服，那是倚靠嗓音甜润，扮相漂亮，本钱充足而已。当来沪演出《天女散花》后，我才知道你是有本领的，两丈长的绸子能够不用小棍，指挥如意，得心应手，做了许多有雕塑感的亮相，特别是在云台上散花时，从绸花里走三个鹞子翻身是'绝活'，没有扎实的武功根底是不敢尝试的。"

最后，盖老说："这出戏的绸舞只有我能来，因为我有《陈塘关》（《哪吒闹海》）耍龙筋的底子，别人是玩不转的。”倒第二《割发代首》（《战宛城》），杨小楼的张绣，筱翠花的邹氏，郝寿臣的曹操，许德义的典韦，傅小山的胡车，可以说是如火如荼，配搭整齐。我记得《刺婶》时，筱翠花的“跪步”圆场，配合着杨小楼“蹉步”颤枪的圆场，然后“乌龙搅柱”以肩着地，两足上下旋转飞舞，那种严实、火炽的场面，无怪彩声雷动，经久不歇。

京剧音乐家陈彦衡先生曾对我说：“小楼的《战宛城》，是得到鑫培传授的。”

那天看到张绣改换青素官衣后几场戏，例如演操时，典韦下场后，张绣搭袖一望，回过身来叹气，左右挥令旗，卷令旗，双抄袖背手，纱帽翅颤动着缓缓地走下场去。还有，见曹操时，春梅献茶后，张绣的身段、语气，一种疑虑忐忑的神情，都看出是老谭的路子。

以后，我在北京一次堂会戏中，看到杨、余合演《战宛城》。余叔岩的张绣，杨小楼的典韦，筱翠花的邹氏，王长林的胡车，侯喜瑞的曹操，也是异常精彩的。

倒第三是王凤卿、吴彩霞的《朱砂痣》，凤卿先生是汪派（桂芬）传人，早已脍炙人口，因为他的调门高，只有吴彩霞能够得上。

倒第四是筱翠花、王长林合演《小放牛》，这是一出舞蹈性很强，表现农村生活的小戏，花旦和丑角必须具备扎实的基本功。筱翠花原名于连泉，与我同庚，都是一九〇〇年——光绪庚子年生，那时，虚年龄才 23 岁。他的跻功和腰腿功是受过梆子科班严格训练的，这出戏有许多和牧童对做的身段，都是按照踩跻的姿势设计的，异常美妙。60 多岁的老牧童——王长林本工专长是“开口跳”，他的矫健身手与年轻的筱翠花功力悉敌，旗鼓相当，无怪满堂观众报以热烈彩声（当时鼓掌尚未盛行）。

不久，我在北京又看到白牡丹时代的荀慧生与王长林合演《小放牛》，扮相艳丽，跻功过硬，令人深刻难忘。

我们那天入场时，德仁趾、董俊峰的《上天台》刚刚出台。德仁趾是谭派老生，唱念规矩，扮相清癯，嗓音接近王又宸与谭小培。董俊峰是金秀山一派的铜锤花脸，唱念口齿犀利，非常过瘾。

60年过去了，看过的许多名伶佳剧还萦回在脑海之中。

1980年12月7日

故宫藏梅兰芳剧照考

——梅氏三代与清宫的关系

许姬传

1979年7月，我看到故宫博物院藏梅兰芳先生的一批戏照。其中有一部分放在黄绫套里，上面贴着“戏品”二字的签条。据说这些照片的原藏处，有一些是在紫禁城的寿康宫。这些照片有梅先生自己创作的古装戏，如《黛玉葬花》、《晴雯撕扇》、《天女散花》、《霸王别姬》……传统昆曲戏《琴挑》，京剧《樊江关》，时装京剧《一缕麻》等。这部分照片有些是在海王村集萃照相馆拍的，拍摄时间多半在1924年以前。

先谈谈《黛玉葬花》照片。那是民新影片公司请梅兰芳先生拍五出戏的片段：《西施》的羽舞、《霸王别姬》的剑舞、《上元夫人》的拂尘舞、《木兰从军》的走边以及《黛玉葬花》。前四出戏的片段是在北京真光电影院（现为儿童剧场）的屋顶上搭的临时摄影棚内拍的，用的背景大部分是承华社（即梅剧团）在舞台上用的布景片子。《黛玉葬花》则是借了东四九条冯幼伟先生的住宅拍的。这所房子是清代贝子奕谟的府第。奕谟的父亲惠亲王名叫绵愉，是嘉庆皇帝的第六个儿子。房主人的身份和建筑的格局、花园的布置，与《红楼梦》作者曹雪芹笔下描写的贾家荣、宁二府的气派相似，当然没有书中所描写的“大观园”那么壮观。还有京剧《御碑亭》，昆曲《孽海记》中的《思凡》……和演出场次最多的《天女散花》剧照。

梅先生说：“初次出国，结交了许多日本歌舞伎的名演员，如，中村雀右卫门、尾上梅幸、守田戡弥、村田加久子等。同时还向中村雀右卫门学习请教化妆的经验，收获很大。演出的剧目受到日本汉学家内藤虎次郎、青木正儿、狩野直喜等先生在刊物上的赞美。”

还有一张昆曲《玉簪记》中的《琴挑》照片，是梅先生早年扮演陈妙常的戏像。从化装上可以看出是1918年左右拍摄的。在那个年代中，梅先生排演了10余出昆曲传统剧目，《玉簪记》是其中之一，他每次在场上演出时，总是《琴挑》、《问病》、《偷诗》三折连在一起演。这张《琴挑》照片虽然褪色，但仍能清楚地看到头面和大坎肩上都染有单纯的浅粉红颜色。关于照片上彩，有一次梅先生曾指着挂在卧室中的一张他的《四郎探母》中公主穿旗蟒的戏像照片对我说：“早年没有彩色照片，有些带彩的照片是照相馆的技术人员上的色。这张照片是我上的彩，当然比照相馆要地道些。因为我会绘画，同时多年来设计行头的图案花纹色彩，知道各种颜色的搭配，如何美观协调而又符合剧中人的身份性格。”

《樊江关》是《兴唐传》中一出樊梨花、薛金莲比武的喜剧。这张梅兰芳演薛金莲持枪、剑，叼翎子的照片是和王蕙芳合演的时代拍摄的。那一次到上海演出，王蕙芳临时教他《穆柯寨》、《枪挑穆天王》，受到观众的欢迎。回京后，梅兰芳在天乐园与王蕙芳合演《樊江关》，梅饰薛金莲、王饰樊梨花，对剑的身段是原清内廷教习名武净钱金福排的。这出戏很受欢迎，当时有“兰蕙齐芳”的口碑。这张照片拍摄时，先是拍了一张薛金莲披斗篷拿马鞭的亮相身段照片，此照曾在报纸上刊载过。在拍完亮相照片之后，梅兰芳脱下斗篷又随便照了这一张拿枪的照片，本是照着玩的。因为《樊江关》剧中，薛金莲不拿枪，所以这张照片从来没有发表过。

《一缕麻》是梅先生早期根据包天笑写的短篇时事小说编演的一出时装新戏。故事是这样的：女主角林纫芬被父母指腹为婚，许配给钱家的儿子为妻。但钱家的儿子是个呆子，林纫芬几次提出反对意见都无效，只好服从父亲的命令。谁知结婚之后，林纫芬患白喉症，这个呆女婿却很诚心地服侍病妻，结果被传染得病而死。等到林纫芬病有好转时，发现自己头上戴着一缕麻，她抱恨绝望之余，无意生存，也跟着一死了之。《一缕麻》是一出揭露包办婚姻妇女受害的悲剧，它和梅先生编演的另一出时装新戏《邓霞姑》都是提倡婚姻自由的。这张照片就是梅先生扮演的《一缕麻》中林纫芬像，照片上的扮相服饰就是1916—1918年期间北京、上海等地的妇女服装样式。

下面我想探索一下梅先生这些照片进入宫中的原因。对这个问题还是应该从原藏处寿康宫来设想。据清室善后委员会刊行的《故宫物品点查报告》中的“寿康宫”部分记载，宫中除了常见的陈设器物和日用器皿之外，还藏有很多图书，并且图书中有不少是明清以来的传奇、曲本、小说和戏剧画册等。尤其令人出乎意料之外的，还有民国以来社会上出版刊物，包括日报上的戏单剪贴、小说连载的剪贴、上海出版的新小说、翻译的外国小说以及民国以来的名伶照片等等。寿康宫是慈宁宫的寝宫，清代制度是太后居慈宁宫，但慈宁宫像个大庙，无法住人，而寿康宫则是一个住宅式的建筑物，所以历朝太后名为居慈宁宫，实际上都住寿康宫。溥仪于宣统三年退位，到民国二年隆裕太后逝世，从此宫中就没有太后了。据说，寿康宫最后一个居住者是敬懿皇贵太妃赫舍里氏，她是同治皇帝的妃。而退位的宣统皇帝是继承同治的皇位，兼祧光绪皇帝。所以敬懿皇贵太妃俨然是以太后的地位而住在寿康宫。我们从寿康宫中原有的一些物品来分析这位贵妃的性格。首先是有图书，当然表明她识字，能看书。其次是书的种类中有戏曲、小说，这就能看出她的爱好。尤其是有民国以来的报刊和中外小说以及演员照片等，可以看出她是多么想知道社会上的一切。封建社会中，家庭妇女“三从四德”的教养是普遍的。上层社会的妇女更是要按照《女诫》、《烈女传》、《贤女传》等这些范本作为行事说话的准则。后妃的生活，所受的封建束缚，当然更甚于民间。但这位皇贵妃到了晚年，可以派人到社会上购买自己想看的书报和照片，这在后妃的际遇中可算是一个特殊的了。本文所谈的一些照片，可能就是这位敬懿皇贵太妃的珍藏。

最后，我谈一下梅家上辈在宫中演戏的情景。在《都门纪略》一书中，《京都竹枝词》咏“四喜班”诗里有“御口亲呼胖巧玲”一句。我问过梅先生，他说：“我只知道伯父梅雨田在升平署当教习，他是六场通透的戏曲音乐家，胡琴、笛子无不精能。当时宫中的规矩，教习有固定的钱粮，如到台上演唱和伴奏，每次有赏。已故中国戏曲学校校长王瑶卿先生在升平署外学当差，他的赏银是二两或五两。我的伯父可能逐渐增加到八两左右。至于祖父巧玲公，好象没有挑选入宫当差，但这句竹枝词是普遍流传的。曾听在内廷当过差的老先生说，咸丰年间，常把外面的戏班传进宫去演戏，我祖父掌管‘四喜班’，也许因被传差而皇帝称他为‘胖巧玲’。我祖父是爱护‘四喜班’同业的，我估计他可能是怕影响全班人的生计，才想方设法避免到宫里当差的。”

梅先生还说：“辛亥后，曾到故宫演过两天戏，那时退位的宣统皇帝大婚不久，第一天演《牡丹亭》中的《游园惊梦》；第二天和杨小楼先生合演《霸王别姬》，是普通堂会性质，只在台上演戏时远远见到溥仪，还有在故宫小圈子里仍被称作皇后的新娘子。一九六〇年在全国政协委员会开会时，第一次与溥仪先生谈过当年在故宫演戏的往事。”

梅先生的这批早期照片，历尽沧桑，侥幸完整地保存在故宫博物院。“四人帮”横行的10多年间，大部分戏曲资料被毁掉，这批年远的照片就觉得更为珍贵了。

辛亥革命后，孙中山先生宣布优待清皇室条件，第一条：“大清皇帝尊号仍存不废”，还有“暂居宫禁日后移居颐和园”等内容。后来的政协委员——溥仪先生在当时仍以皇帝身份居住宫内，一切体制不变。这正合着京剧《梅龙镇》里，明正德皇帝对李凤姐说的“大圈圈里有个小圈圈，小圈圈里有个黄圈圈，那就是为军的住处”。也可以用俗话“关起门来做皇帝”。

在漱芳斋演戏

1922年冬，钱金福来找李春林接洽到宫里演戏的事，据说有个老太妃生日，里头“传差”，钱先生是升平署的教习，他还保留早年的语汇，而梅兰芳、姚玉芙等认为只是应一次堂会而已。那天到了后台，桌上红漆插屏架上有个大水牌，上写："辰正开台大吉"，下面列着戏码。

梅先生对玉芙说："宫里的事真特别，娶媳妇是夜里娶，唱戏可是早晨开锣，下午散戏。"

开戏后的节目，非常特别，先是《跳灵官》，十六个灵官都勾灵官专用脸谱，穿大铠有织锦缂丝的。梅先生扮戏的耳房隔着窗户，正看得见台上，灵官跳得最热闹时，检场的一把松香火从16个灵官的头上飞过去，落在台口一个大火盆里，火盆里松柏枝和纸的黄钱元宝，冒出很高火焰，同时，火盆里有一挂鞭炮也响起来，这个带特技的火炽场面，使一些没有在宫里当过差的青年演员感到兴趣。开场是一出昆腔戏《连福迎祥》，据王瑶卿先生说，这叫"承应戏"，云童用得很多，是由富连成的小孩现排的，上午都是富连成的戏，那天有马连良、茹富兰的《借赵云》，戏刚唱完，有太监到后台传旨："迎请。"戏停下来，许多唢呐吹【一枝花】牌子，皇帝、皇后入座听戏，据太监说："这是老规矩，一会儿，老太妃来啦，也是这一套。"

那天梅兰芳、姚玉芙、姜妙香三位的《游园惊梦》，据梅先生说："这个戏台，比外面旧式方台大得多，只见北面五间正房，有廊檐，正中悬挂着红边贴金蓝地金字竖匾'漱芳斋'三个楷书，并排三个满文，堂屋中间，隐约看见三个老太太同坐在一个小榻上，其中就有敬懿皇贵太妃在内。东边靠近窗户侧身坐着一个戴眼镜的少年，一看便知这是溥仪先生，当年在报刊上就登载过他的照片。

"唱完'梦回莺啭'，看见从屋里缓缓走出一个十几岁很有气派的丽人，梳着两把头，穿着大红缂丝氅衣，花盆底鞋，在这个十分庄严的场面里，敢于随便走动看戏，这当然就是刚娶进宫来的皇后婉容了。她看了一会儿就进屋，坐在西一间靠窗的地方。"

梅先生还说："戏台飞檐角两边各悬着一串很长的灯，最上层是个木雕的毗卢帽，下面或圆或方，还有葫芦形，从上面毗卢帽的八角梁每一个顶端挑着一挂璎珞，一直垂到下面，和整个戏台配合起来是很协调的装饰。那天，赏听戏的大臣里有宝瑞臣，我听他跟太监说话时，才知道这串灯叫'庆成灯'，是有典礼时才悬挂的。宫里的灯种类很多，《惊梦》堆花时，除了原有花神外，又加了12个仙童，手执挑竿的绢花灯就是宫里箱上的。”

梅先生接着说：“我进场时，看到演《金钱豹》的杨老板（小楼）已经扮好了，戴的翎子又宽又长，他那么高的个子，一双豹尾在脑后垂下去搭着十字，下面还与靴腰齐，穿着一件钱纹锦地片金开氅，形象十分斑斓威猛。那天各剧团的人都不带行头道具，因为我们的东西，比起宫里衣箱，在质量、绣工、式样方面都有出入，所以钱金福先生通知只带化妆彩匣就行了。但是《霸王别姬》的服装，还是必须自带，因为宫里没有这个戏。那天，杨老板还演了《恶虎村》，是在《雁门关》后头唱的。余叔岩唱的是《定军山》，还有崔灵芝的梆子戏。第二天是我和杨老板的《霸王别姬》，尚小云、王蕙芳的《五花洞》，谭小培、筱翠花的《梅龙镇》，俞振庭的《飞杈阵》、《鄚州庙》等剧目。”

有一天，梅先生从全国政协开会回家对我说：“今天，我见到了溥仪先生，谈起当年在宫里演戏的事。他说：‘我很喜欢看杨小楼、余叔岩和您的戏，可惜我当时不能自由行动，每天看报上的广告，有时听听话匣子唱片。’”梅先生说：“溥仪先生是饱经忧患沧桑的过来人，他从幼年登基，没有过一天松心日子，始终是被别人牵着的傀儡，他的遭遇还不如一个普通的老百姓，从他身上，看出末代封建王朝的下场了。”

（原载《故宫博物院刊》1980年第2期）

西安纪游

许姬传

1949 年，冬梅兰芳剧团开始到各地巡回演出，接待我们的文化局，听说梅先生能绘画，又喜爱文物，就陪我们参观博物馆。1951 年冬，我们在辽宁博物馆，看到了宋徽宗画的《虢国夫人游春图》，梅先生爱不忍释，反复展阅；还有宋人画的《牧放图》，一个人带着几百匹马，每匹马的神态都异常生动，也引人入胜。以后每到一处，必到博物馆欣赏文物，游览名胜古迹，开拓眼界，得到艺术享受。

1957 年到西安演出，在火车里梅先生对陪同梅剧团到西安市的文化局副局长刘同志说："西安是周、秦、汉、唐历代的故都，古迹文物，甲于天下，我四十年前就想到此地来，今天居然达到目的，要抽工夫畅游一番。还有，我二十岁就扮演杨贵妃，已经演了四十多年，今天到了她的故乡，分外感到亲切，打算凭吊马嵬坡。"刘局长说："接待办公室把日程都安排好了。"

9 月 15 日上午 8 时，车抵西安，省委、省长、省市文化局负责人以及西北戏曲研究院院长马健翎、作协副主席郑伯奇等 200 余人到车站欢迎。第二天，西安市文艺界举行秦腔欢迎晚会，剧目是《杀裴生》、《杀狗》、《激友》、《烙碗计》，表演非常精彩，看出演员和剧目都是经过精心选择的。

17 日，省市文化局邀请梅剧团全体同人游览临潼。这一带与戏曲有关故事很多，京戏里有一出《临潼斗宝》，还有《骊山烽火》等。我和梅氏夫妇同乘一车，沿途浏览风景，一边谈天，梅先生说："京剧里有一出《挡幽》有点象《华容道》的场子，申侯是个老生，幽王是个花脸，这出戏是周幽王亡国败走的故事，您把幽王宠褒姒的典故，讲给我们听听。"

我说："史书上这样记载的，周幽王宠爱妃子褒姒，贬申皇后并废太子宜臼，立褒姒为后。她不爱笑，幽王想使她开颜一笑，就用烽火戏诸侯。当时在骊山上设立'烽燧'（后来称为'烽火台'），京都遇到外寇袭击时，举起烽火，各路诸侯就派兵来救援。周幽王命令点燃烽火，诸侯都来了，可是京都平静，并无外寇，这时褒姒看到这种场面，就大笑。后来，废后之弟申侯，兴兵进攻；犬戎孛丁杀石父反，围攻京城，幽王举起烽火，诸侯都不来，周幽王与褒姒被犬戎孛丁所杀。"

梅先生说："这个故事有两出戏，一、《挡幽》，又名《焚烟燉》，是科班的老生戏。二、《褒姒》是徐碧云新编的戏，加了歌舞场面。当时他班里人才济济，有谭富英、张春彦、尚和玉、程继仙、姜妙香、诸如香、福小田、马连昆、李洪春。徐碧云自饰褒姒，周幽王向来由花脸应工，这出戏里改为萧长华丑扮穿短蟒，观众对丑化周幽王很感兴趣，因为历史上烽火戏诸侯，是描写幽王臭名昭著的故事。申侯在《挡幽》里勾红三块瓦，《褒姒》里则由老生谭富英扮申侯。唱腔有'西皮慢板'，'二六'转'快板'，列数幽王十大罪状。尚和玉扮犬戎孛丁，诸如香扮申后，姜妙香扮太子宜臼，1926年1月6日在开明戏院演出。徐碧云是我的姨夫徐兰沅的弟弟，又是我的妹夫，他跟我学过戏，排演《褒姒》时，曾和我研究歌舞场面。"

我说："骊山在临潼西南，骊山老母是小说和戏曲中的人物，如樊梨花的老师梨山老母，'梨'字就是'骊'字讹传；骊戎姬姓诸侯，其女即晋献公之妃骊姬，《焚绵山》介子推不受晋文公之聘，就与骊山有关。"说到这里车停下来。文化局副局长罗明同志说："这里是新石器时代（仰韶）遗址'半坡村'，可以下车看一看。"梅先生说："我在报纸上看到这个消息，今天能够参观，真是机会难逢。"大家走进"半坡村"，看见工人们正在施工。遗址管理员向梅先生介绍了发掘的经过，并指出，现在根据遗址研究出当时的建筑规模。于是我们幸运地看到4000多年前祖先们的生活情况，有些是一看就懂，有些则必须管理员解释才能明白，当看到一座烧陶的窑时，大家非常惊讶几千年前就使用陶器。管理员引我们到一处看出土陶器实物，梅先生十分欣赏陶器上的图案，认为几千年前就有这样良工巧匠是令人惊叹的。这时许多工人围到梅先生身边，梅先生说："今天在这里，我们大家一起摄影留个念。"

接着就到了"华清池"，梅剧团里上岁数的演员演过《太真外传》，有的演过《贵妃醉酒》，都兴奋地观览了这个历史古迹的全貌，梅先生仔细欣赏了唐代诗人白居易在《长恨歌》里着力描写的"春寒赐浴华清池，温泉水滑洗凝脂"的"贵妃池"。这个池是一朵芙蓉花的形状。下池时有台阶，砌池的石头是光滑而细润的。另外还参观了相传是杨贵妃浴后更衣、梳妆的"梳妆台"。我说："贵妃池虽经过了列代的修缮、整理，但可以相信杨贵妃确实是在这里洗浴。至于梳妆台的建筑和家具，恐怕是后人点缀而已。"梅先生说："你的话不错，《水浒传》的武松墓听说有好几处，这是纪念的性质。我对贵妃池特别感兴趣，因为我在《太真外传》里有华清池入浴的场面，今天到了这里，不禁就回忆起当时演戏的台词和身段。另外，梳妆台肯定是有的，应该比现在这间大得多，因为新承恩宠的贵妃，旁边有宫娥彩女，而且古代宫廷妇女的穿戴服装是非常繁重复杂的。你不止一次地看到过头本《太真外传》'华清赐浴'一场，当时不象现在可以先到'华清池'来体验生活，就是根据戏台上的经验和书上的记载来演的。今天晚上葆玖首演《玉堂春》，我们在交际处可以聊聊这场戏(详见附录一)。"说到这里，接待办公室的干部请梅夫人福芝芳到"贵妃池"洗浴，伴同她入浴的还有姜妙香夫人冯金芙和保姆。据她们事后告诉我，这个池四面都有台阶，入浴后看到池底中央用各种彩色石头镶嵌着一朵美丽的芙蓉花，真可以说鬼斧神工。

梅先生在另一个池里入浴，据管理员说："当年是唐明皇专用浴池。"我和源来弟、姚玉芙、徐元珊等七八个人被领到单人浴室，据说是唐代大臣们入浴的池子，还有一部分人则到另外一组浴室里洗浴。梅先生夫妇浴毕，接待办公室的摄影师还为他们在"贵妃池"照相留念。

9 月 18 日上午，我们少数人到了汉武帝刘彻的“茂陵”，茂陵在陕西兴平境内，是汉代陵墓中最大的一处。导游的同志对梅先生说：“附近有霍去病墓，墓前有不少有名的石刻，可以去看看。”梅先生说：“我幼年在私塾读书时，老师曾告诉我许多霍将军动人的故事，今天看起来他是个抵抗外族侵略的民族英雄。”我说：“对，史书上对霍去病的评价是很高的。他 18 岁时，已经武艺超群，熟读兵书。他跟了舅舅大将军卫青抵抗匈奴，霍去病只带了 800 骑兵，把匈奴的军队打得落花流水，并且活捉了匈奴王的祖父和叔叔，大大打击了侵略者的气焰，以后汉武帝封他为‘骠骑将军’。”

我接着说：“还有一件更重要的事，卫青和霍去病分任正副指挥，两路夹攻，杀得匈奴望风而逃，夺回了大漠以南所有草地，从此不敢再来侵扰。汉武帝封他为侯爵，还要替他盖一所豪华的房子，霍去病答复他：‘匈奴未灭，何以家为’，这句话一直到现在还为人传诵。这位防边立功的青年将领死的时候才 24 岁，是汉代最年轻的统帅，从前有两句诗‘卫青不败由天幸，李广无功缘数奇’。看来卫大将军打败匈奴的功劳，一大半是靠霍去病的力量。”说到这里，汽车到了茂陵，我们在那里游览了一会儿，就到霍去病墓去看石器。一群巨型石器放在霍墓前，有石人、石兽，造型雄浑，刀法简朴，最吸引人的是“马踏匈奴”、“卧马”、“跃马”、“人与熊”、“伏虎”等十几件。

霍去病西击匈奴，直打到祁连山下，曾立下死后要埋在那里的豪言壮语。他死后，汉武帝为了纪念他的战功，实现他的壮志，特在茂陵旁边为他建筑了坟墓，冢似祁连山，并从祁连山上拉来形似各种兽类的怪石，稍事雕刻，就成了这些艺术杰作。可以看出当年劳动人民的智慧与技艺，也可以想到主持其事的人对霍去病的崇敬和钦佩。梅先生和源来等在“伏虎”、“马踏匈奴”旁摄影留念。

这天下午梅先生等少数人原拟驱车赴马嵬坡，天公不作美，下起雨来，先是淅淅沥沥，后来狂风暴雨，汽车开到中途，前面积水甚深，司机同志说：“往前开有危险，万一抛锚，进退两难。”我们要求他想办法开过去，他跳下车往积水处看了一下回来说：“我负不了责任，请大家原谅。”这时天已傍晚，文化局的同志说："今天遇雨，为了安全起见，只好回去了。"梅先生叹了一口气说："我演了一辈子杨贵妃，竟不能到马嵬坡凭吊一番，真是遗憾。"

马嵬坡阻雨而归的第二天，梅先生在西安人民大厦礼堂演出了《贵妃醉酒》，受到各界人士热烈欢迎，在散场时有一位文艺界的朋友对我说："我看梅先生对《贵妃醉酒》下工夫做了彻底修改，把旁人硬加在贵妃身上的脏东西都去掉，等于把她送回'华清池'，把陈年积垢洗干净了，真是功德无量。刚才演出时，观众对他那种热烈，就可以看出他们的愉快心情，还不仅是欣赏精湛艺术而已。"我把这话告诉梅先生，他笑着说："我演了千百次《贵妃醉酒》，都没有今天气氛那么热烈，我也非常痛快。"

梅先生在北京时，就有文物局文物处处长张葱玉告诉他："西安出土一批唐代银器，其中最名贵的是一只银盘。"梅先生到西安后，就请接待办公室打听这批银器，想要看一看。

9 月 24 日上午，西安市负责同志就带了这批非常名贵的文物，一个银盘，一片盘托，两支盘足和四块银铤到交际处来请梅先生鉴赏，一同观赏的还有梅夫人、梅葆玖、姜妙香夫妇和姚玉芙团长。市文管会的郑自毅同志详细介绍了这批文物的来源：

这批文物是 1956 年 12 月 30 日在西安北郊唐大明宫东内苑遗址出土的。银盘直径是 1 市尺 2 分，重量是市秤 37 两 5 钱，表面镀金，状如花朵，盘边有突起的花纹图案，盘中突起一镏金狮子，制作精巧，形状别致。另有银挺刻有"兵部侍郎臣杨国忠进"，这条银挺足以证明银盘是杨贵妃用过的。郑同志还说："根据我们掌握的材料，很可能是杨贵妃放荔枝用的盘子。"梅先生把玩审视银盘的图案，对我说："这只银盘式样，似乎吸取了西域的工艺手法，所以另有一种风格，研究历史的可以探索考证，总之这批银器，有出土地点、人名、职衔，是非常可贵的文物。"

我们参对历史资料的记载，骊山在陕西东南，烽火台在"西绣岭"第一峰上，是骊山最高处。周幽王为博褒姒一笑，举烽火戏诸侯，结果死于山下，秦始皇葬于骊山。

骊山温泉，从秦始皇时发现，砌石起宇名“神女温泉”，汉代曾进行修整，老百姓从很远的地方来沐浴，治疗皮肤病。唐太宗（李世民）营建宫殿，名“汤泉宫”，他的儿子唐高宗（李治）改名“温泉宫”，至唐玄宗（李隆基）建“华清宫”，规模宏伟，与京城三内相埒。每年十月带领文武百官到华清宫居住，要到年底才回城内，在当时物力丰富，统治阶级想尽方法享乐，宠信杨国忠等权臣，由于杨国忠与安禄山争权的矛盾，招致安史之乱，六军不发，逼死杨氏兄妹，唐玄宗狼狈入川。唐玄宗即位之初，任用宰相姚崇、宋璟，当时舆论革除武周后期的弊政，史称“开元之治”，和唐太宗的“贞观之治”相媲誉。后来纵情声色，任用奸佞，只落得流离颠沛，晚景凄凉；而老百姓所受的苦难，从唐人诗歌里就看出对李隆基的失政殃民，痛下针砭，古往今来，不少统治阶级接位时的励精图治与后来的失政乱命，往往成为鲜明对比，前后判若两人。可见同样是封建社会，知人善任、从谏如流对社稷的安危影响是不可低估的。

附录一

梅兰芳谈《太真外传》

——华清赐浴

一九五七年九月十七日在交际处吃过晚饭，我们又谈起临潼“华清池”，戏中杨贵妃和梅先生演太真外传的往事。我问当年编演《太真外传》是怎样酝酿的？梅先生说：“如果说酝酿的话，也酝酿了一年多才动手编的。当时的目的不过是为了编新戏，既编新戏当然就得找题材，杨贵妃不是什么生冷的人，早已是诗、词、歌、赋、小说、戏曲的红人。我年轻时，昆腔《长生殿》传奇的几出戏，经常在北京上演的如老生的《酒楼》、《弹词》，生旦的《定情》、《絮阁》、《密誓》、《小宴》、《惊变》、《埋玉》等，《醉酒》是属于时剧（改良昆曲）的。我小时候第一次登台，就唱的是《长生殿》里《密誓》的织女。小时候学的扎实，现在还记得上来头一支曲子【浪淘沙】，唱完之后念定场白，小孩对于曲文当然不懂，但能记得住，成年之后偶然默诵，才觉得有味。这段定场白是：‘织云弄巧，飞星传信，银汉秋光暗度。金风玉露一相逢，便胜却人间无数，柔肠似水，佳期如梦，遥指鹊桥前路。两情若是久长时，又岂在朝朝暮暮。’这类妙词在昆腔本子里，当然是常见的，因为这是我演的第一出戏，印象很深，所以我非常喜欢这几句。”这出戏织女唱词的辙口有点费嗓子，梅先生说着就小声唱起第二支曲子【山桃红】：“俺这里乍抛锦字，暂驾香軿，趁碧落无云滓，新凉暮飔，踹上这桥影参差，俯映着河光净泚……”他还说：“有一次我乘飞机，正是新凉暮飔的秋季，我还想起这段词。二十岁以后大学昆曲的时候，我把刚才说的那几出《定情》、《絮阁》、《小宴》、《惊变》、《埋玉》都学会了，并且把全部《长生殿》传奇都细读了。当时想过，京班里杨贵妃的戏，在台上常演的只有一出《醉酒》，如果能演全本《长生殿》多么好呀！可是这本传奇里，除常演的几出以外几乎没人会了，所以要演只能改成皮簧，就这样开始编《太真外传》的。”

我说：“一至四本《太真外传》我都看过，这是您排的连台本戏，我觉得取舍剪裁，颇见功力，唱腔舞蹈，新颖脱俗。第一次上演是什么时候?”

“我记得是乙丑年夏天第一次在开明戏院演头本《太真外传》。当时有几位老友帮我编，不过我自己也把《长生殿》传奇看得滚瓜烂熟。人家说我应当读一读白居易的《长恨歌》，还有陈鸿的《长恨歌传》。我都照办了。一来年轻记性好，二来我除唱戏之外也不操别的心，况且这种读书是为了唱戏，所以能够专心学下去。当时使我懂得了，一个题材经过大文学家艺术家的创作，不论是诗歌、散文、传奇都各有千秋。当你读了一个题材的传奇之后，再看同一题材的诗歌、散文，不但没有重复的感觉，而且一句话一桩事有那么多样的说法，让你觉得新颖而不面生。能背诵《长恨歌》的人是很多的，你们当然都不算一回事，那时我也能背。还有那一篇《长恨歌传》，我也很熟，现在我还记得末了几句原文‘不但感其事，亦欲惩尤物，窒乱阶，垂于将来者也’这是说白居易作长恨歌的目的，当时我想过，假如有人问我编演《太真外传》有什么意义，我可以引用这句原文来答复。”下面我请他谈一谈“华清赐浴”的创作情况，梅先生想了一下说：

“今天咱们在华清池的时候，我就想起《长生殿》《窥浴》一出里生旦唱的那支【四季花】：别殿景幽奇：看雕梁畔，珠帘外，雨卷云飞。逶迤，朱阑几曲环画溪，修廊数层接翠微。绕红墙，通玉扉。你看清渠屈注，回澜皱漪，香泉柔滑宜素肌……名家的手笔，真是不凡，《长生殿》不但是场上好戏，而且是脍炙人口的文学读物，今天在‘华清池’的实地感受不正象曲文形容的那样吗？至于我们编的《太真外传》，那就只能在戏院里上满座，如果当案头读物那就不够资格了。我们编演的《太真外传》，头本是‘华清赐浴’一场，本来也想过，照《长生殿》《窥浴》一场的排场，先上两个丑宫女，有些‘斗哏’的唱念，然后唐明皇杨贵妃同上，唱完一支【四季花】曲子同下，从台词里表明是二人同浴。下面便是贴旦和老旦扮演二个宫女唱‘凤钗花络索’一大段唱，表现二宫女窥浴。最后唐明皇和杨贵妃同上，作为已经浴罢。这是和昆剧《西厢记》《佳期》的场子类似，曹心泉先生叫作‘柳暗花明’的场子。这种演法首先要求唱词极其生动而精致，我有自知之明，我们改编的词没有那样水平；其次是西皮二簧的京剧也照这样演法，能把戏唱瘟了。我听说祖父梅巧玲，他老人家在‘四喜班’演《盘丝洞》，是一架灯彩牌坊，一排玉石栏杆砌末来表演蜘蛛仙子入浴，用的是明场，效果很好。所以我就把杨贵妃入浴也改为明场处理。杨贵妃入浴时的一段唱词：‘听宫娥在殿上一声启请，我只得解罗带且换衣襟，在头上忙把金钗摘定，转身来脱凤衣解下罗裙……’，这一段唱，每唱一句由一个宫女服侍解下一件，既是身段，又是真实的动作。杨贵妃在台中心，两旁宫女侍立，第一个身段是脸朝外解带，解下来向里转身，右手把带扔给‘大边’第一个宫女；第二个身段是左手从头上拔下一根戳枝花递给‘小边’第一个宫女；第三个身段是转身朝外，把右手水袖梢甩给‘小边’第二个宫女，用一个大转身脱下凤衣，由宫女把凤衣接过去；第四个身段时杨贵妃已经挨近‘大边’的第二个宫女，这个宫女蹲身一揪裙子带的活扣，杨贵妃往回转身又到了台中心，同时这条裙子也拿在宫女的手中了。杨贵妃身上只剩下里面的褶子和腰包。按今天咱们看华清池的梳妆台，这场戏如果象话剧本标明地点的话，就可以写：‘地点、梳妆台。’这段唱完末一句，场上用暗转的办法，等到再亮灯的时候，杨贵妃已经站在布景的后面，披着长纱唱‘脱罢了罗衣温泉来进，一霎时蒸腾得水气氤氲……’这一段戏的地点应该就是今天看的芙蓉池。在舞台上布景是齐着二道幕安装的，表演的部位在二道幕后，一排玉石栏杆砌末；一层蝉翼纱幕的后面，大约有七尺见方的面积。唱一段‘反四平调’，四个角有两个高相，两个矮相，最后回到中心，这几个相过去都有照片发表在报刊上。这场戏身段的难度，要表现‘轻舒缓展’。”说到这里，我打断了话头说：“当初看戏的时候，见杨贵妃唱完一句脱一件，不知道衣服要脱到什么程度？杨贵妃怎样沐浴？哪知唱完末一句飘然而下，暗转之后地点就换了浴池，不但场子安排的巧妙，而且今天看来和真实地点还很符合的。”

梅先生说：“那一场解带脱衣，我也是受启发来的，我不能掠美。我告诉你们，谭老板的《碰碑》里卸甲丢盔的身段，是老听戏的都知道，因为《碰碑》唱的次数多，还有《连营寨》，可能见过的就少了，起火一场，刘备念‘扑灯蛾’，在末一句里脱帔上马，那份儿好看就甭提了。杨老板（小楼）的《青石山》关平解玉带脱蟒袍，还有他在很多短打戏里脱褶子掖鸾带，并不是有意卖弄，而那么给人以美感……得了，咱们打住吧，我一谈戏，最后总要落到谭杨二位，一提起他们就没完没了啦，明天咱们还早起参观哩，该睡觉了。”

附录二

许姬传、许源来的梅剧讲座

1957年梅兰芳先生在西安演出期间，接待办公室组织了当地各剧团的部分导演和主要演员80余人在人民大厦举行学习梅剧座谈会，由许姬传、许源来介绍《贵妃醉酒》、《宇宙锋》、《奇双会》、《霸王别姬》的表演特点及修改整理的过程。梅剧团笛师许伯遒教唱《游园惊梦》，并由梅先生亲自为段林菊等教授表演身段。

许姬传谈《贵妃醉酒》

《贵妃醉酒》是从昆剧支流的时剧《醉杨妃》脱胎而来，到清光绪年间北京开始演这出戏，后来在演出上形成路三宝、余玉琴两派。这两位都是擅长花旦、刀马旦，因为这出戏有“卧鱼”、“衔杯”等身段，没有扎实的腰腿功是很难胜任的。梅先生是路先生亲授的。梅先生虽是演青衣出身，因为他从小就刻苦锻炼武功，同时，又学习了许多出昆曲。《醉酒》的身段，表演节奏都与昆剧有血肉关系，他最初上演受到观众好评，就是具备了上述的条件。由于幼功扎实，演了四十多年，至老不衰。

梅先生对杨玉环这个角色，在不断地舞台实践中，有较深刻的理解，大胆而又慎重地进行了改革，使杨贵妃的精神面貌，焕然一新。

过去，编剧者和表演者都强调了杨贵妃的醉后思春，因此有不少猥亵的身段，以致歪曲了主题和杨妃的性格。杨妃在宫中是“三千宠爱在一身”的妃子，唐明皇只是偶然爽约，引起她的妒忌怨恨，独饮酒醉，只能表现她的怨妒空虚的心理状态。梅先生根据这样的理解，慎重地在表演和台词方面作了一系列的修改。主要改动的是第二场。这一场用下边的表演代替了原来暗示性的动作：先让裴力士敬酒，裴因杨妃已醉而不敬，杨打裴，又让高力士去请唐明皇，高不敢去，打高；过去，把高力士往后台拉，拉下高的帽子，现改往外推，表示让高去请明皇，无意中拿下他的帽子；戴在凤冠上，最后扔给高力士。

梅先生在改戏时尽量不改动唱词，只有在十分必要时才改。改动台词时，尽量做到不变平仄，不改辙口。如这出，除改动了个别对白外，唱词只在两个地方作了较大的改动：一是"诓驾"后，原有"这才是酒不醉人人自醉，色不迷人人自迷"，现改为"酒入愁肠人已醉，平白诓驾为何情"。另一是快终场时，"安禄山卿家在那里……"的唱词，现改为："杨玉环今宵如梦里，想当初你进宫之时，万岁是何等的待你，何等的爱你，到如今一旦无情明夸暗弃，难道说从今后两分离。"这些台词的改动，不仅剔除了庸俗的含义，更突出了杨妃的幽怨和孤寂。又如进场时所唱【四平调】："去也去也回宫去也，恼恨唐明皇"，梅先生认为唐明皇是死后的谥法，就改为"恼恨李三郎……"。他对剧词的修改，慎重细致地把不合理的地方改正过来。

梅先生在表演艺术上，也是孜孜不倦地力求提高。例如"卧鱼"，却不知道它表示什么？有一次在庭院内俯身闻花，一个朋友笑着问他："是否练习《贵妃醉酒》？又来找'卧鱼闻花'身段的生活根据。"后来，又去掉当中一次"卧鱼"，将第二次闻花后将花折下，立起身来悻悻地扔在地上，避免了身段的雷同，进一步表现出杨妃的醉态和怨懑心情。

这出戏腰腿之外，眼神非常重要，看雁时，眼神和扇子波浪式的摆动，脚步的移动都要密切配合；而看鸳鸯时，只微微一看，就扭过头去，表示羞涩，这个身段是溥仪的叔叔载涛先生告诉他的，载涛跟余玉琴学过《醉酒》。梅先生为了弄清楚余玉琴的表演路子，特约载涛先生来研究，他就连唱带做地走了一遍，有一段唱词是五字成文，与路玉珊大不相同，身段则出入不大，还有"乾坤分外明"的扇子动作，很有诗意，"鸳鸯来戏水"的含羞转身动作，都照余玉琴的样子，改变了原来的身段。

梅先生一生善于学习别人的长处，丰富自己的表演，他认为要勇于改革，但不能盲从，这就必须锻炼自己的鉴别能力，才不致走弯路。他曾对学生和儿子说："你们要学我早年的调门，中年的唱腔做功，晚年的火候。"

梅先生认为"演员要保持清醒的头脑，以应付舞台上随时可能发生的事故"。常用这句话告诫他的学生和子女。有一次在朝鲜广场慰问志愿军，演到杨妃把高力士的帽子戴在凤冠上学男子走路时，照例是走几步把太监帽摘下来，扔给高力士，那天刚一起步，太监帽就掉落到靠下场门台口，这是重大事故。当时，他灵机一动，眼睛看着高力士，把水袖在高力士的眼前一晃，朝下场门台口指去，这种巧妙的暗示，马上使对方领会，扮演高力士的马富禄跟着他的眼神往那边望去，不由得说："哦，奴婢的帽子在那儿呐!"很自然地走了过去，把帽子拾起来戴在头上，台下有一位志愿军看了还说："这是梅先生新改的身段哩!"

许源来谈《奇双会》

《奇双会》是京剧的一个传统剧目（"吹腔"）。从王楞仙先生死后，这个戏曾一度中断演出。后来，梅先生又把它挖掘出来，并向陈德霖先生学习了这出戏的传统表演，经过三十年不断地钻研加工，又创造了不少精彩的表演。

过去，有人认为演《写状》里面调笑部分过多，与它的悲剧情节不适合。梅先生对这一点曾作了多次的研究，认为它是合情合理的。首先应该理解的是李桂枝和赵宠是新婚不久的恩爱夫妻，桂枝虽有父亲被冤狱的不幸遭遇，也不能见了赵宠后就一直毫无顾忌的哭哭啼啼。如果这样做，会把这个戏唱得单调乏味了。当然，过去有些演员在表演上片面地追求喜剧效果，以致歪曲了剧本主题和李桂枝的性格，也是很不妥的。这出戏里有悲有喜，悲和喜须要紧紧地糅合在一起。梅先生从李桂枝在剧情发展中的思想情感的变化出发，去掌握角色的性格，剖露角色丰富的内心活动。如象《写状》一场，李桂枝一上场，从她的面部表情里，我们就可以看出她内心的愁烦和哀痛；赵宠回衙来了，又立刻收敛起愁容，笑面相迎。虽然是笑了，但从眉宇间，还隐约可以看出她内心是如何的沉重。她实在压抑不下内心的痛苦，所以和丈夫略略寒暄，就哭了起来。一直到赵宠给她赔礼，她才羞答答地微露笑颜。梅先生把李桂枝因父亲含冤而引起的凄楚，同新婚夫妇的恩爱和生活的幸福，恰切而且巧妙地融合起来了，从而深刻地、真实地表现了她的性格和复杂的内心活动。在这一场结尾的地方，过去有些演员过分强调了喜剧气氛，让李桂枝带着调笑的气氛下场。梅先生觉得这样是不妥当的，不仅使舞台气氛变得过于欢快，而且也不符合生活真实，就大胆地作了修改——更准确点说，这是梅先生的一个创造。梅先生改成笑着走到下场门，转过身来看看状子，想到父亲的冤屈，又不自禁地抽搐起来，挥泪下场，这样一来，戏又收到悲的气氛，就使《写状》一折戏更加完整而感人了。

谈到这个下场的修改，我告诉大家一件很有趣的事。修改以前，梅先生同扮演赵宠的姜妙香先生并没有研究，演到下场时，梅先生感到喜笑而下，很不舒适，就顺乎自然地修改了。第一次改时，姜先生也感到很突然，一时不知怎样做才是，但他觉得梅先生改得很妙；第二次再演到这里时，姜先生就也跟了过去，抚慰着桂枝下场。他们二位在这里作了很确切、很真实的即兴表演，其所以能产生这样的即兴表演，是因为他们在舞台实践中，有着深刻的舞台自我感觉。有些演员，他们不是从现实主义的表演方法和钻研创造方面去学习梅先生，只是从某一个动作、某一个身段去学习，因而常常引起他们的苦恼，觉得梅先生的表演常有变化，很难学。也确实是这样。除了大的部位以外，梅先生在小动作方面常有变化（创造）；甚至有时他在舞台上有了新的变化，别人赞扬改得很好时，他自己还没有觉得。可见他是已经深入到戏里去了，有时并不是有意识地改戏。谈到这里，我想到梅先生常说的一句话："艺术是没有止境的"，的确如此。

我认为梅先生是最善于在剧情的发展中，有层次地剖露角色的内心活动和情感的。梅先生认为，在充分地体会了角色以后，表现时必须有起伏，否则就显不出应该突出的地方。比如《探监》一场，桂枝在听老犯人诉说冤情的时候，先很平静，等听到他说家住在褒城县马头村时，开始加以注意；又听到他的名字叫李奇，就赶快把丫环支使走了；紧跟着追问下去，等到李奇说出桂枝的名字以后，完全证实了跪在她面前的就是自己的父亲，她已经抑制不住自己的震惊和悲痛，不觉喊出："哎呀爹……"但她所处的环境又不允许她父女立即相认，只得竭尽全力压下了自己的激动，继续问李奇作何生理，这时戏稍稍伏下去；等问到李奇回家去的情况（这是桂枝无从知晓的），她的感情又激起了，戏也再次突起了。后边《写状》中，梅先生也是这样一起一伏，渐次昂扬，把角色的心理变化和感情引向高潮的。

梅先生在《奇双会》里，也做了些剔除糟粕的工作。这出戏里，原来有许多唯心的、宿命论的成分，都慎重地进行了修改。如李奇在狱中哭，原来是哭一句由狱神给传一句，才使李桂枝听到；梅先生把狱神删掉了，他觉得夜静的时候，李奇的哭诉，她是可能听到的。再如，李奇见县官夫人（不知是桂枝）后就跪下了，早先演出时，李奇一跪，桂枝的头就昏痛；现在把桂枝的心情改为看见一个受过毒打的老犯人，心中不忍。还有，全剧结尾时，原有"人亏天不亏，终朝有轮回，不信抬头看，苍天饶过谁"的剧词，现改为"人亏理不亏，今朝辨是非，不信抬头看，红日正光辉"。经过这样的修改以后，这出戏的思想意义，显然是大大提高了。

应该如何欣赏、学习梅先生的表演艺术，我以为应该从两个方面去看：一是从整个角色的创造，一是从某些身段的理解。而前者是最主要的；如果不能理解前者，就是学了某些身段，也会用之不当的。

陇游散记

许姬传　许源来

1957 年 8 月 16 日，梅剧团到西北演出，第一站是甘肃兰州。梅兰芳先生、梅夫人福芝芳和少数人乘飞机，到兰州是下午 3 点钟，我记得文艺界之外，甘肃省省长邓宝珊先生、西北军区司令员张达志将军、中共甘肃省委文教部两位部长——吴文遴和吴坚同志、省文化局副局长曲子贞同志等党政军和文化界都有领导人到机场欢迎。我们感到热情而隆重。邓宝珊省长和梅先生是多年老友，他乡遇故知，分外亲切。我们到了交际处（兰州饭店），有中国京剧院的同志在那里等候，他们在兰州刚演毕，袁世海兄说："我们从这里要到四川去演出。"这时李和曾同志向我使了个眼神说："姬老，咱们到花园里走走。"我就和他一同去散步。和曾说："我们原定到四川去演出，现在接到中国京剧院来电，一部分人到西安演几天，其余的都回北京'整风'。刚才屋里人多，不便宣布，请您代向梅院长汇报，我们明天就回北京去了。"

我们离开北京时，反右运动已经开始，一场激烈的"大批判"正在全国开展。我的朋友当中有些知识分子，由于说了几句老实话，就莫名其妙地戴上了右派帽子，受尽了嘲讽、白眼，一直到"四人帮"垮台后，才陆续恢复了名誉。

高原气候嗓子使不上劲

梅剧团第一天在西北民族学院礼堂演出，梅先生演的是《贵妃醉酒》，我在台下听戏，杨贵妃闷帘念“摆驾”二字，一向是提气念得非常饱满的，那天感到有些吃力。回到交际处吃夜宵时，我问梅先生：“今天的嗓子如何?”他说：“不知什么缘故?‘摆驾’的念白使不上劲。1954 年春，我在广州越秀广场慰问几万名解放军指战员，都没这样费劲。”源来接口说：“刚才文化局的一位同志告诉我：此地是高原气候，海拔比北京要高 1400 多米，今天的气压是 845. 3 毫巴，比北京低的多，有些演员初来时，不能适应，但唱过几天就习惯了。”以后梅剧团在人民剧院演出了《宇宙锋》、《霸王别姬》、《奇双会》，果然，梅先生的嗓子就适应了当地的气候，依旧宽亮醇厚，直送到最后一排座位。兰州观众的情绪非常热烈，还有从藏族地区来看戏的活佛，可以说是皆大欢喜。

观摩《辕门斩子》的感想

梅剧团第一场演出是招待党、政、军及文艺界，以后，兰州的秦腔剧团招待我们，我只记得秦腔名老生刘易平先生演的《辕门斩子》，给了我深刻印象。因为我曾向宜宾陈彦衡先生学过谭派《辕门斩子》，谭的唱腔很有感情，见穆桂英时，一种又惊又喜的神情，最符合杨延昭当时的内心活动。在绑宗保时的唱词，秦腔与京剧有相通的地方，还看出京剧移植秦腔的痕迹，现在把两种唱词列出：

秦腔 （杨延景唱“尖板”）

延景怒冲冠，

宗保听心间。

私自结亲眷，

军法不容宽。

焦孟二弟一声唤，

搀出辕门吃刀弦。

京剧 （杨延昭唱“散板”）

怒恼杨延昭，

蠢子听根苗。

命尔去巡哨，

私自把亲招。

枪挑穆天王，

桂英下山巢。

将父擒下马，这笑啊（嘎调）！

笑坏了众英豪。

焦孟二将一声叫，

将奴才绑辕门定斩不饶。

从这两段唱词对照着看，内容基本相同，只是秦腔用的“言前”辙，京剧改为“遥条”辙。另外，京剧提到杨延昭被穆桂英擒下马的情节，所以用嘎调表示他的羞愤。

还有，从穆桂英出场后，杨延景与杨延昭的态度，也有不少相同的地方，据我的表兄言简斋告诉我：“谭鑫培这个戏的特点是一个‘等’字。佘太君讲情不准，八贤王也碰了钉子，而穆桂英一出场，鑫培的唱、做的‘怕’是做给佘太君、八贤王及满营众将看的，而内心的喜悦则说明已经‘等’来破天门阵的人了。”

我记得陈彦衡老师教我时，当穆桂英献出降龙木、答应破天门阵后，杨延昭唱的“垛板”：“听罢言来笑开怀”，新颖跳脱，最能说明杨延昭心花怒放的意境。

刘易平先生在见到降龙木后的唱词很有意思：

降龙木本是一根柴，
长在深山靠陡崖，
我为你丢丑，卖过了臊，
到如今不求自己来，
将宝供在佛阁里，
晓与五哥把马排，
三万粮草齐收下，
五百喽兵巧安排，
东南角上扎营寨，
后一日请功领赏来——出帐去！

这一段唱词不仅与京剧的层次相同，而且都用的是“怀来”辙。刘先生的唱腔充分表达了杨延景的喜悦心情，与谭老演的杨延昭有异曲同工之妙。总之这个戏的编剧手法，富有喜剧色彩，所以至今仍为观众所欢迎。1982 年 3 月，梅葆玥、梅葆玖到香港演出，葆玥就演出了《辕门斩子》。而葆玖演出了梅派名剧《霸王别姬》、《凤还巢》、《生死恨》、《玉堂春》、《贵妃醉酒》，玥、玖还合演《穆桂英挂帅》，受到港澳台同胞及来自美洲、欧洲、日本、南洋各地观众的热烈欢迎。我接到香港朋友来信说：“葆玖的扮相表演酷似其父，有些看过梅兰芳先生的戏的老观众，竟至兴奋得流下泪来。”

书归正传，我有一些不成熟的看法，就正于秦腔工作者：秦腔有佘太君向杨延景下跪的情节，我觉得不太合适。因为佘太君不是普通老太太，她是精熟六韬，挂帅征辽的名将，当然懂得军纪军法，在封建社会里向儿子下跪来乞求饶恕杨宗保，似乎有损佘太君的形象。京剧处理的杨延昭对母亲的唱词，只是数说杨宗保违反军法、临阵招亲，不能因年幼而枉法包庇。最后，杨延昭的唱词：“娘若是再讲情儿要自刎头来。”使佘太君无法再说下去。因此我建议，秦腔工作者在剧本方面斟酌修改一下，就更适合今天观众的脾胃。

另外，在赦宗保时，京剧是满营众将保本，秦腔有佘太君、八贤王保本的情节。杨延景唱词中：“接保状将心放下，哪怕他王强贼冷本参咱。”这样处理比京剧好，因为犯军令、判斩罪的人，光靠满营众将保本是不够的，特别是提到对立面王强，更说明杨延景的老谋深算。

我记得梅先生曾说：“早年京剧移植兄弟剧种的剧目，往往保留几句原词，以志纪念，例如《玉堂春》是从梆子移植过来的，苏三出场时，一般都唱：‘来至在都察院，举目往上观。’我唱：‘来在都察院，举目往上观。’这是梆子原词，五字成文。我改编《穆桂英挂帅》，保留了河南梆子的原词：‘我不挂帅谁挂帅，我不领兵谁领兵。’这是艺术创造的道德观。”

秦腔的历史比京剧悠久，当年谭鑫培就吸取梆子的表演，据曾为谭操琴的徐兰沅先生对我讲：“谭老板唱《盗魂铃》，扮猪八戒，在高台上学几句‘铜骡子’、‘铁马’的唱，这两位梆子老演员，我都没赶上听他们的戏。”

我的外祖父徐子静先生曾对我说：“早年北京有‘四六班’每次戏码是四出昆曲，六出京戏，当时士大夫都推崇昆曲，称为‘雅部’；皮黄、梆子等统称为‘花部’，还叫作‘乱弹’，所以有‘文武昆乱不挡’的说法。”

王瑶卿先生曾对我说：“早年北京的戏班，有皮黄、梆子两下锅的同台演出，辛亥革命后，就逐渐分开，皮黄调占领整个舞台，这和谭（鑫培）、杨（小楼）、梅（兰芳）的艺术成就是分不开的。”

据于连泉（筱翠花）先生对我讲：“花旦表演受梆子的影响最深，绑跷和眼神的练功方法，多半采用梆子科班的严格训练。梳大头、水葫芦的扮相，是乾隆年间梆子演员魏长生带到北京来的，京戏青衣最早是用绸子包头，以后也梳大头了。”

最后，我谈一下京剧里西皮曲调与秦腔的关系。

梅先生在《舞台生活四十年》第二集，《新武汉》一章里，根据杨铎先生供给的资料，阐述了西皮调的来源：

“明末李自成聚集了起义的农民，首事秦陇，转战以达湖北的边境，屯聚在鄂北豫南的襄邓之间，为时甚久。营中的士兵们空下来，就互相学唱歌曲，他们唱的自然都是从故乡带过来的秦腔了。当地的居民听到这种调子，觉得新鲜别致，也都学着唱起来。这就是后来汉调里所谓西皮调的滥觞。”

我们从武汉演毕回京，就和徐兰沅先生研究西皮调来自秦腔的线索。他从实践中提出了证据：“胡琴西皮的把位，与秦腔‘胡胡’的把位相同，我学艺时，曾听老师们说：‘西皮脱胎于梆子。’”徐先生边说边拿过一把胡琴，把二黄、西皮的把位拉给我听。他还说：“京剧里所用曲牌大都采用昆曲，也有一部分来自梆子，例如老梅大爷（雨田）在《玉堂春》请医时就用了梆子【寄生草】牌子，经他改编后，分外好听。”徐老强调说：“雨田先生功底深厚，肚里渊博，他创造的东西，新而不怪，合乎乐理，所以能够流传至今，现在有些人一味追求廉价的剧场效果，终久是站不住脚的。”

从以上一些例证，足以说明京剧与秦腔的血缘可追溯到明末清初，多年前，就有南昆、北弋、东柳、西梆的说法，更能看出秦腔的源远流长。1952 年全国戏曲会演时，幸运地看到秦腔名演员刘毓中先生的《卖画劈门》、苏育民先生的《打柴劝弟》；1957 年随梅剧团到西安、兰州，看了许多秦腔的传统名剧和后起的青年演员，至今还是回味无穷的。

邓宝珊请吃烤小猪

到兰州的第二天，邓宝珊省长就请梅氏夫妇、葆玖、源来和我到他家吃饭。那天下午 5 点钟到他的寓邸，坐定后，邓老就请我们吃苹果、冬果梨等水果，他说：“这都是后花园刚摘下来的，此地的瓜果不错，因为是沙地栽植，所以香甜可口。”

邓老的书房里挂着齐白石、陈师曾、陈半丁、王梦白的花卉画，梅先生说：“这几位都是我的先生，王先生还是开蒙老师，他是学新罗山人的，花卉、翎毛无不精能，白石老人是师曾先生介绍的，他的画有奇趣，曾在我的缀玉轩里画过一部花卉虫鱼册页，鱼、虾最传神，仿佛要从纸上游出来那样生动。”

邓老对梅先生说：“白石曾告诉我一桩故事，大约在20年前，在北京看堂会戏，他坐在最末一排，后来你看见了，就搀扶他到前排坐下，有人问他是什么人？你大声说：‘他是我的老师，名画家齐白石先生！’白石很感动。”

梅先生说：“1949年我到北京参加文代会，专诚拜访齐老师，他请我和姬传兄到北海后门庆林春饭馆吃饭，有一位护士照顾他，齐老师叫她小夏。席间，我问他近来还常作画吗？他说：‘画！可惜没有人要。’那时刚解放，南纸铺接的活不多，可是一年后，我从上海搬回北京，齐老的画件又忙起来了，求画送润的日见其多。1955年我拍摄舞台艺术纪录片，导演吴祖光还约了齐白石、陈半丁、汪蔼士几位老师到颐和园拍了一组镜头，我们坐在藤椅上喝茶聊天，我还拿起一只鸽子往天空扔，下面接我画鸽子的镜头。”

邓老说：“我看过你的《梅兰芳舞台艺术》彩色片，前面生活部分，许多老艺人、老朋友到你家做客。还有《春香闹学》、《黛玉葬花》、《探母》、《木兰从军》、《抗金兵》等镜头，可惜这些戏没有全部记录下来。”

这时，酒席摆在饭厅里，主人邀我们入席。邓老说：“今天，主要请你们吃烤小猪，这是兰州名菜。”

冷盘、热炒吃过后，端上一盘烤小猪，切成小长方块，依然拼成完整的小猪。拿筷子夹出来，入口时，皮脆、肉酥、不腻，大家都夸大师傅的手艺好。邓老说：“这不是我家厨师烤的，是外面请来的专家，每烤一次代价十元。这种手艺人，兰州也只有几个人，你们住的交际处就有一位厨师能烤，想吃，可以告诉服务员。”

那天，肴精果鲜，又谈了许多往事，尽欢而散。

到西北演出时，梅先生曾向冯幼伟先生借了大师傅小丁，随剧团做菜。小丁并不姓丁，他姓王名寿珊，是名厨师姜浩本的徒弟。姜浩本有个外号叫“将够本”。有一次冯先生请客，给他40元钱买菜，问他够不够？他说：“将够本。”就这样叫开了。小丁的菜兼有淮扬、福建、山东各种风味。梅先生从邓家回来就对小丁说："后天请邓省长吃饭，他家的菜讲究，你要显显本领。"

邓老夫妇应邀到交际处吃饭，小丁聚精会神地做了几样清而腴，厚而不腻的拿手菜。邓老最欣赏牛肉汤炖花生。这样菜是向沈昆三先生家学来的，当年冯幼老与昆三兄住在愚园路——静园路，两家紧邻，所以做菜互相交流，沈家菜也是有名的。

过了几天，邓老又到交际处看梅先生，他说："昨天我家学做牛肉汤炖花生，可是汤不清，所以来请教丁师傅传艺。"梅先生就把小丁找来，当面讲了做这碗汤的窍门，以后，邓家再做这汤就汤清味腴了。当时我曾把这种汤的做法写在日记里，可惜"文化大革命"时被我烧掉了。那时，我烧掉了16本日记，其中有许多珍贵的资料。例如，邓宝珊谈和平解放北平时，奔走于毛主席、周总理与傅作义将军之间的第一手材料；还有梅先生在沈阳与高岗的谈话，关于抗美援朝时，斯大林同志的态度。我所以销毁这批日记的主要原因是其中记录了大量与周扬、夏衍、田汉、阳翰笙四老的往来、通信、谈话，而当时报刊正在猛烈攻击"四条汉子"，我在单位也是揭批对象，我越想越怕，就想把这些烧掉，可是我当时一人独居张自忠路，在屋里烧文件，如被人发现是说不清的，只得带到西旧帘子胡同梅宅交给老方送进锅炉中去了。不过读者如要了解牛肉汤炖花生米的方法，还可以找小丁取经，他现在在上海大厦工作。1982年3月，梅葆玥、葆玖赴港演出前在上海排练演出时，葆玖写信告诉我，他们在上海大厦吃到了小丁的菜，才知道他的踪迹。

从西瓜谈到王少卿的死

梅剧团在旅行演出时，团员分两处住，团长姚玉芙和大部分人住旅馆，梅氏夫妇、葆玖、王少卿、源来和我住交际处。大致是这样分工的：王少卿给梅先生、葆玖吊嗓；源来和我接待来访的人，拟发言稿，为报纸写文章。因为7点钟开戏，有时5点钟就开晚饭，大家胡乱吃一点就上戏院，演毕回来吃夜宵时，少卿的胃口比我好，吃得多，可是到了兰州，我发现他吃得少了。兰州的瓜类最多，有西瓜、白兰瓜、哈密瓜等十几种。我的表弟徐列在报刊担任编辑，有一天送我一个醉瓜，吃起来有些酒味，非常鲜美，可惜当时不易买到。每天下午交际处的服务员端来一盘大片黑皮红瓤西瓜，我只能吃三片，少卿可以吃七八片，足有三四斤。我就问他："吃夜宵时吃得少，吃瓜量倒不差，这是什么缘故?"他答："我近来荤菜吃多了，肠胃不受用，有时拉稀（腹泻），西瓜倒不要紧。此地的西瓜又甜又脆，每天吃的都一样，没有好坏之分，真过瘾!"

从兰州演毕到西安，最后到洛阳，有一天少卿又吐又泻，我陪他到医院，给了点药就好了。回北京后，他在宣武医院看病。有一天，我到梅先生的医药顾问郑河先家聊天，他说："刚才宣武医院的医生来告诉我：'王少卿昨天来看病，我给他检查，好像肠子里有生物，我希望他到首都医院（即协和医院）去彻底检查一下。'"郑大夫要我转达梅先生。这时，梅先生刚从苏联参加庆祝十月革命节回来，我对他讲了少卿的病情，他就请来少卿，把这番话告诉他，并动员他赶快去首都医院检查，还写了封信给医院的负责人，介绍王少卿入院治疗。经过检查，是肠里生瘤，就住院动手术，手术后，首都医院方面派人对梅先生说："王少卿先生是肠癌，已经扩散，最多维持生命一年。"

1958 年 7 月 1 日，梅先生正在十三陵水库工地慰问演出时，中国的著名琴师王少卿同志逝世了。现在回想起，在兰州时，从饮食方面已经透出病变的信息了。少卿兄和我同年，都是庚子（1900 年）生人，那时，郭效青兄发起庚子同庚会，我和少卿都赞成，还约了于连泉（筱翠花）、马富禄等 10 个人，打算聚餐、合影留念，由于王少卿的逝世，大家意兴阑珊，就没有举行了。现在庚子同庚的老友，大都作古，只剩下我和效青，不胜人琴之感。

《舞台生活四十年》出版前后

许姬传

1950年春，上海《文汇报》黄裳同志约梅兰芳先生写自传式的回忆录，梅先生说："我现在很忙，没有时间写文章。"黄裳说："您的艺术经验是丰富多彩的，应该写出来，给后辈留下珍贵的资料。"黄裳接着说："您以后比现在更忙，如不抓紧时间，更难着手。"梅答："让我考虑一下再决定。"

过了几天，梅葆玖带了剧团到苏州演出，我同去。有一天在老朋友沈京似家里吃饭，饭毕，梅夫人、梅葆玖都到剧场去了。沈留我下榻夜谈，沈君喜收藏书画，出示所藏，共同赏玩。第二天早晨主人准备了精致的西式早餐，正在边谈边吃，剧团有人来通知我说："上海有姓黄的找您，并约您到一位朋友家里吃午饭。"我准时前往，原来是黄裳。他说："我是专程从上海来奉访的，关于梅先生写稿的事，编辑部开了好几次会，最后决定题目叫《舞台生活四十年》，由梅口述，你笔记，这样分工，不致太紧张。你返沪后，务必善为说辞，得到梅先生同意。"我说："我还没有写过长篇连载的文字，负担不了。"黄说："这是近代戏曲史上一件大事，你要打起精神，担起这个责任，至于文字方面，我在审稿时可以帮忙。关于调查研究，核对事实有令弟源来在沪可以和梅先生的老友商量着办。"我说："返沪后，打电话给你，你把这番话，当面讲给梅先生听，写与不写，由他决定。"返沪后，我把他的意思摘要告诉梅先生，就把黄裳找来，黄裳又重复述说了在苏州说过的话，还补充说："像您这样享有国际声誉的艺术家，没有一部完整的著作，是非常可惜的。趁现在你们精力还旺盛，挤出一部分时间，细水长流地搞下去，这是总结‘梅派艺术’继往开来的一件极有意义的事，您就不必犹豫，要下决心干，现在不干，将来一定后悔。”在这次谈话以前，梅先生已经和冯幼伟、吴震修、李释戡、许伯明等老友商量过，他们也鼓励我们写这部书。所以梅对黄裳说：“您说得对，但我们两人现在忙得很，能否完成这件事，没有把握，就怕半途而废。”黄裳说：“只要您答应写，遇到困难，大家想办法解决，就此一言为定，我向组织上汇报。”

接着梅剧团到天津演出，就把这件事告诉天津市文化局长阿英，阿英竭力支持我们写《舞台生活四十年》，他说：“趁现在还有不少老艺人，有些事可以和他们核对商量，这种第一手资料最名贵，你们还是很有条件的。但你们没有写过长篇连载，报馆催稿的紧张滋味是不好受的。你们先得预备一个月稿子，才能发稿。”梅先生说：“我晚上有戏，像《断桥》里，葆玖的青蛇头一次唱，白天还要和俞振飞先生三人对戏，只有唱完戏，才能谈稿子，幸而我和姬传同住利顺德（现名天津饭店），这已是午夜一时后，最多也只能讲一个多小时。”阿英问：“你打算从什么时期开始？”梅答：“我想从祖父梅巧玲谈起。因为祖母陈太夫人常和我谈祖父的事，我的立身处世，受祖父的影响不小。”阿英很赞成这种写法，但他很关切地说：“晚上唱戏，夜半谈稿，要注意健康，您已是60岁的老人，不可过分劳累。”梅先生谢他的关切，并说：“我们的初稿，一定很粗糙，写好请您润色后再寄到上海由源来与冯、吴、李等老友商量核实，修改。”

大约写了三万字左右，就于1950年10月16日在《文汇报》连载。接着《文汇报》编辑部陆续转来许多读者来信，有的指出时间、地点的出入，有的对人名的纠正，也有对表演艺术提出不同的看法，源来就和梅先生的老友和名武生茹富兰仔细核对推敲，有关昆曲的身段还找朱传茗核对商榷，在贴报本上进行修改，准备出书时改正。其中潘伯鹰致《文汇报》徐铸成的信道出了我们写作的甘苦，潘先生精通文史，又是著名书家，这是人所共知，毋庸介绍，兹将原信抄录，并附释文：

铸成先生史席：

久别甚所怀思，敬想安善。近顷日从贵报拜读许姬传先生所著梅兰芳君之自叙传，此乃近日罕见之佳著，不仅以资料之名贵见长，不仅以多载梨园故实见长，其布置之用心与措词之方雅，皆足见许君经营之妙；且其叙次之中，尤富教育意义，如所记梅君从吴菱仙学戏，及论杨三绝艺，论跷工各节，皆深得甘苦之言，特为有味，足以使青年有志艺事者，发其深省，虽有心人不易遽逢，然许君之功，不可没矣。抑此书虽未读竟，然其大体，已可望气而知。前后四十年中，人事变迁，在今日追叙，自不免有甚难下笔之处，而许君措语深得含茹之妙，遂能履险如夷，因难见巧，尤不可及也。惟以纸张关系，其中照片，未能十分清晰，如此书刊毕，能付单行，则甚望能精制网目，以铜版纸印之。盖如杨三戏照及谭鑫培武生戏照，在今日已为绝无仅有之物，若非梅君善于收藏，恐他处不能觅到矣。灯下草草，不知高明以为何如？鹰之所言，盖皆所谓外行言语耳。手问起居，不尽一一。

弟潘伯鹰再拜

十一月三日

源来把这封信抄给我们看，梅先生看了说："潘先生是知音，这几句话把我们写书时的困难，完全看清楚了。以后，我们要进一步，提高我们的思想性和艺术性。"

当此书开始写作时，梅先生曾定出几条原则：

一、要用第一手资料，口头说的和书本记载，详细核对，务求翔实。

二、戏曲掌故，浩如烟海，要选择能使青年演员和戏校学生从这桩故事里，得到益处。

三、不要自我宣传。

四、不要把党、政、军重要人物的名字写进去，这样会使人感到借此抬高自己的身份。

五、不要发空议论，必须用实例来说明问题。

六、我们现在从清末谈起，既要符合当时的社会背景，又要避免美化旧时代的生活，下笔时要慎重。

我们是根据梅先生这六条标准写的。例如吴菱仙教戏时的情景，梅先生费了很多时间来回忆，还经过反复修改才定稿的。他写这章书的目的，是提醒大家初学时必须扎下深厚的基础，才能循序前进。

又如杨三绝艺，谈《十五贯·访鼠测字》，是老艺人萧长华亲口述说的，萧赶上看杨鸣玉的戏，而他的记忆力特强，所以能够绘影绘声，使读者如身临其境，同时也告诉读者，要掌握绝技，只有勤学苦练，才能出人头地。

《舞台生活四十年》在《文汇报》连载时接到的许多信中，大致分两种意见：

一、希望多谈旧时代的生活习惯，使读者增加知识。例如，养鸽子、牵牛花等，其实梅先生写这两章，都是有用意的。养鸽子，除了练好眼神外，还有关于指挥组织等可以得到启发。

养牵牛花是说明每一个聪明演员都必须懂得美学，这是色彩配合，如何协调美观，他在其他文章里，都用实例来说明唱、做、念、打、舞台调度、背景、道具以及业余的学画、写字，都离不开美学。

二、另一种来函的意见，是戏曲界的演员和戏校的老师、学生，则希望多谈表演，有的还强调最好是更具体的分析剧中人物性格，并将身段、表情写出来，可供钻研探索，又可以变为教材。

梅先生经过再三考虑，认为一开头写一些时代背景、生活习惯是有必要的。但此书既名《舞台生活四十年》，应该着重在舞台艺术。所以后来写的《宇宙锋》、《醉酒》、《思凡》等就从内心活动，到外形身段、舞台调度与同台演员交流感情等都具体述说加以分析。有时还找不常看戏的人阅读，问他们看得懂吗？他们大体上都看懂了，偶尔提出疑问，我们立即修改。

还有读者来信，只要提出意见，我们必定答复。有人写信来说，《醉酒》杨贵妃用折扇，不合适，因为折扇是明代才流行起来的。他主张用纨扇。我们写信复他："中国戏曲服装，基本上是根据明代式样制作的，不分朝代，一则经济，二来观众已经习惯，如按照唐代妇女用纨扇就无法做身段。折扇用则打开，不用就折叠起来，还可以藏在袖子里。”

又有几位观众来信对《霸王别姬》里项羽定场诗“汉占东来楚霸西”有意见，照地理讲楚应在东，而不在西，我们是这样答复他们的：“编写《霸王别姬》是参考明代传奇《千金记》和《西汉演义》，小说、传奇虽然也是依据历史编写的，但毕竟有许多穿插改动，项羽自封西楚霸王，‘楚霸王’三字就是这样来的。已经唱了多年，骤然改变，恐怕观众反而觉得耳生。”

关于梅巧玲“焚券”一节，我们起头是根据文字资料，作为杨镜秋来述记的。1956 年梅剧团到扬州演出，接到谢泽山的来信，澄清了这桩张冠李戴的疑案，现将原信标点注释附录如下：

先伯祖梦渔公讳增，道光庚戌以第三人及第（探花），授职御史，廉介自持，不苟取与，时与梅慧老（梅巧玲号慧仙）同客京华，过从无虚日，以投契之深，得通财之惠，达威仪（威仪是三千的典故，当时谢梦渔所借总数是三千两银子）之数。及光绪丁亥，先伯祖病殁，设灵扬州会馆，慧老临吊，念其宦囊萧索，知已云亡，对灵焚券，并赙白金三百（白银三百两），一时都下传为盛事，至今积数十年，知者盖少，或知而不得其详焉。兹值畹华先生来扬，用具短章（三首诗），以抒蓄念，并敦旧谊，尚祈赐教是幸：

已向吴陵（指先到泰州演出）扫墓田，又来邗上（扬州）奏钧天。通家旧事难忘却，欲与先生话昔年。

义岂能忘券可焚，不才三世仰清芬。达人自是多明德，洋溢声名又见君。

生平癖好惟音律，响往南枝已有时。欲效桓伊三弄笛，为君一谱葬花词。

世小弟谢咸泽山①氏拜呈

① 世小弟是世交平辈的称呼，谢咸是名，泽山为号，这是很典型的文言书简。

源来根据此信，《舞台生活四十年》再版时，做了修改，同时杨镜秋的后裔亦来信备述先辈与梅巧玲商榷剧本，考订音韵，往来频繁，交谊甚深，但后来杨镜秋到福建做官，殁于任所，灵前焚券，实为误传云。

源来于“文革”期间，以非议“四人帮”被禁锢十年，1978 年得到昭雪，1979 年春以肠癌逝世，我返沪料理丧事，源来儿子国翔是复员军人，爱好文艺，帮我整理退回资料，其中有不少珍贵文献，谢泽山原信就是一例。

本书写作时，《文汇报》驻京记者谢蔚明所花的力气也不少。例如梅先生出生地李铁拐斜街故居的照片，以及借来的实物图片的翻拍，都是他亲手拍摄的，他几乎每天都到护国寺街梅宅来帮我们搜集资料，相处数年之久。

梅先生述说的戏曲掌故，每一件事都经过反复核对才发稿。王氏昆仲（瑶卿、凤卿）、萧老（长华）、姜老（妙香）、徐老（兰沅）、姚老（玉芙）、李老（春林）都是我们的第一线顾问。

还有言简斋表兄，在“译学馆”求学时，就是梅先生的忠实观众。新中国成立后，梅先生请他来办理文书，协助写作，本书叙述晚清时社会风貌和生活习惯，他提供了第一手资料。梅剧团巡回演出时，他每日到护国寺街阅看来自各方面的材料，随时向梅先生通信汇报，重要的用电报或长途电话通知。梅先生除了按月赠送月薪外，每次旅行演出归来，还有优厚的馈赠，他们的交谊是非同恒泛的。

在写作时，梅先生一次曾郑重地对我说：“在台上演出，一个身段做得不好，或者唱错字音，甚至走板，只是观众知道，倘若电台录音，我们可以要求擦掉，写文章决不能道听途说，掉以轻心，白纸黑字，流传下去，五百年后还有人指出错误，再说有关表演的事，大家以为我谈的是本行本业，应该没有错，这样以误传讹，误人子弟是更为内疚的。”

1976 年 7 月 28 日唐山地震，波及北京，梅夫人派孙儿梅卫东、外孙范梅强、司机张良才把我从张自忠路寓所（旧名铁狮子胡同，孙中山先生曾在正院住过，相传明代崇祯时为田贵妃的父亲田宏遇的宅第）接到西旧帘子胡同梅宅，于是我又回到了“缀玉轩”。两月后，王芷章先生来看我，他曾为北京大学整理一批清宫戏曲档案，写过《清代伶官传》等著作。闲谈中，他说：“有些谈戏曲掌故的书，往往传闻失实，我读了梅先生的《舞台生活四十年》，就看出他严肃认真的态度，例如书中指出：皮黄调起初用双笛随腔，从三庆班的沈星培起改为胡琴伴奏。这和我掌握的资料相符，你们是怎样弄清楚这一重大变革的?”

我说：“据梅先生说，‘老艺人尚和玉曾说早年宫里演戏用双笛伴奏。’陈彦衡老师对我说过名琴师李四的师父姓沈。至于具体变革过程，如受魏长生来京演梆子用胡胡的影响，以及沈星培创始胡琴随腔的史实，则从傅惜华先生处借来一种资料，经过徐兰沅先生核实后才写成文字的。”

《舞台生活四十年》在《文汇报》连载了 197 期，第一、二集分别于 1952 年、1954 年出版后，因梅先生身兼中国戏曲研究院、中国京剧院两职，而梅剧团的开支是自负盈亏的，每年必须演出若干场，还有频繁的外事活动，写书的工作，只能断断续续，抽空述记。这时，口头和来函询问第三集何时出版的很多，直到 1958 年《戏剧报》约稿，连载第三集，才又正式提到日程。

第三集的体例略有变动。梅先生主张以戏为单位，语气改为第一人称，于是《奇双会》、《童女斩蛇》、《从绘画谈到〈天女散花〉》陆续连载。

有一天，我在首都剧场看戏，在休息室碰到齐燕铭同志，他对我说：“《舞台生活四十年》出版后，反映很好，但梅先生是旦行全才，青衣、贴旦、刀马旦以至反串小生、文武昆乱，无不精能，他具备了天赋条件，又团结了许多朋友，他的一生，除了抗战八年，离开舞台的一段不愉快经历外，基本上是一帆风顺，左右逢源。青年人以为现在比过去更有条件，无须刻苦钻研，求师访友，这样就对业务学习有松散之感。请你转告梅先生，写一个天赋有缺陷，由于勤苦奋斗，创造条件而成名的旧艺人，针对青年说法，更能起到教育作用。”

我把这番话转告梅先生，他认为很有道理，就和我研究。梅先生的意思，树立这样一个典范，最好是至今犹有影响而自成一派的人，还必须为我们所熟悉的人，便于搜集资料，旁征博引。

第二天，我提出余叔岩，梅先生拍手说："好！与我不谋而合。马上动起手来，第一步要尽快掌握第一手资料，从老人着手。"我们初步打了提纲：一、家世，二、小小余三胜时期，三、倒仓败嗓，四、春阳友会走票，五、勤学苦练，多方请益，六、拜谭鑫培为师后学艺情况，七、梅余合作，排戏演戏实况。

梅先生说："齐部长出的题目很有现实意义，必须把这一章写好，搜集资料要从以下几方面进行：一、老艺人，二、老朋友，三、余门弟子，四、与余合作的演员、乐队，五、查对文字资料，务求翔实。你要亲自出马，有些老人可以酒楼小饮，缓缓咨询。总之，关键性的事例要反复核对，弄清来龙去脉。"

最后，梅先生看我有点踌躇，就半开玩笑地说："事情总是开头难，但慢慢就苦尽甘来，乐在其中。我是望七之年，你已花甲一周，照这个提纲写是很辛苦的，我们要抖擞精神，紧锣密鼓地干，这篇文章对同行及其他专业青年都有好处。"

这一席话鼓起了我的干劲，先后访问了50多人，除了向朋友借阅资料，还在图书馆阅看和摘抄了报刊资料。关于春阳友会走票一段经过，找到创办人樊棣生、孙庆堂，他们讲述了亲身经历的情况，还送我们戏单等珍贵资料。这些人的年龄都比梅先生大，不久就先后逝世了。

在记录身段表情和舞台部位时，梅先生只做一二遍，就烦邹慧兰同志代做，她是王派（瑶卿）名票蒋君稼的学生，当时正从老艺人于连泉（筱翠花）学花旦，钱宝森学表演基本功，同时搭班演出，常来梅先生家问业，梅先生认为她是懂得表演法则而好研究的，《打渔杀家》的萧桂英，《梅龙镇》的李凤姐，她都演过。所以指定她代做，而梅先生和我们看她的手、眼、身、步的动作，并共同讨论，一遍又一遍地反复推敲，终于完成了这一用文字记录身段部位的细致工作。

至于余叔岩扮演萧恩、正德的唱、念、身段神情则余派名票、余门弟子、琴师、鼓师等提供了大量第一手资料，我逐条注释，以尊重他们的劳动成果。

1961 年春，梅先生看到了初稿，他比较满意地说："这象一篇余叔岩的简传，尤为重要的是我们弄清楚叔岩向谭老学艺的概况，理出他根据本身条件学谭而自成一派的脉络，但还有些细节须待补充。"

数月后，梅先生以心脏病逝世，我根据他的遗言，继续考订修改补充，定稿后，在香港《文汇报》发表。

1954 年起，故宫博物院研究员朱季黄（家缙）兄参加了第三集记录整理工作，这支生力军开到后，减轻了我的负担，现在发表的《我与杨小楼合作》一章是我们根据原始记录稿整理的。季黄是杨派（小楼）武生，少年时曾向杨小楼先生问业。写这一章时，梅先生有时和他对做身段，找准舞台位置，还加了锣鼓经，这对研究杨、梅两位大师的表演艺术是能够得到启示的。

另外，我还要谈一下苏联翻译《舞台生活四十年》一、二集的经过：

1958 年，吴雪、吴晓铃两同志陪了苏联汉学家艾德林同志到护国寺街访问梅兰芳先生，艾德林说："苏联莫斯科艺术出版社打算翻译《舞台生活四十年》一、二集。"他带来一封周松原先生（在莫斯科外贸学院教授中文）的信，他负责编辑工作。当时，梅先生就答应支持他们，并写了回信。

以后，我们就和周先生通信联系，第一封信是对《游园惊梦》的"迤逗"读音一节，关于中国音韵学的商榷，他们认为苏联读者恐难理解，打算删去这一节，但为了尊重作者，希望得到同意。我们写信同意删去这一节。接着对"跷工"一节又详细询问踩跷与西洋足尖舞（芭蕾舞）的区别及训练演员的方法，梅先生详细述说了如何学习跷工，以及在表演上所起的作用，同时，说明废跷的原因。

一、二集所用照片，他们提出了要求，希望一律用梅先生的 6 寸剧照，并要求照片的清晰度有一定的标准。我们根据他们提出的剧目，有的拿原版照片放大或缩小，并搜寻清晰度较好的寄去，供他们选用。

梅先生逝世后的第三年——1963 年底，有一位苏联同志到护国寺街梅宅，送来两本俄文译本《舞台生活四十年》一、二集合订本，一本封面上写着：

伟大的艺术家梅兰芳留念

斯坦尼斯拉夫斯基著作出版委员会负责人弗·普罗科菲耶夫敬赠

1963 年 12 月 17 日

这位同志亲手把书摆在梅先生的遗像前，默哀致敬，还到梅先生的卧室、书房参观。另一本是送给我的，也同样写了俄文题字。

最近，我请通晓俄文的同志通读了此书，才知道是叶·罗日杰斯特文斯卡娅、沃·塔斯金合译，周松原主编。

序言《梅兰芳和他的著作》，则是梅先生的老友名导演维·科米萨尔热夫斯基（В. Комиссаржевский）写的。他是斯坦尼斯拉夫斯基的学生。1958 年夏，他曾带了摄影队到北京拍摄彩色全景电影片《宝镜》，他送给梅先生一张乌兰诺娃（Г. Уланова）在《宝镜》里拍的黑天鹅被王子托举的照片，下角有乌兰诺娃亲笔签名向梅先生问候。

维·科米萨尔热夫斯基要求梅先生拍摄《霸王别姬》“舞剑”一节和护国寺街的生活，就把摄影队留在北京，他到别处去工作。这里拍片的事，由梅先生和摄影队根据导演的意图，进行拍摄。我记得有梅先生和李少春、袁世海谈话的镜头，少春还便衣做了孙猴子的动作；梅先生教学生杜近芳、葆玥、葆玖趟马、圆场，徐兰沅、姜妙香二位老先生坐在庭院藤椅上看他们练功的镜头。

“舞剑”一节是在人民文化宫劳动剧场（过去是明、清两代封建王朝奉祀祖宗的“太庙”）拍的，梅先生饰虞姬，袁世海饰霸王，为了适应全景电影，增加了 12 个宫女。上面所说影片中的人物如梅兰芳、徐兰沅、姜妙香、李少春诸位先生均先后逝世。而《舞台生活四十年》曾被“四人帮”视为“毒草”，1981 年才得再版一、二集，出版第三集。此书历劫重见光明，由于资料的散佚，只能到此为止，虽经过校勘考核，仍望读者予以指正。

最后，我还要补充一点，大约在 1973 年时，吴晓铃先生告诉我，香港出版了《舞台生活四十年》第三集。我设法托港友买到一本，封面是《舞台生活四十年》，上款梅兰芳，下款第三集，扉页有“天行出版社”，没有发行地址，内容是搜集我们发表在《戏剧报》的三集连载，还有香港《文汇报》发表的《我与余叔岩合作时期》，以及我和别人写的回忆纪念文字。不久，又有朋友寄来一、二、三集《舞台生活四十年》，一、二集是照平明出版社直排本翻印的，三集是照“天行出版社”排印的。但以百灵出版社的名义出版，并且有了发行所的地址，装帧封面，印刷纸张非常精美，三册定价港币 50 元。

这以后，有港友来京对我说："台湾也翻印了《舞台生活四十年》一、二、三集，装帧印刷，比香港更为精美。"他还说："在朋友处看到了台湾版后，曾托台北友人代购，据说已经脱销，只好等再版时寄上。"

从上面这些事例，我感到欣慰，因为香港、台湾有许多亲友，通过这部书，知道我在三灾八难后，犹在人间，而孱躯能活到 83 岁，他们也许感到是奇迹吧！

《梅兰芳文集》书后

许姬传

梅兰芳先生逝世后，各项纪念活动中有编辑《梅兰芳文集》一项，由文化部副部长齐燕铭与戏剧出版社孟超主持选编工作，全部资料是我整理提供的。

从这部集子里，不仅可以看出梅先生12年中的重要活动和艺术见解，而且不少文章是带有总结性的。在写作时，他和身边的朋友座谈讨论，写出初稿后，再请内外行的前辈和朋友提意见，反复推敲修改。例如第一篇《为着人民，为着祖国的未来，贡献出我们的一切》是在梅兰芳、周信芳舞台生活50年纪念会上的讲话，它概括地、扼要地介绍了自己走过的道路，并告诉青年戏曲工作者："热爱你的工作，老老实实的学习，努力艺术实践，不断地劳动，不断地锻炼，不断地创造，不断地虚心接受群众意见，严格进行自我批评……"语重心长的把他的经验无保留地讲出来，鼓励后学者前进。

又如《中国京剧的表演艺术》一文，是讲给苏联专家听的。它以浅显的文字，阐明了中国戏曲的组织和特点——分为剧本、唱腔、音乐、服装、化妆、盔头、靴鞋、胡须、脸谱、道具、布景、表演艺术等部分。在友谊宾馆的剧场作专题报告时，还在大厅陈列了戏曲服装、道具……事先找一位懂中国语文的苏联青年，把讲稿交他翻译成俄文。梅先生讲完了，还演出《贵妃醉酒》招待他们。

现在重读这篇讲稿，觉得简练、概括，使读者能领会中国戏曲的特点，对于今天的青年读者，也能增添了解这方面的知识，还是有现实意义的。

《戏曲研究》编辑部约写的《要善于辨别精粗美恶》一文，是一篇以美学为中心的理论文章，它用许多比喻和实例来启发青年演员如何辨别精、粗、美、恶的方法。此文的影响深远，一直到现在不少文艺界的朋友，在报告、发言中还常常引用本文的观点，来提醒从业人员的注意。他们认为，辨别精、粗、美、恶，对学习借鉴都有用处，能够心明眼亮地提高表演质量。

《我演〈游园惊梦〉》一文，是一篇分析剧本文学与表演身段二者的有机联系。《我怎样排演〈穆桂英挂帅〉》则从创作方法到反复修改的过程，做了具体描述，这些经验对教学及研究梅派表演法则有帮助。

大部分在各地巡回演出时的座谈讲话稿，既有谈自己的表演经验，也有观摩别人的感想，这些章节都经过反复整理修改而更为完善。

《运用传统技巧刻画现代人物》是评赞陕西省眉户戏《梁秋燕》的文章，他具体分析了李瑞芳饰演梁秋燕，任永华饰演刘春生的表演，对新时代青年健康的恋爱特点和性格特征，以及其他演员的演技，都有深刻的介绍。他指出，《梁秋燕》经过不断加工、不断提高，成为现代戏的“传统”剧目。说明剧作者和演员都有坚实的生活依据，根据传统技巧的表现原则来创造适合于现代人物的新唱腔、新格式、新手段，并举了若干例子来证明这种方法的优点。

还对豫剧《朝阳沟》、《袁天成革命》、湖南花鼓戏《三里湾》、京剧《白云红旗》、《白毛女》等优秀现代题材剧目做了评价。他警告大家说：“搬用传统技巧，而不顾人物性格、环境，就会走上为运用而运用、生搬硬凑的形式主义道路。”

文章结尾说：“过去我所排演的时装戏，音乐问题就始终没有很好解决。现在，现代戏的演出，音乐问题有了某些创造，但是，它仍然有待于我们进一步发展创造。”

梅先生在新中国成立后，对各种地方戏发生了很大的兴趣，他对我说：“有些新兴剧种如眉户戏《梁秋燕》；从皮影发展为陇东道情的《枫洛池》；还有各种花鼓戏、柳子戏……都富有浓厚的生活气息，这些剧种演现代戏，都比京剧有条件。”但他又说：“景和舞台美术，在现代戏里非常重要，一些虚拟动作与偏重写实的景要和谐协调，我们必须把现代戏演好，同时，对传统剧目的整理，要慎重而符合历史背景，对群众负责，杀砍和保守都能对艺术带来灾难，这是一桩细致而有趣的工作，要敢于创新，不怕失败。”他强调指出：“好剧本而没有好演员来演，就不能达到预期的效果，总之，中国戏是综合性艺术，台上台下的工作者，必须拧成一条绳，才能给人以美的享受，有些人没有文化，可懂得美学，在西方朋友看来是不可思议的。”

还有两篇谈《十五贯》的文章，一篇是分析改编一部几十出传奇为三个半小时一次演完的简练手法，当时梅先生认为苏昆剧团的创作方法，符合李笠翁“减头绪”、“密针线”的论点，删去有迷信成分的东西，更显出况钟的精明练达，为民伸冤的个性，砍去熊友蕙的枝节，使剧情更为明白晓畅。第二篇则专谈周传瑛、王传淞两位塑造一正一反两个人物的表演艺术，对其他演员，也做了评价和鼓励。

我记得1954年梅剧团到广州慰问解放军演出，路过上海度春节时，有一天我和戏曲学校周玑璋同志同席吃饭。他对我说：“浙江苏昆剧团在上海演《十五贯》，你是懂昆曲的，请你去看一下质量高低，因为上海公安局要提倡这个戏。”

旧历元旦下午两点半我到永安公司楼上一个小剧场，戏已开演，戏单上写着周传瑛饰况钟，王传淞饰娄阿鼠。我想王传淞是名丑陆寿卿的学生，一定出色当行，周传瑛本工是小生行，嗓子不太好，而况钟在《见都》一折里，有大段唱工，如何能胜任？当他出台后，觉得扮相不错，嗓音沙窄，可是20分钟后，就被他的精彩表演所吸引，到了《访鼠测字》与王传淞在庙里的一场戏，科段神情，紧凑合拍，特别是双方的眼神语气，都表现出一个精明干练的官员和一个做贼心虚的内心活动。而传瑛的台步，有一种独特风格，潇洒而紧密，肌肉松弛。传淞的习惯动作是斜眼看人，与况钟问答时的手势，还有背供独白，都非常有生活气息。我把看戏的印象告诉周玑璋，肯定了剧本改编的成就，和演员的精湛演技。以后，听说苏昆剧团又进行修改，1956年到北京一鸣惊人，震动全国戏坛。周总理曾对梅先生说："这出戏很成功，不但表演精彩，而且有教育意义。剧本对况钟的调查研究、过于执的官僚主义作了鲜明对比，不过昆曲有些人比较陌生，你要写两篇文章来介绍。"以后，《十五贯》在北京大受欢迎，天津京剧团还移植演出过，接着拍摄了彩色电影戏曲片。有人告诉我，在香港放映时，余派名老生孟小冬连看了七次，十分欣赏周传瑛、王传淞的精彩演技。

1958 年春，梅剧团在郑州演出时，《戏剧报》转来广播电台俞玉英给梅先生的来信。大意是说：电台的广播员，有些人本来嗓子很好，可是工作了几年后，就逐渐退化，使他们非常苦恼。您已是 60 多岁的人，嗓音还那么腴润有力，有什么保护嗓子的秘诀传授一下？同时接到青年演员的来信，也谈到有关嗓音问题。当时，梅先生就写了一篇《怎样保护嗓子》的公开信，发表在《戏剧报》上。

1960 年中国音乐家协会、中国戏剧家协会召开"怎样锻炼和保护嗓子"的专题讨论。梅先生在会上发言后，就开始写《鼓王刘宝全的艺术创造》一文，内容是从练嗓和保嗓引申到刘宝全对京韵大鼓的继承与创造，供给资料的有陈富年、关岳森、马连良等先生。初稿完成后，我还访问了为鼓王伴奏三弦的白凤岩先生，他提供了珍贵的第一手资料，弄清楚刘宝全早年由京剧演员而改唱大鼓的历史，这篇长文包括京韵大鼓以外的北方说唱艺术，登载在《曲艺》杂志。梅先生写这篇文章的目的是告诉后来从事歌唱艺术的人，必须懂得用丹田气，以及有科学根据的共鸣法，使声带减轻负担，才能使嗓音立于不败之地，其所以举鼓王刘宝全为例者，由于大鼓艺术在用嗓方面与戏曲演员不同，他在三四十分钟的时间里，除了弦子过门外，没有间歇的时候，因而对练嗓、保嗓、运气、提气、偷气等课题，就必须细心钻研，融会贯通。

梅先生常说："无论什么艺术，方法非常重要，当年我的老师，没有这样掰开揉碎地分析，他们叫我按照代代相承的方法跟他们学，我的基础是扎实的，以后，我从西洋歌唱方法，特别是共鸣法得到启发，但不可照搬，例如旦脚开蒙时，老师就常注意面部肌肉运动，特别是'口形'必须保持美观，在教唱时，如发现口形不美，立刻停下来纠正，他们指出如果龇牙咧嘴，眉毛乱动成了习惯，以后不好改。中国艺术讲究完整性，吸取他人经验来丰富我们，目的是为了更完美，但这种道理不是三言两语能说清楚的，留待以后再谈。”

梅先生在这两篇关于练嗓、保嗓的文章里，苦口婆心地把他一生总结出来的经验，无保留地告诉读者，我记得在访白凤岩先生时，曾把这层意思告诉他，白先生听了就很感动，在10余次的访问谈话中，他常把说过的话再作必要的补充修改，这种认真负责的态度，真是令我感佩。

1961年春，梅先生以全国政协常委的身份，参加文史资料研究委员会的座谈会，那天是讨论纪念辛亥革命50周年写文章的事，回家后对我说：“文史资料研究委员会编辑部约我写有关戏剧界参加辛亥革命的文章，我答应了，请你打提纲、起草。”我说：“辛亥革命时，我才十二岁，知之甚少，你虽比我大六岁，在北京演戏，并没有参加革命运动，恐怕写不好这篇文章。”

梅先生说：“你老兄伯明先生是同盟会会员，与陈其美是好朋友，曾在沪军都督府任军械局局长，他可以提供材料。”

我又说：“编辑部要写的是攻打上海制造局，而伯明大哥做军械局长是以后的事，不能完全依靠他，等于一张白纸，毫无把握。”

“编委会认为我是全国政协常委，又是演员，必须我写才有分量，我们必须把它写好。”梅先生强调说：“毛主席常说遇事要调查研究，现在上海还有些参加攻打制造局的演员，我们可以请你弟弟源来就近访问他们，同时，找文字资料互相核对。前天，阿英同志谈起他近年搜罗清末民初的资料不少，可以向他借阅，我们还是很有条件的。”

不久，新剧演员（就是话剧，早年上海人称为“文明戏”）胡恨生到北京来看望梅先生，民国初年，他和汪优游、陈大悲、张双宜和梅先生照过相，当时，梅先生正研究时装戏的化妆、服装，胡恨生是演新剧的男旦。

按： 当时话剧团里没有女演员，周恩来总理在南开中学演话剧也演女角，梅先生曾看过南开话剧组到北京来演出《一元钱》，周总理就在剧中扮演女子，还一起开过座谈会，由于这些影响，促使梅先生大量演出时装戏，在《孽海波澜》后，接连排演了《宦海潮》、《邓霞姑》、《一缕麻》、《童女斩蛇》，后来因年龄关系，扮演时装少女已不适宜，就改向古装历史歌舞剧发展。

梅先生谈起要写戏剧界参加辛亥革命的文章，请胡恨生提供线索，他说："我就是参加攻打制造局的人。"

"请您告诉我上海方面还有哪些人是直接攻打制造局的？"梅先生问。

"攻打制造局的骨干是商团，商团是一些进步人士举办的民间组织，商团会长是李平书，新舞台的演员夏月珊、夏月润、潘月樵等都参加了商团，潘还是负责人之一。"胡恨生还举了钱化佛、潘桂胜等几个人。当天晚上，梅先生打上海长途电话给源来，请他访问现在还活着的商团成员和救火员，源来就访问了潘桂胜、钱化佛等六人，记录了谈话原文，寄来供我们参考。

阿英同志送来有关这方面的资料十几种，我天天到北京图书馆黄城根报库看报，源来在上海申报资料室看报，就一边写，一边核对，不断修改补充。

文史资料研究委员会又召开一个会，询问大家写稿的进度，梅先生将搜集资料的情况向编辑部作了汇报。那天，田汉同志提出要把刘艺舟写进去，并说："他的儿子刘木铎现在是导演，可以请他提供资料。"梅先生又提出王钟声、田际云是有革命思想的演员，也要介绍他们的事迹。恰好，田际云的徒弟李玉贵从西北回京，我们请他讲述田际云在戊戌变法，在康有为、梁启超与光绪皇帝之间穿针引线的关系，更重要的是弄清楚王钟声在天津就义时的刑场实况；另外，言简斋表兄提供了武昌起义时，梅先生正在北京煤市街口外文明茶园演出，以及在致美斋饭馆的谈话。据梅先生说："那天同席都是译学馆的学生，他们虽然都是世家子弟，但受了新潮流的影响，并没有惊惶失措的神气。"

在写这篇《戏剧界参加辛亥革命的几件事》时，欧阳予倩、苏少卿、周南陔等老先生，不断提供第一手的见闻，而吴性栽先生还从香港寄来有关夏月珊、夏月润的资料。

初稿写出后，1961 年 7 月底，梅先生患心脏病入阜外医院抢救，在他逝世前三天，我到医院探病，他还谈起有几处要修改补充，并说：“潘月樵沪军调查部长的出入证是极珍贵的历史资料，必须插入文中发表。”

这篇文章由文史资料研究委员会送《光明日报》发表，加入了编者按。以后，《戏剧报》转载时，又加了编者按语，收入《梅兰芳文集》。

有一天，中国戏曲学校（现中国戏曲学院）的语文教师黄定对我说：“我把梅院长写的《戏剧界参加革命的几件事》作为讲稿，给学生上了这一课，他们听了很感兴趣，因为这篇文章，贯穿辛亥革命时期戏剧界许多关键性的历史事迹，能够帮助学生增加知识，激发爱国反封建思想，同时，叙事简洁、生动，对他们作文也有帮助。”

现在重读此文，这里凝聚着不少人的心血，如不抓紧写出来，现在就没有条件写了。

1960 年春节，钱俊瑞同志来护国寺街寓所看望梅先生，谈起写作问题，梅先生说：“我的剧团自负盈亏，每月要演 10 场戏才够开销，不能专心致志从事写作。”

“您已是望七之年，演戏虽然可以满足群众的愿望，青年一代能够观摩学习，也是好事，我觉得把你一生的艺术经验写出来，更有深远意义，后人从你的录音、电影中学习，而文字理论能够从总结中得到启发。”他接着说：“每一篇文章要举实例来说明问题，后面最好有几句话提出你的看法。”

从那次谈话后，梅先生对写作特别重视，并对引用资料、选择甚严，从 1960 年 1 月到 1961 年 7 月，写了《鼓王刘宝全的艺术创造》、《戏剧界参加辛亥革命的几件事》、《漫谈运用戏曲资料与培养下一代》，还有《我的电影生活》，都是在一年半的时间里写的，并且每篇都提出他的论点，这些著作在梅兰芳演剧体系中是重要的文献。

（原载《戏曲艺术》1983 年第 2 期）

《我的电影生活》再版书后

许姬传

1978 年，我曾向电影出版社建议再版刊行梅兰芳先生最后的著作《我的电影生活》，当时，出版社的同志对我说："十年浩劫中，此书纸型全毁，无法再版。"

1980 年秋，电影出版社编辑沈基宇来谈重刊《我的电影生活》事，我询及纸型，他说："一无所有，现在只能平地起楼台，白手成家，希望大力支援。"我答："义不容辞，乐于接受。"

"我社计划出五本回忆录，梅先生的回忆录是第一本，这就需要您费神校勘。"沈同志接着说："1962 年初版时，纸张紧张，所用的纸很不适应这本书的地位，同时，装帧也难令读者满意。'四人帮'毁了纸型，我们要打起精神，重整旗鼓，使国内外读者有新的感觉。希望你抖抖老精神，对影剧界完成一桩有裨来者的好事。"

我说："这是我久已想做的事，今天听你的话，更给我鼓了勇气，咱们协商着办。"

本书涉及国外部分的篇幅不小，梅剧团从 1919—1956 年，赴日本、美国、苏联演出时，都拍了电影，距今已达半个世纪以上，同去的人，大半逝世，无从咨询核对，只能参考我手中仅有的少数资料，回忆梅先生生前述说的实况和著作时的环境，审慎地进行补充、磨勘、注释，希望能真实地反映当时的历史面目，同时，也符合作者的意愿。

还有，1961 年 8 月梅兰芳先生逝世后，文化部、中国戏剧家协会等单位组成了“梅兰芳纪念活动委员会”，规定十个项目中有拍摄《梅兰芳》传记片一项，由北京新闻电影制片厂摄制，指定阿英同志编剧，王映东同志编辑。

阿英同志拟出提纲后，与我仔细商榷剧本的表现方法，由我提供实物资料和线索。例如搜集梅先生的师友的照片，就花了很大力气向各方面寻访配齐。关于 1935 年在苏联演出时的影片资料，则根据《我的电影生活》的叙述，向苏联对外文化协会征求借到的。我们还以宋人摹顾恺之《洛神图》的画卷和影片《洛神》结合起来，说明梅先生的创作意图。

梅先生曾游览太原晋祠，并作过《晋祠颂》韵文，赞扬了古代劳动人民杰作——晋祠塑像的美妙姿态和动人的生活面貌。影片从云冈石刻佛像、晋祠圣母殿宋塑群像摇到《宇宙锋》赵艳容撕赵高胡子的镜头，来突出梅先生的优美手势。这部影片概括地反映了梅先生一生从事多方面的艺术活动来继承、创造、不断丰富、提高自己的舞台艺术，成为 20 世纪影响最大的流派之一。

更引起观众视听的是，传记片开头由郭沫若同志亲自朗诵他为传记片撰写的《咏梅》二绝：

漫夸疏影爱横斜，
铁骨凌寒笑腐鸦。
沥血唤回春满地，
天南地北吐芳华。
仙姿香韵领群芳，
燕剪莺黄共绕梁。
敢信神州春永在，
拼将碧血化宫商。

郭老的诗高度评价了梅先生的民族气节和艺术成就。这首诗作于 1962 年

3 月8 日，而公开放映则在 1962 年 8 月 8 日梅先生逝世一周年时，完成一项纪念活动。这部影片是本书出版后上映的，我做了如上的补记。

本书再版，我还要向北京电影制片厂、北京新闻电影制片厂摄影部门的同志致谢，他们不仅配齐了原书插图，还增添了《梅兰芳》传记片，即《中国京剧代表团在日本》的新闻纪录片的镜头中的照片。

还有梅先生早期在国内拍摄的《天女散花》及几出戏的片段，在苏联拍摄的新闻片以及中国第一部彩色片《生死恨》。由于无法觅得原照，我们特请友谊照相馆的著名摄影师孙乔森从书上的照片翻拍，这一工作是相当艰巨的。孙先生还提供了 1957 年 4 月 25 日，北京市京剧工作者联合会为了筹募福利基金，在中山公园音乐堂举行联合演出，梅先生和谭富英先生合演的《御碑亭》，以及同年 6 月，北方昆曲剧院建院时，梅先生和韩世昌、白云生先生合演《牡丹亭》、《游园惊梦》的照片，这两出戏照片是孙先生在现场拍摄的。

卷首，梅先生的便装照片，则是 1959 年国庆节应国际友人的要求，孙丽影先生用了三个小时拍摄的，可以说是梅先生晚年的标准照，孙先生和梅先生是老友，他以怀旧感情，认真地帮我们完成了任务。

最后，我想提一建议，1981 年 8 月 8 日是梅兰芳先生逝世 20 周年。《舞台生活四十年》一、二集、《舞台生活四十年》第三集遗稿、《梅兰芳演出剧本选集》、《东游记》、《梅兰芳文集》、《我的电影生活》或先或后都与读者见面，我与亡弟源来所写《忆艺术大师梅兰芳》即将在中国戏剧出版社出版。关于电影方面，《梅兰芳舞台艺术》上、下集，《洛神》、《游园惊梦》等影片是否可以加工重印拷贝，公开放映，以满足国内外广大观众的愿望，特别是戏曲界和梅门弟子得到观摩学习的机会，这更是他们企足而望的一件事。

我是经过辛亥革命以来各个时期的动乱变革，虽饱经风浪而未遭灭顶。梅先生视我如手足，我余年还能为他做一些事，是感到自慰的。

1981 年 4 月 21 日

《身段谱口诀论》序

许姬传

我在童年时，曾听到外祖徐仅叟先生说："程长庚是全才，老生之外，花脸、小生、旦脚无不精通，名小生徐小香离开'三庆班'后，程就接过他的戏码，这是人所共知的。"

他又告诉我："听说'三庆班'有一套身段谱口诀是不传之秘，长庚一定精于此道，所以能够左右逢源。"

以后，我到北方来，向内行打听"三庆班"的身段谱口诀，但都说不上来。1958年，京剧演员——邹慧兰通过她师父于连泉（筱翠花）的关系，向老艺人钱金福的儿子钱宝森先生学习家传的"旦脚云手"，我看到教学时现场情况，同时，我向宝森详细询问了这套包括口诀的"旦脚云手"的来源。宝森说："我父亲在'三庆科班'坐科时向一位南方来的教师朱先生学到这套'云手'基本功，这是不传之秘，父亲就教给我。当时，为了不让人看见，都是半夜里教的。以后，我给杨小楼、王瑶卿、王凤卿、余叔岩、梅兰芳说戏时，曾用口诀来说身段、脚步、劲头，但整套的生、旦、净的'云手'功却没有教过人，从前有句话'教会徒弟，饿死师父'。新中国成立后，我得到人民政府的照顾，无以为报，所以想把慧兰培养起来，使这套东西不失传。"

我听他这样讲，才恍然大悟，外祖所说的身段谱口诀，就是这套"云手"功，多年的谜得到解答。当邹慧兰学了一年后，做给梅先生看，梅先生说："这是表演艺术的精华，你要好好继承下来，写一本书，宣传它的重要性。”

以后，邹慧兰阅读了有关身段谱口诀的著作《明心鉴》、《梨园原》等，写下了学习身段谱口诀心得的初稿，经过阿英同志的润色，得到周贻白、马彦祥同志的鼓励。有一天，在中山公园“来今雨轩”，邹慧兰碰到焦菊隐先生，谈起了这套“旦脚云手”。焦先生说：“钱先生是我办的中华戏校的老师，我听说他有家传的身段谱，但没有看过他表演，当年是不轻易示人的，现在请邹同志表演给我看。”于是，大家就到树林里，由邹做给焦先生看，还把一部分口诀念给他听，并告诉他已写出一本初稿，打算请他指教，焦先生对此甚感兴趣。当他看了初稿后，就写了一封长信附在稿子里送给邹慧兰，可惜原函在“文革”期间散失了。我读过这封信，大意是这样讲的：这套身段谱口诀是历代名艺人通过舞台实践，不断修改，浓缩到两分钟时间，把旦脚的手、眼、身、步、法贯串起来成为指导表演的核心，特别重要的是它指出劲头、节奏、呼吸、肌肉、肢体之间的相互关系，而“腰为轴心”的说法是以前从未提出过的新的论点……这套身段谱口诀，不仅应用于昆曲、京剧，还能运用到话剧、舞蹈等其他形式中去。当然，只凭文字图解是不够的，这里要沿用京剧界的行话——口传心授，才能把学生引导到弹丸脱手，随心所欲的境界。

最后，焦先生提出建议：“您可以把初稿作为报告文学在戏曲刊物上发表，以后再加工重写，通过实例来介绍这套身段谱口诀在舞台实践中所发挥的轴心作用。这是实践结合理论并有科学根据的著作，可以作为教材。我希望看到您定稿，也许能对您有一臂之助。”

现在，邹慧兰同志根据梅、焦两位大师的遗言，重新改写，更着重阐述内心与身段的结合，以及如何运用到表现现代生活里，使它能更好地为人民服务。这本书的问世，希望能引起大家对前人留下的宝贵遗产的重视，更希望青年接班人能够努力钻研，提高表演质量，不辜负前辈大师们的期望。

（原载《人民日报》1981 年 9 月 1 日）

病中哭畹老

许源来

我正在上海养病期间，得到梅兰芳先生因患心脏病入院治疗的消息，无日不在牵挂之中。常和北京通电话，都说病况好转，叫我不要着急。8 月 8 日上午 11 时，突然接到姚玉芙先生来的长途电话，他用悲伤的声调，第一句话就说："我告诉你一个最不幸的消息!"我已经听懂他指的是梅兰芳先生，好像巨雷轰耳一般，两眼发黑，在泪眼模糊中听完了梅先生逝世的噩耗，放下听筒，如在梦中!

我这次南下，深夜里向他告别，他用双手紧紧地抓住我的手说："盼你早点回来!"我答应他很快就会回来的。本来是暂时的分手，谁想到竟是我们最后的握别。这副慈祥的脸，这双温暖的手，深深地印入我的脑海，使我永远不会忘掉!

我和梅先生相识 40 多年，抗战期间我们同在香港，我开始给他工作，近 10 多年来，我与哥哥姬传更是朝夕和他生活在一起，从后台到前台，从家庭到社会，常常追随左右，形影不离，从他身上学习到许多宝贵的东西，尤其是我们弟兄在替他记录《舞台生活四十年》的期间，给我的启发，对我的教育，更是说不完的。

许多人都想知道，这位中外闻名的当代杰出的艺术大师，他是遵循着什么道路而能达到艺术的高峰的？我在哀痛之余只能简略地介绍。梅先生最重视学习传统，却又反对一成不变地死守传统。他认为传统是建筑在深厚的基础功夫上的，基础打得越是结实，将来的发挥也就越大。我先谈他的唱，他从小受过严格的正工青衣的训练，他懂得用“丹田劲”提着气来唱，所以他唱起来满宫满调，字正腔圆。旦脚传统唱法，阳平字大多高唱，他是继承了他的祖父梅巧玲和老师吴菱仙、陈德霖等老一辈艺人的唱法的。这种唱法偏重刚的一方面，对开蒙的学生来说有助于他们的“丹田音”的锻炼。自后王瑶卿先生创造的王派唱腔盛行，梅先生素来崇拜王先生的艺术，受其影响，很自然地吸收了王腔的缠绵柔和的方面，形成了刚柔相济的梅派腔。后来他虽然新腔迭出，但变的只是工尺的更动、气口的改换，而丹田提气的唱法始终不变。至于他的嗓子，从小禀赋特厚，使人听了回肠荡气，心旷神怡。他在沦陷期间息隐了八年，等到抗战胜利重上舞台，嗓子和中气都觉得不够了，但他仍不肯违背老的唱法，等待着嗓音的恢复。他的愿望没有落空。果然，他于1953年从朝鲜巡回演出归来。他的琴师王少卿先生告诉我：“你说稀奇不稀奇，梅先生年纪大啦，嗓子反而长了调门，差不离要长到了一个字，这老头儿真行！”说真的，这几年来梅先生越来越高兴，嗓子也越唱越清亮，这固然是他的基础深厚，又会保养嗓子，但主要还是由于他生活在精神愉快的新时代，才能够尽情地发挥他的艺术！

他在做的方面也是基础打得好。由于他是“抱肚子”的青衣出身，受过正规训练，立得正，坐得正，走得正。后来又糅合了闺门旦、花旦、刀马旦等演技于一炉，并且创造了《别姬》的“剑舞”、《嫦娥奔月》的“镰舞”、《天女散花》的“绸舞”、《西施》的“羽舞”、《太真外传》的“盘舞”，以及“袖舞”、“扇舞”等许多种美的舞蹈形象。可是万变不失其“正”，总给人一种落落大方毫不矫揉造作的印象。梅先生常对青年演员说：“唱要考虑咬字运气，身段离不开腰腿功。”就是这个道理。

梅先生在台上，向来不故意突出自己。他常对我说：“在一出戏里，演员的表演，角色的搭配，要做到五雀六燕，铢两悉称，才可以算是一出完整的戏。”有一次他在上海演出《宇宙锋》，那天嗓子不好，他就把重点转到“做”的方面，增加了许多身段。第二天有位朋友对他说：“昨天的《宇宙锋》，好像您的身段多了些?”他马上接受对方的意见，并承认是违反了一向重视的平衡规律。他的一出《别姬》，换过不少的“霸王”，每换一个人，他的表演都有所不同。他说：“只有跟杨小楼先生合演这出戏，《舞剑》一场，我的情感激动得最厉害；因为对方的分量重，我就必然要增大，如果对方的分量轻，我的反应也只能随之而减轻一些，否则观众就会感觉到我在突出一个人，失去平衡，反而破坏了全剧的完整。”

优美的表演艺术，其目的都是为了戏曲的主题服务的。不管你有多么腴润的唱腔，多么美丽的身段，要把主题歪曲了，也是达不到预期的效果的。梅先生晚年对于剧中人物的性格，理解得更为透彻，就拿他常演的两出戏来说：《宇宙锋》的赵女，当她听到父亲要送她进宫时，按照剧本规定，在三个“叫头”里，有三次不同意的表示。这地方，梅先生的表演方法和早期不同。原因是过去在他的思想里认为古人以君父为重，所以抗拒气氛就显得不够强烈。现在他认识到即便在封建时代里的儿女，遇到君父的乱命，也会发生坚决的反抗。看法有了变动，表演的三个“叫头”，就一个比一个来得激烈，毫无顾忌地把赵女的坚强斗志尽情地发泄出来。《贵妃醉酒》本来是一出舞蹈性较强的好戏，可是里面带有部分“黄色”。梅先生在1950年就把它改成是通过杨贵妃来描绘宫廷妇女的抑郁苦闷心情。主题起了变化，全剧的表演风格也随着发生变化，剧中人的性格和以前就大不相同了。过去这出戏是由花旦演的，梅先生把青衣、闺门旦的演技糅合进去，就把杨贵妃塑造出一个新的形象。诸如此类的例子不胜枚举，我不过提出这两点，说明他经过这几年的认真学习，艺术进展又达到一个新的天地了，就是梅先生也常对人说：“十年来我在艺术上的收获，远远超过了以前几十年了。”

梅先生最喜欢改戏，有的是经过讨论，发现问题，有意改动的；有的是事前毫无准备，临时随着剧中人情感的发展，下意识地创造的。每次去外地巡回演出，他老是叫我坐在台下看戏，戏完了回家，总要问我今天演得怎么样，哪怕像《醉酒》、《别姬》之类烂熟的戏也是如此。可是梅先生总是把熟戏当作生戏唱，如果有新的改动，希望有人告诉他，他认为好的，就把它巩固下来。因为这种下意识的动作，所谓“神来之笔”，连他自己当场也不觉得的。我记得1954年在北京曾经连着四天《宇宙锋》，每天都有小的变化，各有无穷的回味。往往他的学生就他当天变动的地方请他指教，他说：“是吗？连我自己也说不上来。”1935年他到苏联访问演出，有一苏联剧评家说：“中国戏的表演，是一种有规律的自由行动。”梅先生常在我面前称道这位外国观众，认为他是最懂得中国戏的。本来嘛，动作表情和剧中人的人物性格结合得好，随你怎么“动”都是美的，否则就变成为身段而身段，那就永远走不进戏里去了。

上面谈的是艺术部分。至于梅先生的为人，性格平易近人，讲究实干，不尚空谈。例如沦陷时期，在万分恶劣的环境下，他无时无刻不和敌人做着坚韧的斗争。胜利到来以后，人人尊敬他的民族气节，而他从不以此自豪，形之于色。他一贯是默默地在做他应该做的事。

大家都知道，梅先生待人接物，态度谦和。例如亲友到他家里，他必然衣冠整齐，才肯出来见客，哪怕极熟的朋友都是如此。见了面，总是亲切握手；坐下来，又必亲自捧茶敬客。这原是普通待客的礼节，而梅先生做来，由于他的热情出自内心，丝毫不带虚伪的客套，因此没有一个人不被他的真实挚诚的态度所感动。我们看他晚年是这样，要知道他在少年时就这样，像这类生活琐事，难在他能行之数十年如一日。

梅先生有一副冷静的头脑，善于分析问题、明辨是非，因此他的吸收力很强；同时他又有一颗热乎乎的心，富于情感，经常喜欢帮助人。他平生从无疾言厉色，就是朋友学生有了过失，也总是用诚恳的态度、委婉的辞令进行规劝。对方受了感动，都乐意接受他的劝导。梅先生的高贵品质，可谈的地方实在太多。上面所举的例子，也不过是“大海一勺”，当然是不够全面的。

梅先生具有这样崇高的品德和艺术，到处受着观众的热烈欢迎。新中国成立后足迹走遍了十九省大中小城市，经常下工厂、矿区、农村、部队慰问演出，各阶层群众无不欢欣鼓舞。他鼓舞了群众，群众也鼓舞了他，循环往复，打成一片。他生活在这种欣欣向荣、热火朝天的环境当中，看到了人们对他这样的爱护，心情快乐是可以理解的。他快70岁的人了，头发还没有白，脸上也没有皱纹，走路腰杆笔直，举步轻便，每顿饭都是饱餐一顿，食量不减当年，看上去也不过是四十来岁。去年秋天他在济南演出，我看他的“《别姬》，精神饱满，声容并茂，全场观众，无不欢喜若狂。回来我就对他说：今天的戏看得真过瘾，照这个情况，我无法估计您哪一天脱离舞台生活。”他兴奋地回答：“我有信心，还可以唱个三年五载。1961 年我准备先去西南，在川、滇、黔、桂四省演出，1962 年再到华东，在上海、南通、苏州、常州、镇江、芜湖一带演出。因为这些地方都是我答应了多少年，一定要去履行我的诺言。这里面的上海，我 20 岁时第一次在那里唱，50 年后，我还能演给老观众看，在戏剧界里可以说是一段佳话了。”本来在 7 月底，他要去新疆做慰问演出，正在整装待发之时，突然得了心脏病，经过多方面的治疗，已有起色，谁料到这样一位老当益壮，信心百倍的艺术大师，刹那间病状急变，竟永远离开了我们。

当人们在广播、报刊里得到这个不幸消息，不论认识他和不认识他的，都感到事出意外，十分震悼。我在上海所见，从街头到里弄，电车上，公园里，一切公共场所，都在谈论梅兰芳，异口同声地叹惜他死得早。你的死是戏剧界的莫大损失，可是你留给我们这笔丰富的艺术遗产，我相信大家一定会把它继承下来，加以发扬光大，完成你的未竟之功。

忆梅兰芳先生

许姬传

我们万想不到梅兰芳先生这样意气风发、充满青春活力的艺术家，竟以急性冠状动脉梗塞的心脏病与世长辞，这是中国文艺界和世界剧坛无可补偿的损失。《人民文学》编辑部知道梅先生南迁后和我相处30年，要我写一点回忆录，介绍他的生平事迹，这当然是我义不容辞的事情。

梅先生的一生，是为艺术事业艰苦奋斗的一生，博大精深，不是一下子能够概括起来的。我在沉痛的心情中更难做系统而细致的叙述，只能就想得起的事情，挂一漏万地来谈一点。

一

梅先生在“九一八”事变后，移家上海，他为了鼓舞中国人民抵抗日本帝国主义的侵略，反对蒋介石的“不抵抗主义”，积极排演了《抗金兵》、《生死恨》等剧，受到了观众的热烈欢迎。“八一三”事变发生后，从上海孤岛移家香港，等到日军占领香港，又回到上海，留须辍演，闭门谢客，对敌人表示了无言的反抗。

有一天，苏联塔斯社记者在电话中说明有要事面谈。这位记者见了梅先生后，紧紧握住他的手，从头到脚，仔细打量了一番说："好！梅先生无恙，我立刻打电报给总社，叫他们放心。"梅先生对记者说："请您转告苏联人民，我感谢他们对我的关怀。"新中国成立后，塔斯社的罗果夫同志在一次旅途中告诉梅先生，那次是重庆苏联大使馆传到莫斯科的消息，讹传你牺牲了，苏联文艺界已经准备开会追悼，后来，得到塔斯社上海分社的确讯，才知道你还健在。梅先生每谈到这件事就激动地说："海内存知己，天涯若比邻。"

这时期，梅先生的经济陷入困境，北京的房子卖掉了，接着就变卖湘妃竹扇、图章、古墨……最后只得卖画维持生活。因为防空警报停电，他在"梅花诗屋"里荧绿的煤油灯下作画，他画出了赤脚渡江的达摩，妙相庄严的观音，《思凡》中的尼姑。还有小鸟榴花，红梅绿竹，经霜不凋、傲骨嶙峋的苍拙古柏……汤定之、陈叔通、吴湖帆、李拔可、叶玉虎诸位先生或题词或合作，都表示了极大的支持和同情。

当时有的朋友认为煤油灯光最伤目力，劝梅先生不要这样整夜的画。梅先生说："一个演员正在表演力旺盛的时候，因为抵抗恶劣环境而谢绝了舞台生活，他的苦闷是无法用言语形容的。前天还有戏馆老板揣着金条来约我唱戏，广播电台又时时来纠缠我，我连嗓子都不敢吊。我画画，一半是维持生活，一半是借此消遣，否则我真要憋死了。"

当日本帝国主义投降那一天，几位朋友到了马斯南路梅先生的寓所客厅里，梅先生从楼上下来，拉开客厅门，手里拿着一把折扇遮住半个脸。吴震修先生笑着说："你应该找个理发师来剃胡子了吧！"梅先生把扇子往下一撤，露出八年前的本来面目，灰色的西装，绛红的领带，衬衫、皮鞋、袜子都是新的。他笑着对大家说："今天听到日本投降的消息后，我首先剃干净胡子，从头到脚换上了八年来没有穿过的新衣新鞋，我今天比小孩子过新年还要高兴。"梅先生平常为了保养嗓子，说话的声音是柔和偏低的，这一天却提高了调门，而且笑出了声，50 岁的中年人，竟笑得和青年人那么天真。

几天后，梅先生到楼下对王幼卿（王凤卿先生的儿子，葆玖的开蒙老师）说："您给我吊嗓子，试试音。"幼卿给他吊了几句《女起解》的"散板"和一段“反二黄”，梅先生感到使不上劲，异常吃力。第二天，俞振飞同志来问他吊嗓子的结果。梅先生愤恨地说：“嗓子又干又低，又没有底气，我完啦!”振飞说：“别着急，我带了笛子来，您唱昆曲试试看。”梅先生唱了两支昆曲，自己也不满意。振飞安慰他说：“唱昆曲还行，我们先唱一个时期，等嗓子唱开了，再唱二黄。”梅先生攥着拳头在桌上一按说：“对！我有幼功和30多年的舞台经验，只要下几年工夫，是能够把丢掉的东西找回来的。”以后，他每天在家吊嗓、练功。振飞召集“仙霓社”“传”字辈的昆曲演员和场面，还请上海戏校“正”字辈的青年演员助演，电影界朋友代为租定美琪电影院，并担任舞台装置、灯光的设计，大家都表示了最大的热情。

那时，昆曲早已衰落，有人担心这次演出营业不佳。哪知道预售戏票时，三天的票，顷刻卖完，观众也不挑戏码，他们说：“只要看一看八年不唱戏刚剃了胡子的梅兰芳。”有些人还向售票员请求说：“我们是特地从外地赶来看梅兰芳的，无论如何请卖一张票给我。”

第一天开演前，美琪电影院门口聚集了无数人，有的等退票，有的打听后三天的售票时间。这时，有一个国民党的军官手里没有票，却坐在楼下第四排当中，领票人带进一位外宾请他让座，百般劝说，他坐着不动。正在不可开交的时候，“梅剧团”的总务郭仲逸走来把他请出剧场，婉言劝说，又给他找到另一个座位，这个军人才没有话说，走进剧场正厅。

那天，梅先生演完戏回家，吃着宵夜点心，兴奋地谈论刚才观众的热烈情况时，郭仲逸向他说起这件座位纠纷的事。梅先生顿时收敛起脸上的笑容，默然半晌，放低了语调说：“唉！经过抗战八年的军人，怎么和张作霖、张宗昌手下的‘大兵’一样作风。”

这以后不久，梅先生看到接收人员的骄横贪污，所谓美国“盟军”的乌烟瘴气，使他感到非常愤慨，就把希望寄托在中国共产党身上。这时，梅先生先后收到从老解放区寄来的《三打祝家庄》、《白毛女》等剧本，引起他的重视，就和我仔细研究了这些剧本的内容和结构。

当国民党的军队节节败退，日蹙千里的时候，有人来劝梅先生离开上海，梅先生说："我不走。"反而劝那些要走的人也不要走。后来，我才知道他那时已和党取得了联系。

二

1949年5月24日的深夜，梅先生在枕上听到枪声自远而近，由疏而密，就打电话给住在沪西的冯幼伟先生打听消息。冯先生说："解放军已经进了市区，正走过这里，秩序很好。"梅先生听了兴奋得再也不能入眠了。天刚亮，就走出巷外，只见"周公馆"门口站着几个解放军，他们的精神饱满，态度安详。梅先生回来后，兴奋地对我们说："我想起军阀时代，在戏园里打人闹事、蛮不讲理的'大兵'，多少年来，兵与民始终是对立的，象解放军那样和蔼可亲的样子，是我以前从没有看到过的。中国前途有望了。"

上海解放后，夏衍、于伶同志就来看望梅先生。陈毅市长也在中国青年会召集了座谈会，梅先生兴奋地参加了这个会议。回家后，对我们详细转述了共产党的施政方针。他还说："陈市长是新四军军长，在先我总以为是位赳赳武夫，今天看到他，却象个学者的样子。"不久，梅先生被邀参加全国文代会，和上海的代表们同车到了北京。

在全国文代会上，他认真地听了负责同志的报告，用心地学习了毛主席的《在延安文艺座谈会上的讲话》。他说："我们今后要为工农兵服务，必须了解他们的思想感情，首先要知道他们喜欢看什么戏。我们的戏要经过一些修改整理。"于是他就和我们以《贵妃醉酒》为试点，慎重地进行了修改。他提出四点要求：一、过去一些含有暗示性的黄色部分，要变为宫廷妇女的抑郁苦闷。二、改词不改腔。三、改身段表情而不改词。四、要让观众看了觉得没有什么大的改动，但主题却变了。举例说，杨贵妃回宫前的唱词是这样改的：

原词："安禄山卿家在那里，想当初你进宫之时，娘娘是何等的待你，何等爱你。到如今你一旦无情忘恩负义。我和你从今后两分离。"

改词："杨玉环今宵如梦里，想当初你进宫之时，万岁是何等的待你，何等爱你，到如今一旦无情明夸暗弃，难道说从今后两分离。"

这里一共抽换了16个字。梅先生为了使四声谐适，阴阳不倒，逐字哼唱，反复抽换试验，终于达到了字正腔圆，改词不改腔的目的。

这以后，全本《宇宙锋》也存头去尾，做了若干次的反复修改。有人主张只演《修本》、《金殿》两场。梅先生却愿意连前面一起演，他说："你们要知道，工人、农民、解放军大都是初次看我的戏，他们希望多看我一会儿。《修本》、《金殿》当然是'戏核'，但只有一小时，必须加上前面的戏他们才过瘾。"

梅先生非常注意观众的反应。有一次，在招待工人、农民的晚会上演出了《宇宙锋》，当演到赵高答应秦二世把女儿"明日早朝，送进宫去"，秦二世封他为当朝太师，赵高趴在地下念"谢主龙恩"时，观众中掀起一阵鄙夷的笑声。而在一次招待军人晚会上演出《霸王别姬》，当项羽念："天亡我楚，非战之罪也"一句时，全场响起轻微的讽刺性的笑声。

梅先生认为这些反应在新中国成立前是没有的，这可以说明今天的观众不仅欣赏艺术，而且注意到剧本所表现的内容。

三

1951年的初夏，梅先生在北京就任中国戏曲研究院院长后，带了剧团到汉口演出。他在动身前对我们说："以前京剧界的演员，往往老大哥自居，对地方戏不够重视，这是不对的，以后我们必须要和地方戏交流经验。"

梅剧团到了汉口，先招待文艺界演出一场，接着就观摩了当地的汉剧、楚剧。还和当地戏曲界同行座谈研究，首先请大家对梅剧团的演出发表意见。一位京剧演员提出《女起解》里"崇老伯他说是冤枉难辩"这句唱词有不够妥当的地方。他说，从崇公道和苏三的对白中，看不出"冤枉难辩"的意思。梅先生很称赞他对演唱已久的老调进行分析的做法，就把“难”字改为“能”字。梅先生说：“我到汉口演出，这是第五次，以前，同行之间说话是有顾虑的，即使最有交情的，也只是点到为止，像这样直言相告，只有在解放后才听得到的。”

汉剧演员陈伯华同志，在少年时离开舞台后，曾在上海不断观摩钻研梅先生的演出。新中国成立后，由于党的鼓励，她恢复了舞台生活，并且拜梅先生为师。梅先生看了她的《宇宙锋》后，采用了她在《金殿装疯》一场中抛蟒、扔凤冠的身段。梅先生认为这个身段可以加强赵女的反抗精神。

在第一次全国戏曲会演期间，他用心观摩了各种地方戏。当时川剧团演出了《柳荫记》，征求文艺界的意见。梅先生看了彩排，觉得很好，就和陈书舫同志谈，积极鼓励他们加紧排练演出，并连续五六次去看他们排练。每次回来都提出一些问题和我们研究，然后向川剧团提出修改意见。梅先生这样认真而又慎重的帮助和支持排演这个剧，从我们看来，他所花的力气不亚于自己排一出戏。在会演中，梅先生还看了常香玉同志的《木兰从军》、《红娘》等剧。不久，梅先生和常香玉同志一同出国参加世界和平大会。有一天，我们在维也纳的公寓里聊天，常香玉同志问：“梅先生，我想听听您对我的表演方面的意见。”梅先生含笑说：“说出来可别见怪，您在台上有时猫腰，有碍美观。”常香玉听了，双手一拍说：“好！我第一次听见这个宝贵意见，从今天起就照您的话来改。”回国后，在怀仁堂的一次晚会上，梅先生看她的《断桥》，已经基本上矫正了猫腰的习惯。梅先生兴奋地说：“常香玉同志勇于改正缺点的精神，是值得我们学习的。”

梅先生对青年演员更是关心备至，他经常孜孜不倦地向中国戏曲学校、北京市戏曲学校的学生以及外地的青年演员进行政治和业务方面的教育，具体地介绍了自己表演和化妆等各方面的经验。

梅先生认为青年人向前辈学习，应该根据本身条件，吸取精神。有一次葆玖演《生死恨》，事先嘱咐为他操琴的王少卿把后边二黄的调门定得软一点。梅先生就对葆玖说：“青年人需要锻炼，调门要‘绷’一点，你听听我壮年时灌的唱片，调门比现在高，唱法也不同，你们应学我的唱做一气呵成，由内到外的贯串线，而不必学我现在的调门，如果净图唱得舒服，老来就难以振作了。”

有一次，他看见有人向一位青年演员提意见，意见不正确，青年人当场就把这个意见驳回了。事后，梅先生对这位青年说：“你没有听完他的话就打断了他，下面的话你听不见了，而且这位朋友以后再也不会向你提意见了。”

梅先生对接受意见，最有经验，他从不影响对方的情绪，但心中有数，不是盲从的。他认为正确的意见，马上就改，有的经过研究后不适用，就放弃了。遇到犹豫难断的，就在舞台上试验，合则留，不合则改回来。

四

1954 年，梅先生和周信芳、程砚秋等著名演员参加了“中国人民第三届赴朝慰问团”。他们在朝鲜演出了 30 多场，但照料他们起居饮食的服务员、炊事员看戏的机会却比较少。有一天晚上，老舍、周信芳先生在散步时，听到伙房里有胡琴声音，就来告诉梅先生，并提议在宿舍里举行一次清唱晚会慰劳他们。梅先生主张多约几个人热闹些，就通知了马连良先生和善说山东快书的高元钧先生。这个消息很快就在部队内传播开来，霎时间，宿舍外面山坡上，黑压压站满了闻风而至的听众。

在一间搭着两张床铺的屋子里，许多著名演员都演唱了自己的拿手好戏。当梅先生快要演唱时，有人提议去找剧团的琴师，梅先生说：“不必，就请刚才拉胡琴的炊事员同志伴奏吧！”接着，他问老炊事员牟绍东同志：“您喜欢拉哪出？”牟绍东同志说：“《玉堂春》。”老舍先生在一旁笑着说：“你真会点戏，这出戏梅先生在舞台上有十几年不动了，我们也借这个机会过过瘾。”

1954 年梅先生在广州越秀山体育场慰问解放军，那天演出了《贵妃醉酒》。他卸装时问我：“今天场内有多少观众？”我说：“大约有 54000 多人。”梅先生说："我演了五十多年戏，这是观众最多的一场，但我觉得很抱歉，从后排到台上，几乎有一里之遥，恐怕杨贵妃小得看不清楚了。"这时，有人递条子，要求梅先生坐敞篷吉普车缓缓绕场一周，梅先生欣然同意了。但首长们认为演完戏一身汗，倘若冒风着凉，会影响以后的工作，才劝止了梅先生。

梅先生还带了女儿葆玥、儿子葆玖到医院慰问解放军的伤病员，他看到病房外面挂着"请勿高声，脚步要轻"的牌子。就对伴奏的琴师说："我唱《醉酒》的'四平调'，调子柔和甜软，对病人比较适宜。"一位伤病员听完了《醉酒》说："你们老远来慰问，辛苦得很，请你把我们感谢毛主席的意思带回去。"梅先生俯身到他耳边说："你的话我一定带到，希望你安心静养，我在北京等你，在舞台上演《醉酒》给你看。"

梅先生在"鞍钢"参加三大工程开工典礼的时候，一面繁忙地为工人同志演出，一面还尽量抽工夫参观工厂，体验工人同志们的生活。当他看到劳动模范老孟泰手里经常拿着学习手册，张明山脱产在党校学习，还有王进忠等劳模也都以一种主人翁的态度在努力学习文化，这使他受到了感动。他对我说："我们终日忙忙碌碌，不能把心收到腔子里，静静地阅读有用的书，这是愧对他们的。"此后，梅先生就孜孜不倦地学习了《毛泽东选集》，遇到书里引用典故及诗文成语时，必定叫我们查明出处，反复研究解释，弄清楚它的涵意。

有一天，已经夜深人静了，我看见梅先生房内还有灯光，就掀帘进去，只见他戴着老花眼镜，聚精会神地阅读《毛泽东选集》。我对他说："两点多钟了，您还看书，可以睡了吧！"他摘下眼镜含笑说："看书出了神，忘记了时刻。毛主席的文章意思很深，文字却浅显好懂，很吸引人。"

梅先生还向人借了过去老解放区刊行的《毛泽东选集》，仔细地学习了《兴国调查》、《长岗乡调查》、《才溪乡调查》三个报告。他对我说："你看毛主席是怎样从调查研究入手来进行工作的，如果关起门来，只听听汇报，就不会这样周密而全面，更谈不到进行分析判断了。可见我们遇事必须摸清情况，掌握充分材料，才不至于道听途说，似是而非，主观片面。"

在这以后，他在写作《戏剧家参加辛亥革命几件事》一文时，对调查研究的方法，就有了进一步的理解。他说："这篇文章，我们虽然作了初步的调查研究，掌握了不少材料，也作了一些分析判断，但难免还有出入，发表后，我们要听取各方面的反映，作进一步的修改，才能最后定稿。"

五

《穆桂英挂帅》是梅先生在参加中国共产党后的两个月中，以跃进的速度排演出来的。他说："我非常喜欢这个戏，中年的穆桂英适合我现在的演出条件。同时有两种纪念意义，首先是庆祝建国十周年，另外也作为我入党的纪念。"两年来，他在北京市区各剧场，以及郊区的工厂、人民公社、部队、学校演出时，他总是主动提出演《穆桂英挂帅》。

他最后一次的演出是1961年5月31日，这是应中国科学院的邀请，到西郊中关村为科学家们演《穆桂英挂帅》。那天，他在台上的声容光彩是两年来的高峰，科学家们也都认为这是艺术欣赏上一次满足的享受。剧终时，科学家们热烈地向梅先生和"梅剧团"的演员献花道乏，梅先生和大家照了相后，又拉住中国科学院院长郭沫若同志的手，两人合照了一张相。当梅先生收到科学院送来这张和郭老合拍的彩色照片时，就兴奋地在上面题了演出的年月日，还缀了一个小跋："是日观众情绪热烈，而余演来亦酣畅淋漓也。"

这场演出后，梅先生原准备到新疆等地演出，不幸7月30日那天，梅先生由于急性冠状动脉梗塞症进了北京阜外医院。文化部副部长齐燕铭同志在会议席上听到这个消息，立刻打电话给北京各大医院的内科主任医师，请他们马上到阜外医院会诊，并亲自赶到医院主持。施行急救后，病势曾一度稳定。有一天，梅先生在病床上揽镜自照说："我瘦了，将来贴片子要大动脑筋。"在他未病之前，曾对我说："我要抓紧时间到新疆、四川、云南、贵州、广西等地巡回演出，有机会还想带了剧团到国外走一趟。以后，我就要把大部分时间用到研究和写作上去，演出作为次要的了。”当周恩来总理到病房慰问时，梅先生提到这次新疆之行临时爽约，于心不安。总理一边给他按脉，一边安慰他说：“你耐心养病，听医生的话，我在家里只听医生一半话，但到了医院就百分之百地服从医生。你出院后，还要静养一个时期，好在你能诗会画，调剂的方法很多，等身体完全恢复后，你想到哪里演戏就到哪里，国内国外都可以去的。”那天梅先生得到了很大的安慰，脸上露出了愉快的笑容。

梅先生一向认为舞台生活是他的第二生命，他常说：“波兰的老演员卢德维克·索尔斯基九十几岁还能登台演戏，我要和他竞赛。”

梅先生一生的劳动热情和乐观主义精神，以及热爱人民，热爱党，关心下一代成长，严肃对待艺术创作的许多动人事例将永远活在人们的心头。我想，青年一代的读者和演员会从他所走过的生活道路和艺术道路中获得教益的。

（原载《人民文学》1962年1月号）

梅兰芳遗物纪事

许姬传

梅兰芳先生逝世后的转年，由文化部与中国戏剧家协会等单位成立的“梅兰芳纪念活动委员会”于1962年8月15日在故宫博物院武英殿举办“梅兰芳艺术生活展览”45天，每天有2000人到4000人参观。会上陈列了不少和梅先生艺术生活有关的实物，今天来说，每件都有它的文献价值，其中有很多可资纪念的实物，各有它不同的来历和掌故，现将我熟悉的记述如下。

一、石膏塑像的神态

一座梅兰芳先生的石膏塑像，是中央工艺美术学院关进的作品。在创作中，他根据前辈雕塑家王朝闻的意见，做了初步修改，就请梅先生的几位老友吴震修、姚玉芙、许姬传、许源来等到工作室里，看塑像泥坯，要我们提意见。大家认为，造型壮美，体态端重，目光凝静，能够体现这位艺术家实事求是，一丝不苟的精神。吴震修先生特别注意它眼睛的神态，就对我说：“你看，他好象正在倾听别人向他陈述一件事情。”我不禁想起在生活中，每逢梅先生叫我去打听一件事，回来后，他总是问：“见到了没有?”“他怎么说?”然后，聚精会神地听我讲下去，从不打断我的话头，一定要等我把话说完，才发表他的意见。梅先生一生都是虚心地倾听各方面的意见，来丰富自己的艺术和知识。这位青年雕塑家，和梅先生并不相熟，他到护国寺街梅宅来找参考资料，我们供给他几张便装照片和两尊早年、中年的塑像，他居然能塑造出梅先生的性格特征来，的确是不可多得的。

这座石膏像，陈列在故宫博物院武英殿内“梅兰芳艺术生活展览”的入口处。1962 年 8 月下旬的一天，我在那里看到一群幼儿园的小孩，整整齐齐地排队站在梅先生的塑像前面说：“梅爷爷，我们向你致敬。”又有一位阿富汗的外宾，走近石膏塑像，低下头，向这位东方艺术大师行宗教式的敬礼。

二、梅巧玲的戏像和八分书

“梅展”的“出生、家世”部分，陈列着戏曲画家沈蓉圃彩画梅巧玲（扮东方氏）、时小福（扮丫环）、陈楚卿（扮王伯党）合演的二本《虹霓关》戏像和梅巧玲扮《雁门关》里萧太后的彩色油画像。从这两张戏像中，可以看出百年来舞台上的服装、化妆的今昔演变。梅巧玲扮萧太后的发髻头饰，据说是模仿清宫里后妃的打扮，比较接近现实生活，和今天舞台上扮的辽邦太后的头饰，就有距离。

还有派路的不同，如《虹霓关》的丫环，画上时小福穿褶子。据已故中国戏曲学校校长王瑶卿说：“我演二本《虹霓关》的丫环是按照余紫云的扮相：穿袄子、裙子、坎肩。但余先生踩跻，我不踩跻，以后从梅畹华起都是这样打扮。东方氏也穿裙袄。当然，袄、裙的式样、花样，面部化妆，跟着时代潮流和舞台的灯光而不断变化，像东方氏的大开脸今天是看不到了。”

梅巧玲所藏剧本《奇女福》（即《荀灌娘》），可能是当年“四喜班”的演出本，与以后的《荀灌娘》剧本对照，也有不少增删更改。

一本李莼客的《越缦堂日记》揭示光绪八年十一月初七日日记一节：“孝

贞国恤，班中百余人失业，皆待蕙仙（巧玲号）举火。前七月七日骤病心痛死，其曹号恸奔走，士夫皆痛惜之。蕙仙喜购汉碑，工八分书……”

壁间贴着梅巧玲先生写的八分书一幅：“前身应是明月，诗酒共安乐。”笔法稳练，看得出对汉碑下过功夫。

梅巧玲在接连碰到两次“国丧”中，“四喜班”营业长期停顿，他就变卖产业，甚至向时小福借钱来维持全班伙伴们的生活。还有灵前焚券、代人赎当等疏财仗义的事迹，早已争传众口。这几件实物，概括地介绍了他的艺术生活和道德品质，使观者联想到梅兰芳先生一生爱护同业、薄己厚人的美德，以及结交诗人、画家、钻研文学艺术来丰富自己的舞台艺术，这些受他祖父巧玲先生的影响是不小的。

三、梅雨田的胡琴

静静地躺在红缎装潢木匣里一把古色古香的胡琴，50 年前，梅兰芳先生的伯父梅雨田，曾拿它来追随谭鑫培多年。当时的听众认为：叫天（谭鑫培，早年的艺名）的唱腔，李五（奎林）的鼓板；大琐（梅雨田的乳名）的胡琴，可称“三绝”。清末宣统三年（1911）秋，梅兰芳在“文明茶园”（新中国成立后，改华北剧院）第一次唱《玉堂春》，他的伯父用这胡琴，发挥了高度技巧，与梅先生的唱腔水乳交融，有烘云托月之妙，至今老听众谈起当日情景，都说是“足以极视听之娱”，而“请医”时所拉【寄生草】曲牌，本是移植梆子腔的牌子，经他修改后，使人耳目一新，博得满堂彩声。曾见戏曲音乐家陈彦衡手抄梅雨田【寄生草】工尺谱，后边有评语：“此【寄生草】原谱，雨田略为改易，尺寸仍不爽。”梅、陈二位，对胡琴艺术的提高发展上，是起到承先启后作用的。

三年前，有人找名琴师杨宝忠，用胡琴独奏录音灌曲牌，他就到护国寺街梅宅，向梅先生打听梅雨田的胡琴，希望借来拉一下。梅先生从他领导的中国戏曲研究院的资料室里取回这把胡琴。杨宝忠开过胡琴铺，有修整胡琴的经验。首先把筒子上一条裂缝找能手补好，蒙上新皮子，老弓子的马尾，已经不能用，他安上自己的弓子，烫好松香，就在梅家客厅里拉曲牌试音。他得意地对大家说：“你们听！声音多么清、脆、美，但要拉正工调才够味儿。”梅先生说：“当年舞台上标准的调门是正工调。我大爷（伯父的称呼）给我拉西皮，差不多就有这个调门。”这时，梅先生对女儿说：“你唱这把胡琴的调门倒合适，请杨大哥给你拉《昭关》，让他过一过胡琴瘾。”接着，杨宝忠聚精会神地替梅葆玥拉了《昭关》的“二黄慢板”和“原板”。梅葆玖替他们录了音。

杨宝忠拉完了，还恋恋不舍地鉴赏这把古琴。我就向他请教胡琴的可贵之处。他说：“这把老胡琴，却不是老尺寸。它的筒子短，只有3寸4分半，一般做筒子的不敢截得那么短。梅老大爷选胡琴固然有眼力，而做胡琴的必定也是高手。它的特点是发音响而不是盖过嗓子，嗓子也盖不过它，可算是八仙过海，各显其能。还有，从担子、筒子的竹纹、包浆来看，可能比雨田先生的年龄要大些，想不到我给梅家的第四代又拉了一次，不胜荣幸之至。”

以后，杨宝忠借了这把胡琴，还为北京科学音乐研究所（现名乐器研究所）录了【小开门】、【夜深沉】等牌子，以及《大保国》、《碰碑》的唱腔过门。

四、悲鸿、天女人间

1918年春，诗人罗瘿公请画家徐悲鸿看了梅先生的《天女散花》，有一天，同到缀玉轩来闲话。梅先生第一次见到这位精通中西画法、风度翩翩的画师，寒暄一番后，就向他求画。徐先生说：“我看了你的《天女散花》觉得这个戏就象一幅好画，打算给你画天女像，但我对戏是外行，服装、头饰……要有实物参考。”梅先生找出一张《天女散花》的戏照，送给徐先生，并对他说：“您照这张像片画，一定准确，颜色随您上，不必拘泥。”

几天后，罗瘿公送来这张彩色《天女散花图》，徐先生还在上面题诗一首：

“花落纷纷下，人凡宁不迷。庄严菩萨相，妙丽藐神姿。戊午暮春为畹华写其风流曼妙、天女散花之影，江南徐悲鸿。”

梅先生对瘿公说：“这张画，开脸参用西法写真，衣纹、线条勾勒是中国的画法，部位准确、色彩调和。最有趣的是，面貌像我，而眼睛的‘分眼’又像徐先生自己。请您在画上也给题几句，我要宝而藏之。”瘿公就在上面题了一绝：

后人欲识梅郎面，
无术灵方更驻颜。
不有徐生传妙笔，
安知天女在人间。

这张画，梅先生收在箱子里，始终没有付裱，一直到1950年从上海回到北京，卜居护国寺街时，才检付裱画店，装成镜架悬挂起来。如今，诗人、画家、表演家这三位都先后作古，而瘿公的题句，也成为诗忏了。

五、《千金一笑》的扇子

梅先生在1916年排演了《黛玉葬花》后，对《红楼梦》里的人物，发生了兴趣。因为《葬花》是悲剧，紧接着就据《红楼梦》二十三回“撕扇子作千金一笑”的故事，排演了带有喜剧成分的《千金一笑》，后来又叫它《晴雯撕扇》。因为“扇”在戏中成为描写的主题，所以梅先生创造了扑萤的身段。旦脚在戏里一般都表演扑蝶，剧中规定情景，往往是春光明媚的季节。《千金一笑》的故事情节发生在端阳节的黄昏时候，当然不能采用扑蝶老套，就想出了扑萤的穿插。萤火虫比苍蝇还要小，而且只有夜里才看得见，这样，就要体会古人诗句“轻罗小扇扑流萤”的意味来琢磨身段。首先要注意到在夜间找流萤，眼神、身段的运用，和日光下扑蝶是不同的：蝴蝶飞得高，身段变化比较多；流萤飞得低，那就得做矮身段。据梅先生说：“这种身段要做得柔软轻盈，手、眼、腰、腿必须是一个整劲，没有深厚的功底是不会好看的。”

《千金一笑》上演的前一天下午，梅先生在缀玉轩里找出一把预备晴雯撕的扇子，他觉得两面空白太素，就在上面画了一朵牡丹，反面让姚玉芙写了几句诗。梅先生正要在画上题款，有一位朋友说：“且慢落款，这出戏三个重要角色：晴雯、袭人（姚玉芙扮）都留下纪念，款字应该等宝玉来写。”正说着，姜妙香走进缀玉轩来对戏，大家都抢着说：“宝玉来了，请落款吧！”姜先生带着笑在牡丹上代梅先生题了款。梅先生说：“这把普通扇子，经过一番点缀，倒也成为演出《千金一笑》的纪念了，可惜玉芙匆忙中把年份写错了一年。”

第二天，演完了《千金一笑》，梅先生对跟包大李说：“那把破扇子别忘了带回去，换一个扇面，下次好用。”可是大李遍找不得，我的堂兄许伯明在旁边说：“一把破扇，又不是古董，找不着就算了。”

过了些日子，伯明拿一个手卷走进缀玉轩。梅先生问：“您得了什么名贵的古董?”伯明说：“这件古董是找不出对儿的，晴雯画的、袭人写的、宝玉落款，你想巧不巧?”一边说着，就在书案上打开来，大家都围着争看，原来就是那把破扇，并且手卷拖尾已经有了诗词题跋。伯明就对陈师曾、姚茫父说：“来吧！请你们也给我题咏一番，作为纪念。”

我记得当年在上海初看梅先生的《千金一笑》当晴雯撕扇时，不禁想到《红楼梦》里一段对话：“晴雯笑道：‘既这么说，你就拿扇子来我撕，我最喜欢听撕的声音。’宝玉便笑着递给她。晴雯果然接过来，‘嗤’的一声，撕了两半，接着又听‘嗤、嗤’几声。宝玉笑着说：‘撕得好，再撕响些。’”

梅先生撕扇的神情，把曹雪芹笔下塑造的娇憨可爱的晴雯，活现在我们面前。40 年如电光那样过去了，“嗤、嗤”的声音，似乎还在我耳朵里响着，而偷扇的故事，在当时文艺界传为佳话，也给这出喜剧点染了色彩。

1956 年秋，伯明兄癌病沉重时，梅先生去探病。伯明亲手把这个手卷送给他说："我从前说过，'这件古董是找不出对儿的'，珠还合浦，剑入延平，愿你好好收藏。"

六、昆曲《盗盒》剧照

挂在北京护国寺街"梅花诗屋"（梅先生从1959年起把上海的"梅华诗屋"的陈设家具全部运到北京寓所）的一张照片，梅先生穿着打衣打裤，手执青龙棍，脚心朝上，摆着一个金盒。梅先生常常向朋友介绍这张照片。他说："当我排演过几出古装戏后，就打算唱昆曲《盗盒》（按明代梁伯龙所撰杂剧《红线女》第三折是《红线女夜窃黄金盒》，《盗盒》恐系后来的简称）。我的表叔陈嘉梁把家藏的曲本找来，我就演出了这个戏。照片是在照相馆里照的，在舞台上红线女夜入田承嗣寝室，盗得金盒后，要站在桌上，摆出这个姿势，唱一句曲子。"

这是昆剧传统老身段，没有扎实的腰腿功夫是难以讨俏的。梅先生当时正是盛年，所以能够做得从容不迫，给人以"美"的雕塑感。以后，梅先生和朋友们根据杂剧《红线女》改编为京剧《红线盗盒》，目的在于通过唐朝藩镇以强凌弱、野心吞并的故事来讽刺当时的军阀争夺地盘，连年混战，民不聊生。剧情是潞州节度使薛嵩听说他亲家魏博节度使田承嗣秣马厉兵，就要大举进攻，吞并潞州，无计退兵，忧闷不安。他的侍姬红线自告奋勇，夜入魏营，盗来金盒。田承嗣才知难罢兵，言归于好。其中有一段台词是突出主题的地方。当红线看见薛嵩终日愁烦，就用话试探他，薛嵩说出心事后，红线对他说："方今各路强藩，一个个飞扬跋扈，只图自己禄位。适才大人之言，也是只管自己疆土，全不念那百姓黎民。就是打退了田承嗣，暴乱相承，也恐非国家之福。"这段念白，是梅先生当时的思想，借红线口中说了出来。

《红线盗盒》的台词、服装、身段、唱腔，都做了适应京剧形式的创造，没有沿用照片上摆盒的身段。杂剧《红线女》的结尾：红线盗盒归来，就改换道装，辞别薛嵩，归山访道。而《红线盗盒》的末场，田承嗣到薛嵩家里要见盗盒之人，红线对他侃侃而谈，描绘了盗盒时的情景，使田承嗣为之慑服。最后，当筵舞剑，结束全剧。

七、《抗金兵》的帅旗

梅先生在“九一八”后，为了激发爱国思想，反对“不抵抗主义”，曾在上海排演《抗金兵》一剧，他约请叶玉虎先生等成立了一个编剧小组，打出提纲后，每星期有两次聚会，协作编写，我也参加了这个小组。这个戏是根据传统的武旦应行的《战金山》又名《娘子军》而重编的。当时的角色很整齐：梅先生自扮梁红玉，林树森扮韩世忠，金少山扮牛皋，姜妙香扮词人周邦彦，萧长华扮朱贵[①]，刘连荣扮金兀术，朱桂芳、高雪樵分扮韩彦直、尚德。

梁红玉在金山擂鼓助战一场，唱一套昆曲【粉蝶儿】、【石榴花】、【上小楼】，这是原来《战金山》的场子。原词就很有气势，我们做了一些更改，修改后的【粉蝶儿】是这样的：

“桴鼓亲操，焕旌麾，芝盖冲霄；列艨艟，铁链环绕。听军中，喊杀声高。敢小觑女英杰，江天舒啸。拥高牙，力撼江潮，秉忠肝，凭赤胆，保定了大宋旗号。非是俺展尽计巧，俺也可千军横扫。”

梅先生觉得金山抗金之战，梁红玉可算是一面大旗。所以剧本一再提到“旌麾”、“高牙”、“大宋旗号”。以前《战金山》只突出“鼓”，他认为在《抗金兵》里，“旗”更重要，就自己绘图，设计了一面帅旗；本身仍照一般帅旗的式样，红缎绣花，当中一个“梁”字，只把尺寸放大，旗的两边增出十几条

① 《抗金兵》初演时，有词人周邦彦与梁山好汉朱贵《酒楼对话》一场。内容是从周邦彦口中述说他看到金兵入寇，百姓死亡流离；守土诸将，只知搜刮民财，保全身家，临阵却望风而溃，未战先逃……最后他写信荐朱贵到韩世忠那里参加金山之战。新中国成立后，梅先生对这个戏作了整理压缩，减去了酒楼一场，所以在《梅兰芳剧本选集》的《抗金兵》里，找不到周邦彦、朱贵的名字了。

绣花飘带，每条带子，长达丈余，还缀上涂镍的铜铃。布景搭山坡，上摆描金大鼓。这面帅旗矗立在梁红玉身后，两边的飘带都悬空吊起，横里正好布满了舞台面。在演出时，就仿佛把观众带到一个旌麾焕耀、芝盖冲霄、喊杀声高、江天舒啸的战场上。我记得，当年在天蟾舞台首次演出时，这场戏拉开幕来，就有人拍掌叫好。

梅先生扮的梁红玉，在山头观阵的身段神情，和一般唱武旦的演法是不同的，他突出了这位智勇双全的巾帼英雄的豪迈气概。下山后唱【上小楼】曲牌："眼看这黠虏咆哮，恨不尽扫。挽绣甲跨马提刀，挽绣甲跨马提刀，女天魔，下九霄，只看俺威风杀气战这遭。"

这里的曲调身段和《挑滑车》里高宠下山后的连唱带舞是差不多的。梅先生正当壮年，又曾同老艺人钱金福学过《镇潭州》的杨再兴，所以手、眼、身、法、步稳练、准确、好看，造成了强烈的舞台气氛。

这次"梅展"在一堵墙上陈列着《抗金兵》的帅旗。一位白发如银的老太太，对着"梁"字注目细看，神色惨淡地轻轻用手抚摸着旗上的绣花飘带，似乎她曾看过梅先生扮演的宋代抗金女英雄，所以引起她的崇敬和追思。

八、《生死恨》剧照

在"梅展"的一个单元里，上下挂着两张照片：上面一张是梅先生的便装照，手托下颏，含着沉忧内结的意态，想见他正处于一个暴风雨到来的前夕；下面一张《生死恨》剧照：韩玉娘用兰花指托腮凝思，表现了坚定不屈的神情。我们从他温润如玉的优美手势中，还可以联想到梅先生从绘画、雕塑等各种美术品中吸取养料来丰富自己的舞台艺术，而具体表现在手势中的"美"，更为中外文艺界所称道。1935 年到苏联演出时，一位苏联戏剧家对梅先生说："你的每个指头，可抵一个演员。"当时《仁报夕刊》，拉德洛夫著论说："梅兰芳君之手，实为吾人所不悉之表现力之利器。此手自长袖中伸出时，诚如演员自幕中呈现色相，其美丽不啻赏鉴中国之古画及雕刻。”

梅先生说：“这张《生死恨》的剧照是一位摄影名家在后台替我照的，他自己认为是得意之作，同时还照了一张托茶盘的身段，也很有神气。”

九、《穆桂英挂帅》的服饰、剧照

展出的《穆桂英挂帅》的服装：帅盔、印匣，是吸引观众流连驻足的。有人说：“一年前，曾看见他捧着这个黄布包的印匣，做出许多美妙的姿势，而末场点将，披蟒扎靠，抱令箭，挥鞭顾盼，飒爽英姿，令人难忘。”

我记得1959年《穆桂英挂帅》初次演出后，首都文艺界召开一个座谈会。在座谈时，剧作家翁偶虹就十分称赞这个戏的唱腔、身段、音乐、服装等安排得妥帖大方。他认为开幕曲：【南普天乐】、【朝天子】气氛和谐。穆桂英接印时音乐用【九锤半】，有《铁笼山》姜维观星的气魄，青衣打扮穿紫帔，做这样阔大的身段，只觉得威而不火，在京剧舞台上是创作，梅先生一个人唱满了台。校场点将出场用【长锤】，显得大方稳重。

翁先生特别欣赏穆桂英披蟒扎靠时戴的帅盔，迎面缀绒球、带后兜，式样新颖而有气派，看了非常舒服。

《穆桂英挂帅》的服装，是梅先生自己设计的。有一天，他叫管理服装的郭岐山先生到剧装厂去借一顶改良帅盔来参考式样，朱季黄先生看见了不赞成，他说：“改良帅盔，好像消防队戴的帽子，不如仍用七星额子。”梅先生说：“杨金花也戴七星额子，虽然穆桂英披红蟒、扎红靠表现了她的身份，但如能改戴帅盔，气派更要大些。我想做一顶试试看，如果不好看再改用七星额子。”就和剧装厂的几位同志反复研究，经过几度修改，前面的绒球仍带有七星额子的意味，而又完成了帅盔的样子，观众都认为适合穆桂英的身份。

第一天演出后，朱季黄对他说：“你设计的帅盔很成功。但您近年身体发胖，靠肚子显得凸出。”梅先生说：“那有办法。”就叫郭岐山把前面靠肚子里的棉花抽出来。再演时，果然腹部就平了。

《穆桂英挂帅》演出后，梅先生很爱这个戏，他在北京市区各剧场，郊区的工厂、人民公社、部队、学校以及天津、济南、张店、淄博等地演出时，《穆桂英挂帅》演出的次数比别的戏更多。

十、梅华诗屋

现在武英殿的建筑和清代不同，辛亥革命后，清廷逊位，把外朝的太和、保和、中和、文华、武英等几个大殿让出来。民国三年，朱桂莘任内务总长时，为了举办古物陈列所，就把武英殿和敬思殿打通，利用隔开的院子，建一过廊，变成一种工字式的建筑了。“梅展”只用了武英殿的旧址，并在凸出的过廊里，布置了“梅华诗屋”。梅先生在北京书房里挂的是“缀玉轩”的斋额。“九一八”事变后，迁居上海马斯南路，就悬挂金冬心隶书“梅华诗屋”。这幅斋额是当年冯幼伟先生逛琉璃厂，在古肆买来送与梅先生的。梅先生在这间书房里，编演了反抗侵略的《抗金兵》、《生死恨》，蓄须杜门，度过了他一生中最艰苦的岁月。

凡是到过上海梅家故居的人，看到展出的“梅华诗屋”都会有人琴之感。靠墙犄角的两列长书架上，依然陈设着瓷器古玩和中西书籍，壁间挂着“梅华诗屋”镜架；还有汤定之画的墨松大横幅，这幅画是 1935 年，梅先生访问苏联，漫游欧洲归来后，汤定之画了送给他的。梅先生认为笔力苍劲，气势纵横。

沙发前面一张紫檀炕桌，桌面上竹刻留青阳文通景山水，峰峦层叠，树石茂密，柳下停舟，水榭远眺，绝好一幅江南风景。画意浑厚，刀法圆熟，看上去是明末清初名工巧匠的手笔。30 年前，梅先生从公主府里买来后，摆在书房里，曾为不少爱好雕刻的中外朋友所摩挲欣赏。有一次，梅先生在北京无量大人胡同“缀玉轩”里开茶会，招待来华游历的外国艺术家。座中英国公使蓝博森的夫人爱好中国文物，她仔细赏玩了紫檀炕桌的竹刻书画图。当看到桌面上摆着茶具，就对梅先生说："瓷与竹都是坚硬的，磨擦日久，恐有损伤。"梅先生认为她的话有道理，但如果铺上桌毯，就看不见这幅竹刻山水。于是订做了一块玻璃板，四角用厚毡垫高，罩在桌面上。这样既能观赏，又避免了磨损。

书架旁边，紫檀琴桌上，左右两盆万年青，当中摆着一座梅先生少年时的铜质造像，这是1919年他第一次出国到日本表演时，三越吴服装店赠送的。

靠窗摆着一张大书桌。梅先生初搬进马斯南路寓所，书房是曲尺式，我的堂兄许伯明，照凸出一块的尺寸，订做了这张书桌送他的。这张桌上和往日一样，摆着笔筒、砚台、笔洗、画碟、台灯、玻璃花插……使人联想起梅先生临窗挥洒，画出了妙相庄严的佛像，含情凝睇的美女、彩色缤纷的花卉……如今挂在壁上的"达摩面壁画"、青松、红梅等几幅遗墨，是他在抗日战争时期，杜门绘画，寓意遣兴之作，就是在这张书桌上画的。上面都题了双关的跋语。《达摩面壁图》上写着一偈："穴居面壁，不畏魍魉。破壁飞去，一苇横江。"可以看出梅先生在那种艰苦环境里，还是充满胜利信心，十分乐观的。

梅华诗屋入口处，挂着一幅北方名画家为梅先生祝寿的合作画。上面罗瘿公题出："植支枇杷，茫父蔷薇樱桃，梦白画眉，师曾竹石，白石补蜂。"梅先生曾说：这张画是1920年从上海演毕归来，旧历庚申年九月二十四日他生日那天，在缀玉轩里画的。先画的枇杷、蔷薇、竹石等布满纸上。轮到白石老人画时，已经没有空白，他就对着画眉鸟的嘴，画了一只小蜜蜂，好像画眉要来捕捉它的样子。当时在座的都交口赞叹，认为有画龙点睛之妙。

壁上还挂着苏绣花卉挂镜和一对粉彩红地金字的瓷对，对句是"年年吉庆，事事如意"。这些都是清代官窑厂、织造、造办处的贡品，挂在武英殿里，也点缀了"本地风光"。

梅先生在北京缀玉轩里从事大量艺术创造，而在上海"梅华诗屋"中表现了坚强的民族气节。我们还可以从冬心先生题跋里，考证出"梅华诗屋"的原主黄松石、梁梅君伉俪二人，在文学艺术上都是有成就的。冬心在隶书"梅华诗屋"下面，用他独创的章草隶法结合起来的字体题曰："梅华诗屋吾友松石先生与其夫人梁梅君唱酬之居也。闻之松石云：'粉黛屏当，笔砚杂陈，不减归来堂故事。’屋以梅华名者，盖主人集古句，咏香雪之调为多也。吾恐西湖诗名，不属之松石而属之夫人矣。涛江金农并识。”

黄松石名树谷，浙江钱塘人。金冬心也是钱塘人，生于康熙三十六年，卒于乾隆二十九年；黄松石生于康熙四十年，卒于乾隆十六年，比金冬心小 14 岁，是意气相投的同乡好友。

从清代学者嘉定钱辛楣（大昕）所撰的黄松石墓志铭里知道，黄松石曾经创办广仁义学，聚书数万卷，以便利当时的学子，书家张得天（照）认为他的篆隶用笔浑古，可以推为第一手。同时，诗文词翰，都有重名。

梁梅君是黄松石的继室，长于文学，善吟诗、工集句，在“万卷楼”中教她的几个儿子读书，往往彻日不倦。儿子当中最有名的就是金石画家黄小松（易）。黄松石死后，梁梅君亲自给丈夫作行状，长达数千言，委曲真挚。门生故友看了，都感到非他们动笔，不能写得这样好。黄小松在山东做官，梁梅君晚年住在儿子衙门里，活到 89 岁，神明始终不衰。

《闺秀诗话》卷十一里载着一条：“黄小松之母夫人梁梅君女史瑛（字字香），工集句，有寄外梅花诗集句百首，用诗字韵，传诵一时……”冬心跋语所说：“盖主人集古句，咏香雪之调为多也。”就是指的这件事，同时“梅华诗屋”的命名，也找到了根据。还有跋语里引用“归来堂”的典故，在宋元明三代的文人，都有拿陶渊明《归去来兮辞》作斋名的。但冬心先生所指，显然是宋代金石考据家赵德夫（明诚）、词人李易安（清照）夫妇唱酬之所的“归来堂”，因为只有黄松石、梁梅君和他们相比才贴切。

梅先生一向喜欢金冬心的书画。他藏有冬心画的《扫饭僧》和墨竹，时常赏玩临摹，自从得了“梅华诗屋”斋额后，就借用这四个字做自己的斋名。

尽态极妍掌中看

许源来

一、《梅兰芳舞台艺术》邮票欣赏

在纪念卓越的京剧艺术大师梅兰芳先生逝世一周年之际，邮电部发行了一套《梅兰芳舞台艺术》邮票。全套八枚，除了一枚便装之外，其中七枚都是戏装。梅先生一生拍的剧照多得不可数计，这次设计邮票时是怎样选用的呢？我曾参加过设计工作，现在简单地介绍一下。

《抗金兵》和《生死恨》，是“九一八”事变后梅先生在上海编演的。《穆桂英挂帅》是他为了新中国成立10周年献礼而排演的。这3出戏都充分表现了爱国主义思想，当然首先要选进去。这里面韩玉娘采用《机房》一场身穿富贵衣、手摇纺车的照片，绝不会和其他的剧照雷同，而梁红玉和穆桂英在戏中都是扎靠、戴翎子，扮相相似，经过大家研究，穆桂英改用第五场穿帔《捧印》的照相。

古装戏是梅先生创造的，应该有一张有代表性的作品。按说，他第一出演的是《嫦娥奔月》，用嫦娥在冷清清的月宫里，穿的服装比较淡雅素净，不适宜印入邮票，所以我们采用的是《天女散花》的天女。

梅先生的表演，是既尊重传统，又发展传统的，我们必须找一出代表性很强的传统剧目，因此采用了《宇宙锋》的赵艳容在她父亲面前装疯的蹲像。

梅先生还有一出久负盛名、每次公演必定满座的拿手好戏——《霸王别姬》。我们有必要把虞姬舞剑时那种淋漓顿挫的风神仪态传播到全世界集邮家的手中。

梅先生不仅是卓越的京剧表演家，他对昆曲的研究，也下过很大的苦功。因此选用了一帧昆曲剧照《牡丹亭》里杜丽娘在游园时一手举扇、一手指花的姿态。

邮票上的剧照缩印得很小，单看面部表情是不够的，因此身上的动作关系十分重要。以上的七张照片，有一个共同特点，它们能够使人一望而知是哪个戏。如韩玉娘的纺车和富贵衣，梁红玉面前的一架战鼓，穆桂英手里捧的一颗印，天女身上的风带和身旁的花片，虞姬舞的双剑，赵艳容在帔外露出的右臂（象征她抓破衣衫），杜丽娘手拿的一把折扇。这些都是每一个戏里的特征。

我们除了采用有意义的剧目和不同样的扮相之外，还要顾到人物或坐或站、或高或矮的形象。例如天女、赵艳容的蹲像和韩玉娘的坐像，跟其他四张站像排列起来，错综参差，就能让人感到有配搭匀称之妙。

最近邮电部又发行了一枚色彩鲜明、尺寸加大的小全张，用的是《贵妃醉酒》里杨贵妃酒后的醉态剧照。票齿外连有粉绿色的装饰团花图案，美观大方，相当精致。

（原载《新民晚报》1962 年 9 月 22 日）

二、《梅兰芳舞台艺术》邮票杂谈

许姬传

为纪念这位中国人民热爱的艺术大师，文化部、中国戏剧家协会等有关单位组成了“梅兰芳纪念活动委员会”。齐燕铭为主任委员，田汉、马彦祥为副主任委员。十个纪念项目中有发行《梅兰芳舞台艺术》纪念邮票一项。

本文着重谈选制《梅兰芳舞台艺术》纪念邮票的经过。

齐燕铭召集马彦祥、许源来、朱家溍、姚玉芙和我等开会讨论选择有代表性的剧照，其中有梅兰芳肖像一张，戏像七张，指定我与源来提供实物资料和邮票设计者孙传哲协商办理。

首先选中《抗金兵》、《生死恨》。这两出戏是“九一八”事变后，梅先生移家上海，为了鼓舞人民抗日而编写演出的。在上海演出后，博得好评，成为南迁后第一个保留节目。现在选的是梁红玉擂鼓战金山的戏像。

我们选的《生死恨》里《夜诉》，剧照上的韩玉娘身穿“富贵衣”，坐在台口，手摇纺车，边唱边纺，用“二黄”各种板式的唱腔，抒发她的爱国思想和凄凉身世，因为这一场戏是全剧的高潮。

《穆桂英挂帅》是梅先生最后创作的一出新戏，他设计了青衣从未用过的夸张、而又能适应穿帔的舞台动作。在音乐方面，借鉴了《铁笼山》姜维观星，《一箭仇》史文恭考虑战略的【九锤半】打击乐，烘托出强烈的舞台气氛。

有一天深夜，他到我房中，兴奋地说：“我想起当年杨小楼先生在《青石山》中扮关平的捧印身段。《穆桂英挂帅》里的一颗帅印是突出主题思想的道具，我已想好几种姿势，你来看看。”我们走到客厅里，他对着穿衣镜，用带套的线装书代表帅印，做出高低不同的捧相身段，同时，用快速匀整的圆场来表现穆桂英谋定而动、胸有成竹的大将风度。

他还笑着说：“这是初稿，我要花十天时间，把它搞得更精练。”

这出戏从1959年4月到1961年8月梅先生逝世，两年多的时间内，共演了六十几场，边演边改，不断提高。邮票上的这张剧照，就是有雕塑感的捧印亮相。

梅先生在青年时就爱《宇宙锋》这出戏，他非常钦佩这位无名剧作家，在旧社会里敢于编写一出弱女子戏弄奸臣赵高（她的父亲），在金殿上斥骂昏君秦二世的戏。所以，这出戏的台词和表演不断修改，精益求精，成为他的代表作之一。在创作过程中梅先生多少也受到了辛亥革命的影响。

我们选用的剧照是赵艳容开始装疯时，唱完“倒卧在尘埃地，信口胡言”的一个亮相。

《舞台生活四十年》第一集里具体述说了《游园惊梦》的表演。《游园》里使用扇子的身段，例如【好姐姐】曲子里“生生燕语”、“呖呖莺声”，“啼红了杜鹃”，“那牡丹虽好”，都有严格规定的身段，这些动作必须和唱腔融为一体。因为昆曲是古典戏曲中歌舞合一，丰富多彩的剧种，这里选用身穿粉红褶子的持扇立像，就是戏中杜丽娘的一个亮相。

徐悲鸿为梅先生画过《天女散花》，我曾写短文记述悲鸿作画的经过，题目是《徐生妙笔、天女人间》。这张画，开脸参用西洋写真，衣纹、线条、勾勒是中国画的画法，部位准确，色彩调和。诗人罗瘿公曾在上面题了一绝：“后人欲识梅郎面，无术灵方更驻颜。不有徐生传妙笔，安知天女在人间。”这张画，一直到1950年才装入镜框悬挂起来。邮票是按照画上合掌、蹲身，飑飘扬的姿势绘制的。

《霸王别姬》是脍炙人口的保留节目。梅先生用很大气力创造了“剑舞”，他把舞台上的舞剑和武术里的架势有机地结合起来，成为一组优美而准确的舞蹈，剧照是虞姬在【夜深沉】曲牌里的一个舞剑身段。

《梅兰芳舞台艺术》邮票是1962年8月8日梅先生逝世周年时发行的。9月份，邮电部又发行了《贵妃醉酒》小型张，设计者是吴建坤。扮演高力士的是中国京剧院的孙盛武，从而断定是1956年夏，梅先生以“中国访日京剧代表团”总团长的名义，在东京、福冈、名古屋、京都、大阪等地访问演出时的剧照。团员86人是由中国京剧院、梅兰芳剧团的成员组成。那次萧长华老先生因年高不便惊动而未去，高力士由他的学生孙盛武扮演。

小型张《贵妃醉酒》是舞台现场拍摄的彩色剧照，杨贵妃的醉意很浓，她示意高力士去西宫请唐明皇来和她喝酒，高力士怕惹梅妃生气，他会挨打不敢去，再三推辞“不去”。但是，杨贵妃执意要他去请唐明皇，醉人的心理和平时不一样，不会考虑到贵妃自身的尊严。从这张邮票上看出杨贵妃的眼神蒙胧，面带笑容、挥袖央求高力士，潜台词：“去呀!”同时翻起另一只水袖，身上微微往后倚，飘飘然脚步站不稳的娇妍姿态，生动刻画出醉杨妃的造型美。

这次选《梅兰芳舞台艺术》为最佳邮票，我拉杂写了些感想，以告国内外关心和爱好梅先生精湛艺术的人们。

（原载《集邮》1980年第5期）

记梅兰芳先生为先父直庵公撰墓表

许姬传

1958年，我与源来为先父直庵公、先母徐太夫人玉辉营葬于杭州南山公墓，买了一组骨灰盒穴位，就请梅兰芳先生撰墓表。他马上同意，并对我们说："把两位老人家的生平事迹写给我，我跟言老（简斋）商量着写，他是桐城派古文家，文字简练恳切，一定写得好。"初稿写出后，和我们商量着进行修改，前后修改三次，其中最后一节："曩岁升堂拜母，夫人每以嘉肴见饷，更为余谈说顾曲见闻，娓娓不倦，深为叹服，因而知姬传等之贯穿多能，盖有所自，贤母之教信矣哉！是不可不记也。"是梅先生口述原话，由言老演绎成文字的，也是当年现实生活中第一手资料，现在我再加以补充，俾梅、许的后人知两家交谊之笃而铭诸心中。

1933年，梅先生自京迁沪后，常到咸益里我家来吃饭，整桌菜是母亲和源来的爱人徐泽秀做的。事先要筹备一星期，请的客人中还有冯幼伟、吴震修、堂兄许伯明、沈昆三、徐超侯、姚玉芙他们都是"梅党"（1921年后，社会上流传口语有"梅党、尚党、程党、荀党"），其中如昆三、超侯家里的菜都有名，而冯六爷的大师傅小丁（王寿山）至今还在上海大厦传艺。

每年春节正月初，梅先生必来向我的父母亲拜年，并拿红纸包封100元老法币亲手交给我母亲说："您给我的山鸡、素鹅、粽子大家都爱吃，我没有什么东西送您，这点小意思您留下零花。"母亲笑着说："我两个儿子整天在你家打扰您，您还这么客气。”一面让坐，一面叫陈妈煮粽子、炸春卷。梅先生还和母亲谈起几十年前北京城的情景。母亲说：“先父爱唱昆曲，所以我从小就会唱昆曲，爱听京戏，先父和您祖老太爷还在一次席面上合唱过《长生殿》的《小宴》。”

“我听陈墨香先生讲过这件事，他说：‘徐子静侍郎唱唐明皇，你老祖巧玲唱杨贵妃。’”（陈墨香与徐家是世交，他在著作中曾谈到我外祖精于昆曲。）梅先生接着问：“您当年在北京一定听过许多好戏，请您谈一谈。”

“那年月规矩可大啦！戏馆里不卖女座，像大宅门的小姐，听戏的机会很少。我记得10岁时住在上斜街，邻居赵家是‘三庆班’的房东，每年家里唱几次堂会，都是‘三庆班’的好角，这种场面，我就跟了大人去啦。”

“您还记得听过些什么戏？”

“有一次，我听杨月楼的《探母》，嗓子宽亮，满宫满调，扮相富丽堂皇，真是名不虚传。以后，我到南方，也听过几次《探母》，好像都赶不上他。”

“公主是哪一位？”梅先生问。

“紫仙（按：应是张紫仙），嗓子好，唱得规矩，可是扮相、服装等就不如您讲究。当时没有电灯，天黑以后，就靠蜡烛火把，看得不很清楚，那时化妆大开脸，好像红彩很淡。前些日子，我看您和谭富英合演《探母》，富英虽然是小叫天的孙子，他的唱法倒有点奎派味儿，当然，比杨月楼还差一点。可是您的铁镜公主就比老一辈强啦，像《盗令》一场，您穿的氅衣就不是普通的绣工。还有，京白、台步、举止神情都是清朝贵族的气派，当年我在北京时，曾看见满清贵族内眷到我家来出份子，就是这种样子，您是怎么琢磨出来的？”母亲问。

“您的眼力好，这件氅衣是民国初年一位大公主送我的。至于穿了花盆底走台步，我学的是陈老夫子（德霖）、王大爷（瑶卿），他们在宫里当差，当然很地道。可是民国初年，我在应酬场中还见到清朝的公主、格格，我就留心她们的举止神情，特别是走道的稳重大方，先还有点拘束，后来在台上常唱《探母》、《雁门关》，成了习惯，就没有拿劲的感觉了。听姬传兄说，您看过刘赶三的老薛保，请谈一下。”

“那也是在赵家看的，刘赶三反串《三娘教子》的老薛保，嗓子宽亮，好一似烈火上又把油泼满宫满调，很有味儿，身上脸上都有戏，一点看不出他是唱小花脸的。据说他早年唱过老生，晚年只在堂会里才露一下。王春娥是石头（即陈德霖），嗓子娇嫩好听，我记得‘你道他年纪小心不小’一句，得了满堂彩，听我二哥徐莹甫说，他的嗓子累过了头，有一阵不能唱了，后来下苦功练，才又恢复，近年不知怎么样了。”

“前几年，我在北京唱《探母回令》，特请陈老夫子唱萧太后，嗓子还是那么娇脆好听，您要听到了比一下，真不减当年。不幸的是，1930 年我从美国回到上海，就在阳历 7 月间，他老人家在北京病故了。他的学生很多，我和姜六爷、姚玉芙都是他的学生，我的昆腔戏《游园惊梦》、《断桥》、《出塞》、《奇双会》都跟他学过，我唱《风筝误》，陈老夫子演二夫人，非常出色。”

40 多年过去了，梅先生与先母谈话的光景，如在目前，文内所举的都已作古，真是感慨系之。话仍回到本题，墓表定稿后，梅先生详细询问了石碑的尺寸。源来说：“我们购买的墓穴在一堵石壁中，因此墓表的尺寸不宜过大。”梅先生说：“你的小楷写得好，自己写更亲切。”源来写好后，树立在墓前，因为找不到拓碑的人，始终没有拓本，现将碑文原底照相制版，刊于书端，并将碑文标点发表如下：

海宁许直庵先生暨德配徐夫人墓表

吾友许姬传、源来两兄弟将为其父母营葬，乞余为志墓之文。盖姬传等之尊人直庵先生与德配徐夫人皆享大年，先后殁于上海，遗命火葬。姬传等奉行无违，以骨灰返故乡，葬于杭州南山公墓，使亲骨有所归，葬礼行乎俭，斯于尽子职，识时务，俱有合焉。抑直庵先生暨徐夫人生平行谊，皆流俗所难能，余故不辞而书其大端以表诸墓上，其文曰：

先生海宁许氏，讳省诗，直庵其字也，奕世儒修，焯有清誉，祖梿，治经术，精训诂，清咸同间称为大师。先生生于光绪初年，早入仕途，在江苏屡知县事，辛亥革命以还，佐理南北诸省财政，多历岁月。其为县令也，实心爱民，有政必举，不逢迎上官意旨，不钓弋虚名。宰安东时（按在江苏省后改濂水），大水为患，官民协力，急谋防堵，先生躬亲督率，执役忘劳，历数昼夜，未尝少休，已而水退，民获全活。其赞襄财政也，综核严谨，绩效大彰，而矢志廉洁，俸给而外，不染指一钱，身退之日，家无余财。平居急人之急，不自以为德，与朋友处，推诚尽言，遇事明辨是非，善善恶恶，无所迂回，耻作模棱软滑之态，戚友辈皆敬惮之，辄相语曰，许君端人也。年七十有五，公元一九四九年十一月卒。配徐夫人，宜兴人，讳仁镒，字玉辉，清礼部侍郎徐公致靖之女也。徐公当戊戌维新之始，数上书言变法事，又疏荐谭嗣同、康有为、梁启超等。新政骤变，六君子被杀，徐公下狱几死，今人谈戊戌变法史事者，莫不称重徐侍郎云。夫人濡染庭闻，明达有识，既归直庵先生，温恭恺悌，门内雍雍，伉俪之间，互为师友。直庵先生奉职谨，事有疑难，每就夫人问焉，即为剖析本末，得失洞澈，如烛照数计然，听其言遂决。其策励儿辈也，务在穷物理，明人情，积学以致用。若夫富贵功名之事，非所望也。工烹饪，法备而事敏，味醇而色好，夫子宴知旧于家，必身为治具，客皆快意饱餐而去。神智聪强，迄老弗衰。一九五六年四月以疾卒，年八十矣。方解放之初，夫人与直庵先生夏日共坐而语，俄谓先生曰，我侪皆老至，及见国运更新，所以无恨。今后开源劝农，必为急务，土地之用无穷，安得复以累累骸骨盘踞其中，使地失其用乎？幡然有悟，愿自我辈始，他日慎终之礼，火葬为宜，君意若何？先生闻而大善之，曰君言可行无疑。夫人通文史大义，于说部及古今戏剧，涉猎甚广，而善于区别优劣，其间美篇妙语，晚年犹能背诵不爽，余与姬传源来过从之日久，相与讨论艺事，资其匡助，曩岁升堂拜母，夫人每以嘉肴见饷，更为余谈说顾曲见闻，娓娓不倦，深为叹服，因而知姬传等之贯穿多能，盖有所自，贤母之教信矣哉！是不可不记也。

直庵先生子二，即姬传、源来，孙国幹、国津、国屏、国杭、国敷、国耆、国翔凡七人，曾孙政梅。

公元一九五九年四月五日，梅兰芳敬撰，男源来泣书。

避震重返缀玉轩

许姬传

1976年7月28日唐山地震，波及北京，梅嫂命孙梅卫东、外孙范梅强以车相迓，余从张自忠路（旧铁狮子胡同）重回缀玉轩（西旧帘子胡同）感赋。

滚滚奔雷着地挝，
曹腾惊起震窗纱。
天容如醉凝灰紫，
雾气迷濛噪雀鸦。
沈老高年劳枉顾，①
梅孙扶我御飙车。
居停盛意此间乐，
缀玉轩中听拨琶。②

① 沈裕君兄与余居密迩，徒步枉顾慰问，时已九十三高龄。
② 梅绍武之女红红从秦树田学琶琶，已能成调。

挽梅嫂福芝芳

许姬传

申江初见主人贤，
弹指流光五十年。
缀玉轩中开夜宴，
阿兰室里响繁弦。①
沧桑几度红星灿，
风物怡情万里天。②
浩劫摧身成痼疾，③
春风吹到墓门前。

（原载《人民日报》1980 年 2 月 25 日）

---

① 阿兰那室亦为梅兰芳先生斋名。

② 1949 年起，梅兰芳先生率剧团巡回演出，芝芳嫂必偕行，所到之处，游览名胜，参观博物馆藏文物，尝语余云："能旅游各地，开拓眼界，乃人生一乐也。"

③ 1941 年 12 月 8 日，日本法西斯军阀偷袭珍珠港，香港同时陷落，芝芳嫂居沪，以久未得梅先生音讯，忧虑得颜面神经跳动症，而"文革"期间，应付横逆，操持家政，抚养儿孙，心力交瘁。1980 年 1 月 14 日忽语余曰："吾将如油干灯尽，不久于人世矣。"越五日脑血栓病发，住院抢救，1980 年 1 月 28 日逝世，享年 75 岁。

卢李冬真与福芝芳

许姬传

距今60年前，北京戏院里是男女分演的，以女演员组成的班社称为“坤班”。

我曾在中和园[①]看过李桂芬、福芝芳、王奎官合演《二进宫》，是极能叫座的大轴戏。由李桂芬饰杨波（老生），福芝芳饰李艳妃（青衣），王奎官饰徐延昭（花脸）。

当时城南游艺园内有一坤班，碧云霞排连台本戏《狸猫换太子》；李桂芬唱《乌盆记》，之后又与章遏云同班合作，演出《空城计》、《捉放曹》等，都是学谭鑫培的。

李桂芬戏路极宽，当年报纸上有一首诗赞赏她的艺术：

“谁向歌台一现身，同汪名字得谭神。李家女儿杨家戏，应属须生第一人。”

清末须生三大流派的创始人是谭鑫培、汪桂芬、孙菊仙。第二句说她与汪桂芬同名字和艺术上学谭。第三句杨家戏指的是《辕门斩子》，我看过她这出戏，学刘鸿声，李桂芬嗓音高亮，所以能学刘。

---

① 在前门外粮食店，现改中和戏院。

李桂芬不但文戏好，武功也扎实。早年在一次堂会[①]中和著名花旦男演员筱翠花（于连泉）合演《翠屏山》，李桂芬饰石秀，杀山时的“六合刀”，非常地道。当然，筱翠花的潘巧云是出色当行、脍炙人口的，可称珠联璧合。

福芝芳女士17岁就与梅兰芳先生结婚，从此离开舞台。她末次登台是搭“太平社”坤班，公元1921年即民国十年十月二十五日，阴历是九月二十五日，那天日场在文明园[②]演出《祭塔》：是《白蛇传》的故事，白素贞的儿子许仕林中了状元，到雷峰塔，塔神引白娘子见许仕林，母子会面后，白娘子（在大段唱工中）申诉了她的惨痛遭遇，是一出青衣的唱工戏。

那天压轴[③]是李桂芬的《胡迪骂阎罗》，学的是汪笑侬。汪笑侬是满洲人，他是知县，弃官唱戏，有天才，能自编自导自演。我在民国初年，曾看过汪笑侬的《马前泼水》、《哭祖庙》、《张松献地图》……可惜中年就逝世了。

我认识卢太太[④]是1933年梅兰芳从北京迁居上海马思南路后，卢太太带了女儿卢燕住在梅家[⑤]，才见面的。

梅先生的女儿梅葆玥有老生嗓子，卢太太给她开蒙，第一出教《辕门斩子》，是刘鸿声一派，以后又陆续教了《四郎探母》、《空城计》等。

大约在1944年时，黄金大戏院的一次义演中，看到卢燕的《虹霓关》，大轴是《三娘教子》，卢太太饰老薛保，孙养侬夫人胡蘵女士饰王春娥，梅葆玖饰薛倚哥，那时葆玖才10岁，第一次登台，我还保存这张罕见的照片。

---

① 堂会是私人在祝寿和举行婚礼时，邀请各班名角来家中或饭庄演戏庆祝，到1922年前后，女演员已拥有不少观众，所以在这种场合，往往男女演员同台演出。到了1930年1月30日——旧历庚午正月初一日场，俞振庭在他经营的“斌庆社”首次举行男女演员同台演出，那天女演员雪艳琴（黄咏霓，现在中国戏曲学院任顾问）与男演员朱素云、郭仲衡、曹二庚等合演《御碑亭》，从此，解除了封建性的束缚。

② 在煤市街，后改华北戏院，近年改为丰泽园饭庄。

③ 最后一出大轴是《祭塔》，倒第二习惯称作“压轴”，含义是能压住观众，不致离座。

④ 李桂芬是艺名，离开舞台后，名卢李冬真。

⑤ 卢燕当时在交通大学读书，学名卢燕香，到美国后改名卢燕，是梅先生的义女。

30 多年过去了，卢太太带了女儿卢燕在美国洛杉矶做寓公。卢燕是电影明星，我曾看过她在一部影片里扮演叶赫那拉氏慈禧太后。我对这个狠毒的剧中人是并不生疏的。我幼年常听外祖徐子静先生讲慈禧残杀六君子，反对维新变法，虐待光绪皇帝的故事，所以对慈禧有恶感。

卢燕扮演的慈禧太后，深刻地刻画了这个专制统治者阴狠毒辣的个性，又具有仪态万方的外貌。我们当年都看见过满洲贵妇人，卢燕的举止神情是惟妙惟肖，适合身份的。对那电影剧本，这里不想做分析评论，至于卢燕之所以能把慈禧演得恰如其分，博得舆论赞赏，我想与她母亲的庭训是分不开的。

今当卢李冬真夫人八十寿诞之期，我在万里外写此短文，遥祝千春，冬真夫人在海外桃李盈门，必有一番热闹。她旅美 30 余年，对传播中国京剧已作出贡献，这是值得庆祝的。

闻鉴真大师法相东还感赋

许姬传

1956 年，余随梅兰芳先生赴日，曾游奈良招提寺谒鉴真大师像，日本僧人缕述东征轶事，日本人民至今犹存向往。梅公曾于《东游记》中详述梗概，并以招提寺住持所赠鉴真坐像照片刊诸书中。盖鉴真为唐代扬州高僧，而梅公原籍泰州，有同乡之谊，故行文备感真挚。是日，梅兰芳、欧阳予倩、欧阳山尊、梅葆玥、梅葆玖与日本友人白石凡合影于招提寺前，匆匆 20 余年矣。今者鉴真遗像归国探亲，而梅公于 1961 年以心疾逝世，未能睹斯盛况，抚今思昔，感慨系之，口占一律，以志鸿爪。

乘兴来游古奈良，
依稀景物似前唐。
鹿鸣呦呦迎嘉客，
宝刹峩峩选佛场。
渡海大师传道艺，
慈悲法相拜遐方。
太空飞翼归来日，
举世群瞻佛土香。

梅家三代人

许姬传

八哥学人语

今年 3 月，北京冰融雪化，初春的护城河水皱起了涟漪。有一天，我正从公园游罢归来，忽觉迎面有人注视着我。我们对了眼光后，我才看清楚是海外归来的老友①，两人立刻攀谈起来。

老友说道："听说您从护国寺街 1 号梅宅搬到了张自忠路。"我说："是啊，前年地震时，梅夫人为了我的安全，派孙儿梅卫东和外孙梅强又把我接到西旧帘子胡同梅宅。梅夫人想得真周到。"他忙问道："梅兰芳先生家属的情况怎么样？海外的人都很关心。"我答道："说来话长。梅家离此不远，我可以陪您去坐坐。"于是，我们便从长安街穿过小巷走到了旧帘子胡同梅宅。我一边走，一边介绍那里的生活环境。

这是一所具有北京特色的四合院。当年是由梅先生的老友曹少璋租赁的。房主姓王，是原《大公报》社长胡政之的女婿。房主拟出售此屋。梅先生免得

① 这位老友是香港《镜报》记者尤文贤先生。

曹老先生搬迁的麻烦，就买了下来，让老朋友继续安居下去。

1966年秋，梅家从护国寺街1号故居迁出，就住到了这里。梅家的大儿子葆琛和葆玖另租房居住。绍武和葆玥跟着梅夫人住在旧帘子胡同。梅夫人共生了男女九人，但多夭折，成长的只有四人：葆琛行四，绍武行五，葆玥行七，葆玖行九。

走进院子，因为大家都上班了，静悄悄的。忽然廊子上有语声："早晨好，吃饭了没有?""您好！几点钟啦?"老友抬头一望，原来是挂在檐下两只鸟笼里的八哥学人言，欢迎远客。

我告诉他，一只是国产，一只是越南的"鹩鸽"。八哥要用细香灰捻它的舌头，才能学话，鹩鸽则不用动手术就能学话。老友听了挺感兴趣。

柳木写字台蕴当年豪气

我们走进了北屋，这是三间打通的一个客厅。墙上挂着缂丝、顾绣的花鸟书屏。摆的家具是紫檀、花梨、乌木的橱几、画案、琴桌，多半是乾隆年代以上的制品，有的还是明代制作。这些家具都是缀玉轩中的遗物。人故物存，但却说明了主人在世时对编剧、创腔、绘画、写字的好学不倦；还能令人忆起50年前，梅先生在无量大人胡同缀玉轩接待来自英、美、日本、瑞典、法、德、意等国外宾的情景。

这许多古家具中，还有一张柳安木两面坐人的大写字台。我告诉老友说："这是梅先生当年定居上海马斯南路时，我的堂兄伯明画出样式尺寸，定做了送给他的。梅先生在这张桌子上曾经创作了具有爱国思想的京剧《抗金兵》和《生死恨》。"

在梅先生留须辍演的日子里，他曾经靠卖画度日。当时他怀着一腔忧国之心，但又充满必胜信念；在这张桌子上，画出了那幅他生前一直随身保存着的《达摩面壁图》，上题一偈："穴居面壁，不畏魍魉。壁破飞去，一苇横江。"

1959年10月的一天，钱杏邨先生（阿英）到护国寺街1号来看望梅先生。他从箱子里找出这幅画，送给了阿英先生留作纪念。当时梅先生郑重地说：“这张画是我在艰难岁月里，在煤气灯下画的。”（按：此画作于乙酉春，距“八一五”日本侵略者投降不到半年，当时经常有防空警报，只能在煤气灯下作画。梅先生的眼睛本来有些近视，由于夜间作画，就变成了散光。）

1960年，我在护国寺街口平安里文物商店看见一张名画师姚茫父画的达摩像，就买了回来。梅先生见到后说：“这是我的老师。他给我画过达摩像，我前后临摹过十几张。但乙酉年画的不是摹本，因为南北迁徙，姚老师的原画已散失了。今天看见这张画，好象他乡遇故知。”他还在姚茫父的画上，工楷题了跋语：“姬传兄于护国寺街古肆得茫父师拟金冬心意达摩像一帧见示属题。回忆当年姚师在缀玉轩中曾为余绘此像作范本，余曾数数摹之。今睹遗墨不胜黄垆之感也。一九六〇年春，畹华题。”

古松、穿衣镜

客厅左面，立着一座红木雕花大穿衣镜，我说：“1959年梅先生创作《穆桂英挂帅》捧印身段时，曾对着这座镜子反复推敲，不断改动，由多到少，从繁到精。”

这些古色古香的家具和丝绣挂屏，随着主人自北迁南，由南北返，也饱经风雨，阅尽沧桑。

我指着东面墙上挂着的八尺匹的古松大横幅，告诉这位老友说，这是九一八事变后，梅先生由北京移家上海，从名画师汤定之学画时，汤先生赠给他的作品。画面上苍虬老干，气势纵横，并题着字：“四时各有趣，万木非其俦。乙亥冬雨窗为畹华仁弟补壁，双于道人[1]定之汤涤写。”

---

① 汤定之是清道光年间名画家汤贻汾（雨生）的后人。他留着连鬓大胡子，双于道人是“于思于思”的意思。（于思：多胡貌。见《左传·宣公二年》：“于思于思，弃甲复来。”）

这段题字是意味深长的。梅先生迁沪的动机，是看出当时日本军国主义者进窥华北的野心，便舍弃了他惨淡经营的无量大人胡同的故居，迁到上海马斯南路 121 号。汤先生用这幅画鼓励他如古松般经霜不凋，抵抗外来的侵略，不与敌寇妥协。

子孙满堂、其乐融融

我们正谈话间，梅夫人从卧室走了出来。这位老友见她步履艰难，就问起健康情况，梅夫人说："我已经七十多岁了，三次中风，行动需人搀扶，老了，不中用了。您这次回来，能住些日子吗？"他答道："我回来探亲，大约月底回去。海外的朋友都关心梅先生的下一代。可否请您谈一谈他们的情况？"

梅夫人面带笑容地说道："我家大儿子葆琛，震旦大学土木工程系毕业，现任北京市建筑设计院工程师。大儿媳林映霞毕业于震旦大学口腔科，现在首都医院（即原协和医院）工作，她是著名苏滩演员林步青的孙女。

"二儿子绍武是燕京大学外文系毕业，现在北京图书馆担任外文翻译工作。二儿媳屠珍是北京大学法语系毕业，现在外贸学院担任英语教师。他们夫妇二人业余还翻译过不少英法文本的世界文学名著。

"女儿葆玥，震旦大学教育系毕业，她担任过中国戏曲学校语文教师，由于爱好京剧，从 1953 年起就参加中国京剧院，后来又转到梅剧团，现在是北京市京剧团的演员。我的女婿范丙耀，南通大学纺织系毕业，现任纺织厂工程师。

"小儿子葆玖，从小学戏，12 岁出台，16 岁参加梅剧团，后转入北京京剧团，现搞唱腔设计。小儿媳林丽源，天津师范大学毕业，曾在科学院图书馆工作过，目前操持家务。"

说到这里，南屋传来了胡琴声、歌唱声："伍员马上怒气冲——"是老生唱段，歌者嗓音嘹亮，且颇有杨宝森调味。老友问道："这是哪位在唱？"梅夫人答道："这是葆玥的儿子，我的外孙子在吊嗓子。他叫范梅强，爱好京剧，他的父母正在培养他成为演员。”“好，好，”老友说，“请您再谈一谈孙儿孙女的情况。”

梅夫人接着说：“第三代是卫字排行。孙儿梅卫华在工厂；卫东在新闻电影制片厂工作；小孙女卫丽还在上学。长孙女卫文喜爱文物，她的志愿是从事考古。二孙女卫红搞文艺工作。

“他们下班后，常来陪我吃饭。饭后就热闹起来，有的吊嗓子、弹钢琴、练舞蹈；有的看电视。大家说说笑笑，总要闹到10点以后才散。”老友说：“您真是好福气，儿孙满堂，莺歌燕舞，斑衣戏彩。我还想打听一下梅剧团一些老人的近况。”

姜妙香、姚玉芙、徐兰沅等相继谢世

梅夫人说：“演员方面，著名小生姜妙香先生，一九七二年去世了。他和先夫合作了四十六年。有的戏像《奇双会》合演了几百次。舞台上是不可分离的老伙伴，台下情逾手足。姚先生（玉芙）故去10多年了。他从小就和先夫在一起学艺，曾同台演过戏。姚先生一直在梅剧团，几十年和先夫没有分开过。老生王少亭先生去年也病故了。

“乐队方面，琴师徐兰沅先生是我的姨夫，他的夫人和我的婆母，都是‘小荣椿’科班创办人名武生杨隆寿先生的女儿。名演员杨小楼、余叔岩、程继仙、茹莱卿（茹是武生，后改为操琴，先父第一位琴师就是他）等都是‘小荣椿’的徒弟。徐先生是接茹先生操琴的第二位，前年腊月去世，享年八十六岁。

“王少卿是凤卿先生的儿子。梅剧团排演《西施》古装历史剧时，他伴奏二胡与徐先生合作。一九四八年先夫拍摄彩色戏曲片《生死恨》，由于南北交通梗塞，少卿代替徐家姨夫操琴。从那时起一直到一九五八年，整整十年。王先生是患肠癌去世的。

“徐、王二位琴师，桃李满天下，海外也有他们的学生。

“第四位琴师是姜凤山先生，他从1957年到1961年为先夫操琴，现在和梅剧团鼓师裴世长先生都在北京市京剧团工作。北京市京剧团是梅、程、荀、尚四个剧团合并组成的。

"去年1月8日周恩来总理逝世一周年纪念，葆玖和许先生（姬传）合编了一段京剧唱段，由葆玥在东风剧场（即原吉祥园）清唱。姜凤山操琴，裴世长打鼓。"随后老友问道："近年有哪些老友、哪些学生常来看望您？"

张君秋、杜近芳、侯宝林是常客

梅夫人笑道："曾经参加梅剧团的俞振飞先生还健在。他今年77岁，曾与名导演黄佐临先生同来我家畅谈两次。俞先生告诉我，去年他还在上海演出了昆剧《彩毫记·吟诗脱靴》（即京剧《太白醉写》）。

"常来的学生有张君秋、杜近芳。可惜言慧珠故去了。汉剧演员陈伯华这次来北京也曾来看我。豫剧演员阎立品常常寄些土产给我，有时还专程从郑州来看望我。

"著名相声演员侯宝林，也是我家的座上客。他一进门，就会被我的儿孙包围，要他说笑话。其实他往往随便谈几句就是一段相声。"说到这里，梅夫人笑了，客人也笑着站了起来。

孙女梅卫红酷肖祖父

这时，老友看见院子里金鱼缸前面，一个身穿红色练功服，大眼睛，鹅蛋脸的小姑娘在练《霸王别姬》剑舞。他忙问："这是谁呀？"梅夫人说："这就是绍武的大女儿卫红。她还会弹钢琴呢。"老友说："她长得很象她的祖父。"

谈到这里，这位老友就告辞了。我送他到门口。门口停着一辆"奔斯"牌的小轿车，我告诉老友：这是梅宅的一辆私家车，梅太太找人办事就乘这辆车。

老友大为惊讶，说："在北京，恐怕这是唯一的一辆私家车吧？"

老友接着说："听说你常作诗，可否给我一些近作，留为纪念？"我答道："每年清明节，我和梅家的儿孙都到香山扫墓。作了几首七律，你临走前，请再来一趟，我交给你。"

附

甲寅清明万花山谒

梅畹华先生墓二首

一

声容一别十三载，
扶掖来登万花峰①。
斗艳桃梅红灿烂，
不凋松柏绿葱茏。
儿孙铺石齐争力②，
宾客如云半曳筇。
未树丰碑存浩气③，
留须抗敌仰高风。

二

佳城隶属四季青④，
古址茸茸健锐营⑤。
雪芹作伴知己感⑥，

① 万花山在香山路东，昔年畹老为前室王明华择茔此地，盖以万花与畹华音相似也。1961 年 8 月 8 日畹老以心疾逝世，梅夫人福芝芳为畹老茔葬于此，匆匆十三年矣。

② 坟前石案倾斜，损其一角，梅氏儿孙移正之。

③ 畹老逝世后，政府举行了隆重的葬仪。由周恩来总理等六十四人组成的治丧委员会。在国务院规定的纪念项目中有一项是把墓地划入香山风景区，所以当时没有立碑，而游人徘徊于此者，咸知为梅墓也。

④ 墓地属四季青人民公社，公社出产大量蔬菜，供应北京市。

⑤ 满清王朝健锐营驻防香山。

⑥ 当地传说《红楼梦》作者曹雪芹曾为健锐营司书。

卧佛为邻工镂名①。
葬花一恸潇湘子②，
天女能参摩诘经③。
抖擞精神迎国庆，
挂帅接印见忠诚④。

（原载《镜报》1978年3月）

① 卧佛寺昔名香山寺，为唐代古刹，新加修缮，金碧焕然。铜铸释迦牟尼卧像，乃元代名手所制。雕镂精能，敷色沉厚，想见古代良工智慧。

② 1916年，畹老创作《黛玉葬花》剧。

③ 1916年，畹老创作《天女散花》剧。

④ 1959年，畹老创作《穆桂英挂帅》，这是他最后编演的一个戏。

送梅葆玖赴香港演出

许姬传

梅葆玖是梅家第四代旦脚演员，但 9 岁时第一次登台却演的是娃娃生——《三娘教子》的薛倚哥，女老生李桂芬演老薛保，胡蘐女士（孙养侬夫人）演三娘，那时尚未解放，李桂芬还带了葆玖到后台参拜老郎神——祖师爷。

梅夫人福芝芳培养葆玖学戏是花了不少心血的，从北京请来王幼卿为葆玖开蒙。幼卿是名琴师王少卿的弟弟，得到王大爷（瑶卿）嫡传，嘴里讲究，教的是唱工青衣，《彩楼配》、《祭江》、《祭塔》、《三娘教子》、《起解·玉堂春》、《二进宫》……

同时，又请朱传茗教昆曲，朱琴心教花旦，陶玉芝打把子。13 岁起就在上海为募捐义务演出《祭塔》、《玉堂春》，有时与姐姐葆玥合演《武家坡》、《坐宫》。葆玥是李桂芬开的蒙，后来又从陈秀华、王少楼学戏，是余派老生。

新中国成立后，葆玖正式参加梅剧团到各地巡回演出，如《游园惊梦》演春香，《金山寺·断桥》演青儿。由于与萧长华、姜妙香、俞振飞等名演员合作，演技得到提高。

例如，《断桥》的“三插花”，《游园》的“合扇”身段，经父亲及姜、俞二老的指点而做得严密。

有一次，演《女起解》。萧老的崇公道，当把棍子交给苏三作为见面礼时，萧老说：“别瞧不起这根棍儿，他可拄了多年啦！”观众报以热烈掌声，70 岁的崇公道陪18岁的苏三唱戏，这个“他”字就说明隔了三辈啦！

1951年，梅剧团在哈尔滨演出，梅先生演了几天，因患眼病，只能由葆玖接演，他用三天时间赶排《霸王别姬》，虽说这个戏是他父亲教过的，但临时“钻锅”（即在短期排练演出），剧团的人都夸他聪明。

1956年，中国访日京剧代表团到日本演出，是中国京剧院和梅剧团联合组成的。1919年梅先生第一次访日，演出了《天女散花》，大受欢迎，日本剧团还争相仿效，称为“梅舞”。这次梅兰芳先生为代表团团长，带了葆玥、葆玖同去，葆玖演出了《天女散花》。不少老观众在座谈会上还谈起30多年的旧事，并向梅先生祝贺后继有人。

1961年，梅兰芳先生以心脏病逝世，葆玖就挑起了梅剧团的担子，他演出了梅派名剧：《西施》、《洛神》、《廉锦枫》、《木兰从军》、《凤还巢》受到欢迎，可惜好景不长，一些文化暴徒，以割断历史的野蛮手段，禁演传统剧目，葆玖改行搞录音效果，但干得很出色。我记得有个“样板团”的人对我说：“我团的效果很差，要有梅葆玖那样的技术，就解决问题了。”

“四人帮”恶贯满盈，终于给扫进了历史的垃圾堆，梅葆玖又粉墨登场，演出了《霸王别姬》，由于他离开舞台的时间，比他父亲要加一倍（梅先生蓄须辍演八年），而一些梅剧团的老人，有的告老回家，有的离开人间，恢复梅剧，甚为吃力。这次带到香港的几个节目，是经过惨淡经营，才能上演的。香港有不少看过梅兰芳先生表演的老观众，还有许多研究梅派的业余爱好者，他（她）们是这次赴港演出团的支柱。

最后，我想谈一谈梅派的唱法，梅先生的开蒙老师是吴菱仙，他是同光年间著名旦脚时小福的学生，时老先生的发音吐字，清晰准确，而梅先生的唱法，用丹田气、共鸣法，唱腔着重表达剧中人的性格，使听众得到感染。葆玖的唱法是家学渊源，因此，在国内有不少老观众认为是艺术大师梅兰芳的缩影。我与亡弟源来合编这本《忆艺术大师梅兰芳》，其中有源来写的《从唱片看梅兰芳歌唱的发展道路》，就是分析梅派唱法的论著。

总之，梅兰芳先生塑造的各种类型的人物，给后人留下典范，成为20世纪影响最大的流派，不是偶然的，而是他热爱艺术，勤学苦练的成果。最后，希望葆玖沿着父亲走过的道路，稳步前进，为继承梅派而努力，口占小诗一首祝此行成功：

艺王登遐二十年，
声清雏凤着鞭先。
遥看香岛红毡上，
再啭春莺世泽延[1]。

---

① 《春莺啭》是唐代名歌，今已失传，日本尚保留此调。

港友函述梅葆玖、葆玥演出盛况感赋

许姬传

昔年争渡过淮航，
空巷人民看艺王①。
今日佳儿显身手，
叫帘十四冠群芳②。

沉冤得雪慰苏三，
爱国争看韩玉娘。
斩子声腔有余韵③，
高擎帅印固边疆④。

少小趋庭学有源，
婆娑剑影掩啼痕。

---

① 1949年初夏，梅兰芳夫妇携子女自沪来京参加文代会，时淮河桥断，在蚌埠下车，群众围观，李青崖先生口占一绝，有“空巷人民看艺王”句。

② 梅葆玖在香港新光戏院第一日演出《玉堂春》，叫帘14次。

③ 梅葆玥在港演出《辕门斩子》，乃余叔岩之弟子王少楼所授。

④ 梅兰芳先生演《穆桂英挂帅》，由梅葆玥饰杨金花，梅葆玖饰杨文广。此次在港，由葆玖饰穆桂英，葆玥饰杨宗保。

抑扬顿挫皆中节，
养气丹田见慧根[1]。

彩凤曾栖干德道[2]，
还巢旧迹已难寻。
登场偷觑才郎貌，
再现声容满座倾[3]。

---

① 葆玖唱、念均用丹田气，故能愈唱愈劲，盖得之家传也。
② 1937 年冬，上海成孤岛，梅兰芳先生携眷赴港居干德道，闻故居已改建。
③ 港友来函云，葆玖扮相、表演均酷似其父，观众有感动流泪者。

梅兰芳先生逝世二十周年纪念感赋

许姬传

遽掩音容二十年，
几经风雨几云烟。
坎坷道路抗顽敌，
馨逸芳兰忆昔贤。
京剧派流传遐迩，
大师典范见遗篇。
梅开遍地香雪海，
颜展先生欣永绵。

按：1981 年 8 月 24—31 日文化部等单位举行梅兰芳逝世二十周年纪念演出，梅门弟子从各省市来北京演出了梅派名剧，梅先生的老战友俞振飞兄以八十高龄，由沪飞京，与梅葆玖演出了《奇双会》，首都剧坛出现了近年罕见的繁荣景象。梅派艺术的流风余韵，于此可见一斑。